MOLIÈRE

Arztkomödien

Der eingebildete Kranke

Der fliegende Arzt

Herr von Pourceaugnac
(Der Herr aus der Provinz)

Der Liebhaber als Arzt
(Die Liebe als Arzt)

Arzt wider Willen

herausgegeben von
Alexander Varell

aionas

Bibliographische Informationen der Deutschen Nationalbibliothek:
Die Deutsche Nationalbibliothek verzeichnet diese Publikation in der Deutschen Nationalbibliographie; detaillierte bibliographische Daten sind im Internet unter
http://dnb.dnb.de abrufbar.

Molière
ARZTKOMÖDIEN

Übersetzungen: Alexander Varell, Auguste Cornelius, Wolf Heinrich von Baudissin.

Revision, Bearbeitung: Alexander Varell

aionas Verlag, Marstallstraße 1, Weimar
1. Auflage, 2017
Herstellung: BoD – Books on Demand, Norderstedt
ISBN: 978-3-946571-64-3

Wollt ihr all den Krankheitsplagen
Ohne Arzt und Kur entgehn,
Dann entsagt mit Herz dem Galen,
Lasst auch Hippokrates stehn.
Kommt zu uns! Wir heilen euch
Mit Spiel und Lachen und der Freude.

Aus dem Gesang der allegorischen Figuren
Lustspiel, Tanz und Musik in »Der Liebhaber als Arzt«

MOLIÈRES MEDIZINKRITIK UND ÄRZTESATIRE

Molière hatte gegen die Medizin viel und Gewichtiges auf dem Herzen. Betrachtet man sein Werk, überrascht die tiefe Verbeugung, die er der Medizin im Vorwort zum *Tartuffe* machte, noch heute: Sie wäre eine nützliche Kunst und jeder verehrte sie als eines der ausgezeichnetsten Dinge, die es gäbe. Das widerspricht fast allem, was er gegen die Mediziner seiner Tage vorzubringen hatte. Doch schrieb er dies unmittelbar nach dem errungenen Sieg im Kampf um die Freigabe seiner Heuchlerkomödie *Tartuffe* und es war sein Interesse, versöhnlich zu sein, keine neue Feindschaften anzustacheln und alte möglichst zu entwaffnen. Und selbst hier konnte er den Pferdefuß nicht verbergen, der in einem boshaften Nachsatz zum Vorschein kommt[1]. Gerade in den Kämpfen um den *Tartuffe* hatte er ja nach harmlosen Plänkeleien im traditionellen Stil zum ersten ernstlicheren Angriff ausgeholt, in einer Episode des *Don Juan.* Noch im selben Jahr 1665 gab er im *Liebhaber als Arzt* eine um die Medizinersatire herum geschriebene Farce, die allgemein, auch von La Grange in seinem Register[2], statt mit ihrem eigentlichen Titel als *Les Médecins (Die Ärzte)* bezeichnet wurde, so sehr frappierten die Ärztekarikaturen darin. Im nächsten Jahr ließ er den *Arzt wider Willen* und 1669 die Ärztekarikaturen im *Herrn von Pourceaugnac*[3] folgen. Was in diesen Stücken und sonst in Seitenhieben an Hohn und Kritik steckt, das rafft schließlich, zum Teil wieder mit unverhüllten Anklängen, der *Eingebildete Kranke* zu einer Offensive von grimmigster Heftigkeit zusammen.

Liest man diese seine letzte Komödie, ist von Beginn an klar, welche Angriffsziele Molière im Auge hatte. Vom Eingangsmonolog bis zum

---

1 Da heißt es: »Und doch gab es Zeiten, in denen sie verhasst war, und häufig hat man eine Kunst des Menschenvergiftens aus ihr gemacht.«

2 La Grange war ein Mitglied der Schauspieltruppe Molières, der minutiös über die Aufführungen, Rollenbesetzungen und Einnahmen des Ensembles buchgeführt hatte.

3 hierzulande auch bekannt als »Der Herr aus der Provinz«

Nachspiel streut er stets viele kleine Spitzen ein, die manchmal ganze Szenen beherrschen. Er macht Front gegen die Ärzten, die Heilkunst und die Fakultät als Hüterin ihrer Geheimnisse und Überlieferungen. In diesen Angriffen steckt die satirische Absicht, die zusammen mit der Zentralfigur des Argan die wahre Einheit im *Eingebildeten Kranken* ausmacht.

Schon der Eingangsmonolog ist hierfür eine Stimmung schaffende und alle Fäden ziehende Ouvertüre. In ihm wird die Mechanisierung Argans in einem versklavenden Fetischdienst auch sprachlich illustriert durch das Gewimmel von Arzneinamen und anderen lexikalischen, nach Pharmazeutik und der bald devoten, bald marktschreierischen Eloquenz von Scharlatanen und Pedanten schmeckenden Raritäten und Abnormitäten sowie vor allem durch den Hexentanz der ineinander wirbelnden Ziffern. An den Monolog fügt sich dann als der vielleicht stärkste und tiefste Fund im Sprachlichen das Neutrum, das Argan entschlüpft. Molière hat es, wie derartige Wirkungen immer, sorgfältig vorbereitet. Am Ende der kleinen Spannungskette, wo es explodiert, fängt es den ganzen Argan im Brennspiegel ein: Die Ichsucht des von seinem Wahn tyrannisierten Despoten ist so unersättlich und hemmungslos geworden, dass sie ihm die Menschen ringsherum, den Freier ebenso wie die Tochter, die sich freien lassen soll, zu einer Sache herabwürdigt, womit er nach eigenem Bedarf schalten und walten will und die er allein nach dem Grad ihrer Bekömmlichkeit für seine Gesundheit einschätzt.

Auch vor der Promotion des Argan ist man zuerst verwundert, wie wenig Molière zu erfinden brauchte. Wenn man ein paar Elemente ausnimmt wie die Barbarei des Lateins, dann hat er nicht fantasiert, sondern nur übertrieben, was in Montpellier und Paris übliche Sitte war. Die Geigenbegleitung zur Doktorpromotion, der Zierrat der Dankrede, in der Argan die Fakultät gerührt mit der Sonne, dem Sternenhimmel, dem Ozean und dem Frühling vergleicht, die Fragen, die ihm gestellt werden, der Eid, den er leisten muss, immer nur mit den von der Fakultät genehmigten Methoden und Mitteln zu kurieren, auch wenn der Kranke daran »krepiert« – all das hat sein Vorbild in der Wirklichkeit. Und die nämliche Beobachtung gilt für Molières Medizinersatire überhaupt, im *Eingebildeten Kranken* wie anderswo. Die Einförmigkeit, mit der die Diafoirus, Purgon und Genossen diagnostizieren und verordnen (die ziemlich jede Krankheit von bösen Säften herleiten und mit Aderlass, Abführmittel, Klistier bekämpfen) ist ebenso echt, ›porträtähnlich‹ wie die lange Apothekerrechnung, die Argan prüft, oder wie die Dissertation gegen den »Blutkreislauf«, die Thomas Diafoirus seiner Braut zu Füßen legen will.

Dieser letzte Zug ist wiederum ein Beispiel der Geschicklichkeit, mit der Molière Komisches und Sinnvolles zu kombinieren versteht. Er nutzt jede Gelegenheit, um nebenbei eine der Wahrheiten, zu denen er sich bekennt, an den Zuschauer zu bringen, Falsches, was ihn ärgert, zu vernichten. Der Einfall, eine medizinische These als Brautgeschenk anzubieten, genügt an sich schon, um auf den Freier Lächerlichkeit zu häufen, die noch durch die einführende Phrase von den Erstlingen seines Geistes und durch die angefügte Einladung zu einer Leichenöffnung vermehrt wird. Aber die Andeutung des Themas im Titel ist kein übermütig hingepfiffener Lufthieb, sondern trifft den Zankapfel einer Kontroverse, die damals die medizinische Welt und sogar weitere Kreise leidenschaftlich erregte. Mit den Blutkreislauf, gegen den Thomas angeschrieben hat, sind die Anhänger der bereits über ein halbes Jahrhundert alten Entdeckung des englischen Physiologen Harvey gemeint. Und die Lächerlichkeit des frisch gebackenen Doktors strahlt auf die Pariser Fakultät zurück, die sich in ihrer Mehrheit hartnäckig der Theorie des Blutkreislaufes verschloss. Und wenn man fragt, warum sie sie immer noch als frevelhafte Irrlehre ächtet, dann stößt man auf die prinzipielle, über die Fachpolemik hinausreichende Einstellung, die Molière zur Parteinahme durch Widerspruch und Spott reizte.

Der Widerstand der Fakultät entsprang letzten Endes der Sorge, dass die neue Lehre die geheiligten, aus der Antike stammenden Anschauungen umstürzen, die Autorität eines Hippokrates und eines Galen Lügen strafen und zugleich mit ihr die Basis der Wissenschaft erschüttern würde. Die Argumentierung im Einzelnen verzweigt sich. Aber sie bleibt immer auf der Bahn, die ihr der große Aberglaube des 17. Jahrhunderts vorzirkelt: die Überschätzung der Alten, die Überschätzung der Büchergelehrsamkeit und die Unterschätzung der Erfahrung und Beobachtung. Molière persifliert diesen Aberglauben, indem er durch Diafoirus Vater dem Sohn nachrühmen lässt: »Er ist in seine Meinung verbissen und verfolgt einen Beweissatz bis in die letzten Schlupfwinkel der Logik. Aber vor allem gefällt mir an ihm, und darin folgt er meinem Beispiel, dass er blind bei den Meinungen unserer Alten beharrt und dass er niemals die Gründe und Experimente der angeblichen Entdeckungen unseres Jahrhunderts den Blutkreislauf betreffend und andere Meinungen vom selben Schrot hat begreifen noch auf sie hören wollen.«

Molières Medizinersatiren haben zwei Fronten: eine gegen den Kranken, eine gegen den Arzt. Argan verkörpert im Extrem die Illusion der Heilungssuchenden. Über diese macht sich mit zynischer Offenheit Filerin im *Liebhaber als Arzt* lustig. Er liest den verstrittenen Kollegen die Leviten, dass sie durch ihre Streitereien sich selbst in Verruf bringen und ruinieren, statt einträchtig die Liebe zum Leben auszubeuten, die die größte Schwäche der Menschen wäre. Aus der »Ehrfurcht, die ihnen für unser Handwerk die Angst vor dem Sterben einflößt«, zögen sie Gewinn.

Molières Ärzte sind entweder selber gläubig, betrogene Betrüger wie Purgon, oder Schwindler, die wissentlich mit sehenden Augen betrügen. Diese verkörpert im Extrem Filerin. Und er unterscheidet sich kaum von dem bäuerischen Trunkenbold Sganarelle, dem *Arzt wider Willen*, den die Rache seines Weibes und viele Prügel in die Arztrolle hineinzwingen und dem dann außer der Einträglichkeit des Geschäfts vor allem behagt, dass der Arzt nicht wie ein Schuster, der Leder verdirbt, wegen liederlicher Arbeit zur Rechenschaft gezogen wird, weil die Toten zu anständig und diskret sind, um sich zu beklagen. Die Profitgier, die mit der Ignoranz allen eigen ist, braucht nicht ehrliche Begeisterung auszuschließen, die sich namentlich in dem Ersten Arzt des *Pourceaugnac* zu einem henkermäßig sadistischen Fanatismus erhitzt, der sich seine Schlachtopfer nicht mehr aus den Klauen reißen lassen will.

Bis hierher kommt Molière nur wenig über die Medizinersatire hinaus, wie sie seit alters her stehender Gemeinplatz der komischen Literatur war, abgedroschen besonders in der Verkoppelung mit dem Pedantenspott, von dem sie auch bei ihm nicht zu trennen ist. Gelegentlich flicht er Anspielungen auf lebende Kapazitäten ein. Im *Liebhaber als Arzt* erlaubt er sich sogar, mit derselben aristophanischen Frechheit fünf der am Hof und in der Stadt bekanntesten Ärzte auf die Bühne zu schleifen, vermutlich auch im Äußeren nachgeahmt, um mit den Konsiliarszenen hinter die Kulissen der Ärztewelt zu leuchten. Aber die Modefrage, ob Maulesel ob Pferd, um die sich die Beratung anfangs dreht, ihre Befangenheit in Formalismus und Korpsgeist, die Sprachfehler des Bahis und des Macroton, bringen nur eine oberflächliche Aktualisierung, keine Verjüngung. Ebenso wie Lisette oder Toinette, wenn auch mit mehr Schwung, doch nur die zu jeder Zeit und überall landläufigen Witze über die Kunst, straflos zu morden, aufwärmen[4].

Der entscheidende Durchbruch beginnt erst, wo Molière sich bemüht, jenseits der persönlichen Unzulänglichkeit oder Spiegelfechterei sei-

4 Dies aber mit dem Unterschied, dass Molière im Ausdruck die Schablonen sprengt, weil ihm häufig eine durch Kompaktheit und Relief auffallende Prägung gelingt.

ner Ärzte den wesenhaften Gebrechen der zeitgenössischen Medizin nachzuspüren. Der Vortrag, den der Erste Arzt über den kerngesunden, verblüfft lauschenden Herrn von Pourceaugnac hält, hat solche Überzeugungskraft, dass der Zweite Arzt uneingeschränkt zustimmt. Alle Symptome und Ursachen der Krankheit sind so vortrefflich dargelegt, mit so viel Scharfsinn, so gelehrt und schön beurteilt, dass der Patient ein Narr und hypochondrischer Melancholiker sein *muss.* »Und wenn es nicht so wäre, dann müsste er es werden, der Schönheit der Dinge wegen, die Sie sagten, und der Richtigkeit der Herleitung wegen, die Sie gemacht haben.« Was Molière hier als Konstruktivitis verhöhnt, äußert sich bei anderen als Autoritätsgläubigkeit. Wenn ein Kranker über Kopfweh klagt, dann widerspricht ihm sein Arzt: Unmöglich, bei seinem Zustand muss ihm nach Galen die Milz wehtun. Wenn ein anderer Arzt hört, dass sein Kranker gestorben und schon begraben ist, dann bestreitet er die Tatsache: Unmöglich, denn der Mann war erst seit sechs Tagen krank, an dieser Krankheit stirbt man aber nach Hippokrates nur am 14. oder 21. Tag.

Die Regeln der Medizin sind hier nicht einfach Mittel zum Zweck des Heilens, deren Wert sich nach dem Erfolg bemisst, nicht aus der Erfahrung gewonnene Erkenntnisse, die durch neue Erfahrungen berichtigt oder widerlegt werden können, sondern müssen um ihrer selbst willen respektiert werden. »Es ist besser, nach den Regeln zu sterben, als sie gar nicht zu befolgen«. Damit bekräftigt Bahis, was schon Macroton dem Vater sagte: Wenn seine Tochter trotz aller Abführmittel und Aderlässe stürbe, habe er wenigstens den Trost, dass sie »in der richtigen Methode« gestorben ist. Und was im *Pourceaugnac* den Apotheker am Ersten Arzt enthusiasmiert, ist, dass er kein Jota von den Regeln der Alten und den Vorschriften der Fakultät abweicht. Darum ist es ein solcher Genuss, sein Patient zu sein, dass der Apotheker lieber an seinen Heilmitteln sterben als von denen eines anderen genesen möchte. »Denn was auch geschehe, man ist sicher, dass sich alles ordnungsgemäß abspielt … und man freut sich, wenigstens methodisch gestorben zu sein.«

In die scheinbar ausschweifend groteske Verzerrung von Molières Ärztekarikaturen, vor der jede realistische Bühneninterpretation, wie sie das 19. Jahrhundert versuchte, eine Stilwidrigkeit und Verfälschung bedeutete, ist nicht bloß überraschend viel Zeitgehalt eingebettet – bis in winzige Züge und den schnurrigen Hokuspokus hinein –, sondern auch Kritik. Dies nicht durchaus originelle Kritik, da sie die von anderen, besonders von Montaigne vorgetragenen Zweifel weiterspinnt, aber immer besinnliche und durch Selbstgedachtes bereicherte. Das Problem stellt sich ihm als Konflikt zwischen Autorität und Evidenz,

Buch und Leben, Theorie und Wirklichkeit dar. Dass für die Ärzte seiner Zeit Evidenz, Leben und Wirklichkeit gegenüber von vorneherein im Unrecht sind, weder vor der Unfehlbarkeit eines Hippokrates und eines Galen noch vor der Logik einer abstrakten Konstruktion bestehen können, darin gewahrt Molière einen Grundirrtum. Doch es ist noch nicht der letzte, noch nicht derjenige, der die Fragwürdigkeit der Medizin damals überhaupt bedingt. Wenn es ihm gelang, auch dieses Thema wie alle zu erneuern und zu vertiefen, so deshalb, weil er es aus innerem Bedürfnis und mit starkem persönlichen Anteil aufgriff. Das ist nicht in einem engen biografischen Betracht gemeint. Gewiss war nicht unwichtig, dass er die Ohnmacht der Heilkunst schmerzlich am eigenen Leib erfahren musste. Aber viel wichtiger wurde, dass sie nicht nur den leidenden Privatmann in ihm interessierte, der, wie es scheint, selber gern ärztlichen Rat einholte, sondern den ganzen Menschen in seinem geistigen Zentrum aufrüttelte.

In die unterste Schicht seiner Feindseligkeit führen nach den paar skizzenhaften Andeutungen im *Dom Juan* die Äußerungen des Béralde. Die dritte Szene des dritten Aktes im *Eingebildeten Kranken* sticht durch den über ihrer Mitte schwebenden Ernst, dem sie erst am Schluss mit der Erwähnung des Dichters wieder entgleitet, vielsagend gegen die Tonart der übrigen ab. Dem Bruder, für den die Wahrheit der Medizin schon durch die ihr allgemein gezollte Verehrung bezeugt ist, antwortet Béralde: »Ich bin so weit davon entfernt, sie für wahr zu halten, dass sie mir wie eine der größten Torheiten vorkommt, die die Menschen sich ausgedacht haben.« Und als Argan in ihn dringt, warum sollte denn nicht ein Mensch den anderen heilen können: »Aus dem einfachen Grund, Bruder, weil die Triebfedern unserer Maschine bis jetzt ein Geheimnis geblieben sind, das kein menschliches Auge durchschaut und das die Natur mit einem zu dichten Schleier verhüllt hat, als dass wir etwas davon erkennen könnten.« Und als Argan schließlich fragt, was denn tun, wenn man krank ist: »Nichts, Bruder. – Nichts? – Nichts. Man soll sich einfach ruhig verhalten; die Natur, wenn man sie gewähren lässt, hilft sich allmählich selbst. Lassen wir sie walten. Unsere Ungeduld, unsere Unruhe verdirbt alles, und fast alle Menschen sterben an ihren Arzneien und nicht an ihren Krankheiten.« Die Natur muss sich selbst helfen. Ja, Béralde bezweifelt sogar, dass man sie dabei unterstützen kann. Wenn die Ärzte sich rühmen, dass sie Erleichterung verschaffen, die Natur von Schädlichem befreien, ergänzen, was ihr fehlt, so erzählen sie den »Roman der Medizin«, der wie ein schöner Traum ist, von dem beim Erwachen nichts als das Missvergnügen bleibt, dass man daran geglaubt hat.

Das Wort Natur ist hier sowohl im engeren Sinn des menschlichen Organismus wie im weiteren des Allwesens und der in uns wirkenden Urkraft gefasst. Und mit Béraldes Anschauungen deckt sich, was Molière von Anfang an immer wieder in seinem Werk, durch Figuren wie Ariste, Chrysalde, Philinte, Clitandre und Henriette, auch durch die Schar seiner naturnahen, von Leben und gesundem Menschenverstand strotzenden Mägde, Lisette, Dorine, Martine, Toinette, für das Seelische und Sittliche wie für das Körperliche als höchste Weisheit verkündet hatte. Die Medizin war ihm kein Einzelphänomen, sondern Aspekt und Konsequenz derselben Gesamthaltung, gegen die er überall, wo er auf sie stieß, anging. Die Debatte zwischen Argan und Béralde, in der er scharf kontrastiert aufeinander prallen ließ, was ihm verkehrt und was ihm richtig schien, klingt wie sein Testament. Und der Spott Béraldes über den »albernen Maskenball« der Heilkünstler, der das noch schlagender mit Molières Lieblingsausdruck formulierte Urteil im *Don Juan*, »all ihre Kunst ist reine Grimasse«, wieder aufnimmt, reiht die Ärzte und die Medizingläubigen unter die Arnolphe, Tartuffe, Orgon, Armande, Philaminte, alle diejenigen, die sich vermessen, der Natur ins Handwerk pfuschen zu wollen, die ehrlich Überzeugten Schulter an Schulter mit den Heuchlern und Egoisten, die Beschwindelten mit den Schwindlern angeprangert. Sie sind in jedem Fall schuldig der Überhebung und der Unvernunft. *H. Heiss*

ZU DEN ARZTKOMÖDIEN MOLIÈRES

Nimmt man die kurze Medizinerszene im *Don Juan* hinzu, hinterließ Molière gleich sechs Komödien, in denen er sich satirisch über die Medizin seiner Zeit ausließ. Fünf Komödien sehen Sie in diesem Band als Arztkomödien versammelt[5]. Von einer chronologischen Wiedergabe der Komödien haben wir dabei abgesehen; vielmehr war es uns wichtig, einen bunten Strauß zu binden. Der Viel- und Schnellschreiber Molière hatte bekanntlich die Angewohnheit, einmal gewählte The-

5 Die kurze Passage aus dem *Don Juan* haben wir im Anhang angefügt, allein schon deshalb, weil die betroffene Szene in diesen Vorbemerkungen Erwähnung fand.

men immer wieder aufzugreifen, weil er ihnen noch andere Aspekte abgewinnen konnte. So nahm er das Thema der falschen Preziösität aus den *lächerlichen Preziösen* später nochmals variierend in den *gelehrten Frauen* auf; und auch mit dem Thema der Frauenerziehung und -bildung oder mit der Frage der freien Partnerwahl setzte er sich in mehreren Komödien auseinander. Thematisch ähnliche Komödien haben wir daher in dieser Ausgabe weiter auseinander gerückt. An den Anfang gesetzt haben wir aber ein Frühwerk Molières:

DER FLIEGENDE ARZT (Le Médicin volant) entstand in der Wanderzeit der Schauspieltruppe Molière-Bejart[6] und ist eine von zwei Komödien[7], die der Nachwelt erhalten blieben. Sie steht in der doppelten Tradition der französischen Farce und der italienischen Commedia'dell arte. Entstehungszeit und -ort sind unbekannt. Andere Stehgreifpossen aus dem Repertoire des Wanderensembles sind unwiderbringlich verloren, sie sind nur dem Namen nach bekannt. Hierzu gehört auch die Farce *Der verliebte Doktor (Le Docteur amoureux)*, die man am 24. Oktober 1658 bei einem Gastspiel in Paris vor König Ludwig XIV. gab, eine Vorstellung mit Knalleffekt. Auf Geheiß des Königs durfte sich die Truppe fortan das Theater Petit Bourbon mit den Italienern rund um den berühmten Komödianten Scaramouche teilen. Andere Schwänke aus der Wanderzeit wie *Gorgibus im Sack* und der *Reißholzbinder* könnten den Namen nach Vorstudien gewesen sein für *Scapins Schlemenstreiche* und den *Arzt wider Willen*. Auch *Der fliegende Arzt* ist eine Keimzelle für spätere Komödien Molières. Einige Punkte griff er im *Liebhaber als Arzt* und im *Arzt wider Willen* wieder auf.

Diese erste Molière-Komödie ist auf unbekannten Wegen 1734 in die Hände des Odendichters Jean-Baptiste Rousseau gelangt, der ihren Wert aber nur gering schätzte und sie nicht für eine Veröffentlichung in Betracht zog. Erst im 19. Jahrhundert, 1819, wurde *Der fliegende Arzt* erstmals publiziert. Seit 1845 ist die Komödie fester Bestandteil aller vollständiger Molière-Werkausgaben.

Sganarelle spielt hierin nur widerwillig den Arzt, eine Aufgabe, die ihm sein Herr Valeré mit einer guten Bezahlung zu versüßen weiß. Valerés Geliebte Lucile täuscht indes eine Krankheit vor, weil ihr

6 Die Truppe war zwischen 1645 und 1658 in Frankreich von Ort zu Ort auf Wanderschaft, vor allem aber in Südfrankreich.

7 Die andere trägt den Titel *Die Eifersucht des Gros-René*.

raffgieriger Vater Gorgibus sie zu einer Heirat zwingen will, die ihr zuwider ist. Sganarelle soll ihr einen Kuraufenthalt auf dem Lande verschreiben, damit sich die Liebenden ungestört begegnen können. Der spitzfindige Diener umgarnt den Geizhals mit köstlichstem Küchenlatein und führt so den Auftrag seines Herrn zu dessen voller Befriedigung aus. Während Valeré sich zu Lucile begibt, begegnet der unverkleidete Sganarelle aber zufällig dem Gorgibus. Um den Schwindel zu vertuschen, gibt er sich als Zwillingsbruder des Arztes aus. Nun ist Sganarelle gezwungen, in atemberaubender Geschwindigkeit von einer Rolle in die andere zuschlüpfen. Sganarelle wird zum fliegenden Arzt.

DER EINGEBILDETE KRANKE (La Malade imaginaire), oder besser *Der eingebildet Kranke*, ist die letzte Komödie Molières und zählt zu seinen Meisterwerken. Er hat sie als Ballettkomödie mit musikalischen Zwischenspielen verfasst. Sie kam erstmals am 10. Februar 1673 auf die Bühne des Palais Royal. Eigentlich war sie zur Uraufführung bei Hofe bestimmt, was fehlschlug, da es zum Zerwürfnis zwischen Molière und Jean-Baptiste Lulli[8] kam und letzterer erfolgreich gegen die Aufführung vor dem König intrigierte. Für den *Eingebildet Kranken* wurden gleich zwei Prologe verfasst: Der erste ist ein längeres Hirtenspiel zum Lobpreis des Königs, der siegreich vom Schlachtfeld aus dem Hollandfeldzug wiedergekehrt war. Dieser wurde letztlich durch den zweiten Prolog, einer schlichten Hirtenklage, ersetzt. Sowohl die Prologe als auch die beiden Zwischenspiele sind heute auf der Bühne kaum mehr zu sehen, auch weil sie nur lose mit der Handlung verknüft sind. Wie beim *Bürger als Edelmann (Le Bourgeois Gentilhomme)* hat Molière auch diese Komödie des krönenden Epiloges wegen, Argans aberwitziger Doktorpromotion, geschrieben.

Über dem Stück schwebt ein dunkler Schatten. Molière, der den Argan mit rotem Schlafrock und weißer Schlafmütze selbst spielte, erlitt während der vierten Vorstellung am 17. Februar 1673 einen Hustenanfall mit blutigem Auswurf. Er spielte die Vorstellung zu Ende

8 Lulli (1632-1687) hatte bislang die Kompositionen zu Molières Ballettkomödien beigesteuert. 1672 sprach ihm Ludwig XIV. aber das Monopol zur Aufführung von Opern zu, das er wohl sehr nachdrücklich durchsetzt. Zudem wurden ihm die Rechte aller Stücke zugesprochen, für die er die Komposition besorgt hatte; auch die Stücke Molières. Molière ließ die Musik des *Eingebildet Kranken* daher von einem anderen Musiker komponieren, um wenigstens die Rechte hieran zu behalten, was Lulli aber wiederum erzürnte.

und wurde dann in seine Wohnung gebracht, wo er wenige Stunden später starb[9]. Der Stuhl übrigens, in dem Molière als Argan bei der Uraufführung saß und die Apothekerrechnung revidierte, ist heute als Museumsstück in der Comédie Francaise in Paris ausgestellt.

Die Fabel dess *Eingebildet Kranken* ist schnell erzählt: Argan ist ein Hypochonder. Er bildet sich nur ein, krank zu ein. Doch seine Einbildung hat sich zum Wahn erhoben. Dem Urteil der Ärzte vertraut er blind. Die Dienste der Apotheker nimmt er bereitwillig an und lässt die schlimmsten Tortouren über sich ergehen, nur um dem sicher geglaubten Tod doch noch von den Schippe zu springen. Seine Familie leidet schwer unter den Verhältnissen in seinem Haus, in dem alles nur noch nach Siechentum und Tod riecht und schmeckt. Nur seine junge zweite Frau Béline hat scheinbar noch ein offenes Ohr für seine Gebrechen. Dabei hat es die Scheinheilige nur auf sein Vermögen abgesehen. Damit Argan immer einen Arzt in seiner Nähe hat, will er seine Tochter Angélique mit dem frisch promovierten Arztsohn Thomas Diafoirus verheiraten. Die aber liebt Cléante und dieser sie. Die schlagfertige Dienerin Toinette und Argans Bruder Béralde haben alle Hände voll zu tun, um wenigstens sein Vermögen und die Liebe seiner Tochter zu retten. Eines jedenfalls scheint sicher: Argans Wahnsinn ist unheilbar.

Der *HERR VON POURCEAUGNAC (Monsieur de Pourceaugnac),* auch als der *Herr aus der Provinz* bekannt, wurde erstmals am 6. Oktober 1669 in Chambord als »Zerstreuung« für den König gegeben. Mit ihr setzte eine Serie großer Ballettkomödien ein, die ihre Krönung im *Eingebildet Kranken* fand. Immerhin zwölf der dreißig Stücke Molières sind diesem Genre zuzurechnen.

Die Ballettkomödie ist eine Erfindung Molières[10], ein Theaterstück, in dem nicht nur gesprochen, sondern auch musiziert, gesungen und getanzt wird. Mit ihr schwebte Molière ein Gesamtkunstwerk vor, bei dem alle Künste miteinander verbunden sind. Über die Entstehung dieser neuen Theatergattung teilt sich Molière im Vorwort zu seiner ersten Ballettkomödie *Die Lästigen (Le Fâcheux)* mit. Finanzminis-

---

9 Der Sage zufolge trug er immer noch das Kostüm des Argan.

10 Genauer genommen ist die Ballettkomödie das Ergebnis der Zusammenarbeit des Komponisten und Choreografen Lulli mit dem Theaterfachmann Molière.

ter Fouquet hatte ihm den Auftrag zu einem Schauspiel erteilt[11], in dem auch die Gelegenheit für höfische Tänze geboten werden sollte. Weil Molière aber nur eine begrenzte Zahl an Tänzern zur Verfügung stand, schob er vor und zwischen den Akten Zwischenspiele ein und gab den Tänzern auf diese Weise die Möglichkeit, sich während der Akte für den nächsten Auftritt umzuziehen. Diese »Intermèdes« waren ein Novum. Damit das Geschehen des Theaterspiel durch die Ballettauftritte aber nicht zerrissen wurde, stellte Molière eine szenische Verbindung zwischen dem Thema des Stückes und dem des Tanzes her. Diese neue Form fand beim Publikum, und allen voran beim König, großen Anklang.

In keiner anderen Ballettkomödie ist Molière eine so innige Synthese zwischen Schauspiel und Ballett gelungen wie in dem *Herrn von Pourceaugnac*. Der Schwung und die Heiterkeit der Handlung verbindet sich in dieser temporeichen Intrigenkomödie mit einer Serenade, in der die Akteure des Schauspiels fest einbezogen sind. Trotz der derben Späße, die dem Provinzler Pourceaugnac gespielt werden, schlägt die Komödie nie in Bitterkeit um und behält stets einen ausgelassenen und lebendigen Eindruck.

Der schwer reiche Pariser Bürger Oronte will seine Tochter Julie mit Herrn von Pourceaugnac aus Limoges verheiraten, denn er erhofft sich dadurch eine Standeserhöhung. Julie aber liebt Eraste und dieser liebt sie. Gemeinsam beauftragen sie den gerissenen und mit allen Wassern gewaschenen Neapolitaner Sbrigani, die Heirat zu hintertreiben und Schliche zu ersinnen, damit sie sich selbst das Eheversprechen geben können. Als Pourceaugnac nach Paris kommt, um seine Zukünftige zu holen, erschleicht sich Sbrigani das Vertrauen des leichtgläubigen Edelmanns und treibt ihn von einen bösen Streich zum anderen, bis dieser die Flinte ins Korn wirft, als Frau verkleidet Reißaus nimmt und Eraste Julie zur Frau bekommt.

Nach den Querelen um die hohen Komödien *Tartuffe* und *Don Juan* – beide Stücke wurden verboten – wandte sich Molière wider einer Farce zu, dem *LIEBHABER ALS ARZT*. König Ludwig XIV. war ein Gönner Molières und stärkte ihm den Rücken. Mit seinen Komödien hatte er sich mächtige Gegner geschaffen, den Schutz hatte er daher bitter nötig. Am 14. August 1665 erhob Ludwig XIV. seine Truppe

11 Nach den Angaben Molières hatte er für das Schreiben und Einstudieren des Stückes lediglich 14 Tage Zeit.

zur »Königlichen Truppe im Palais Royal« und hielt so weiter schützend seine Hand über seinen obersten Spaßmacher. Wenige Tage später erhielt dieser dann den Auftrag für den *Liebhaber als Arzt*, der am 14. September 1665 erstmals aufgeführt wurde.

Wie sich Molière im Vorwort des Erstdrucks 1666 auslässt, blieben ihm für das Verfassen, das Einstudieren und Aufführen gerade einmal fünf Tage Zeit. Trotz der Eile der Entstehung zeichnet sich das Stück durch feine Charakterzüge, durch eine wohltuende Frische und durch eine Fülle von köstlichen Einfällen aus. Wie bereits erwähnt, greift Molière in dieser Komödie auf bewährte Ideen aus Stehgreifpossen aus dem Repertoire des Ensembles zurück. So eben aus dem *Fliegenden Arzt* und vielleicht auch aus dem *Verliebten Doktor*. Molière wies ausdrücklich darauf hin, das Stück auch mit jenen »Zugaben« wahrzunehmen, mit denen es vor dem König gegeben wurde; auch der *Liebhaber als Arzt* ist eine Ballettkomödie mit Tanzeinlagen und Liedern (wir folgen Molières Ruf und unterdrücken diese »Zugaben« hier nicht). Im Zentrum des Stückes stehen die Szenen der Ärztekonsultation, in denen Mollière wohl seine persönlichste Medizinsatire aufführt. Für sein medizinisches Personal stehen nahmhafte Pariser Ärzte Pate, die er auf unmissverständliche Weise auf der Bühne darstellen lies und sie dem Gelächter des Publikums aussetzte; darunter der Stadtarzt Fougerais und die Hofärzte Esprit, Guénaud, d'Aquin und Yvelin. Auf der Bühne tragen sie zur Verballhornung die Namen Desfonandres, Bahis, Macroton, Tomès und Filerin, die soviel bedeuten wie Menschentöter, Beller, Langton, Aderlasser und Streitlieber; alles sprechende Namen, ein Mittel, das Molière nur allzu gern verwendete.[12]

Lucile ist in Clitandre verliebt und möchte ihn heiraten. Ihr geiziger Vater Sganarelle aber will sich die Mitgift sparen und versperrt seine Ohren stets, wenn die Rede auf eine Heirat kommt. Lucile täuscht daher eine Krankheit vor. Der besorgte Sganarelle lässt einen ganzen Haufen Ärzte auffahren, um sie zu heilen. Jeder weiß es besser, wie sie zu heilen ist, doch heilen, das tut sie nicht einer. Da erscheint Clitandre als Arzt verkleidet, macht sie wieder gesund und erhält listenreich die Hand seiner Geliebten.

---

12 Einer Anektode zufolge soll sich der Vermieter Molières derart über diese Komödie geärgert haben, dass er dem Dramatiker die Miete erhöhte. Sein Vermieter war nämlich selber Arzt. Angeblich hätte sich Molière gerächt, indem er die Frau des Vermieters mit Arztdiplom aus dem Theater werfen ließ, als diese mit einer Freikarte aufkreuzte.

Als letzte Arztkomödie in diesem Band folgt schließlich der *ARZT WIDER WILLEN*, die im Jahr nach dem *Liebhaber als Arzt* auf die Bühne kam; die Uraufführung fand am 6. August 1666 statt. Sie gehört zu den stimmungsvollsten und frischesten Komödien Molières und ist im Stil einer französischen Farce gehalten. Als Vorlage diente dem Dramatiker ein mittelalterlicher französisischer Schwank mit dem Titel »Der Bauer als Arzt«. Die Komödie erfreute sich bereits zu Molières Zeiten großer Beliebtheit und sorgte auch dafür, dass *Der Menschenfeind (Le Misanthrope)* ein langes Bühnenleben genießen konnte. Dieser war zwei Monate zuvor uraufgeführt worden, aber nur mit mäßigem Erfolg; die Einnahmen waren schnell gesunken. Als ihm *Der Arzt wider Willen* als zweites Stück des Abends beigestellt wurde, erholten sich die Einnahmen wieder zügig.

Der Reißigbinder Sganarelle und seine Frau Martine haben einen heftigen Ehestreit. Weil Martine Prügel bezieht, schwört sie, sich an ihrem Mann zu rächen. Da erscheinen wie gerufen zwei Herren, die händeringend nach einem fähigen Arzt suchen, der die plötzlich verstummte Lucinde, die Tochter des reichen Bürgers Géronte, heilen kann. Martine schickt die Herren zu ihrem Mann in den Wald und verspricht ihnen, dass er der beste Arzt der Welt sei, der sogar Tote wieder auferstehen ließe. Er hätte nur eine Macke: Nur mit Prügel könne man ihn dazu bringen zuzugeben, dass er ein großer Arzt wäre. So fügt sich Sganarelle in die ihm schmerzlich zugewiesene Rolle. Doch allmählich fühlt er sich in diese Rolle ein und beginnt, alle Vorteile des Ärztestandes zu genießen, und schließlich finden er sogar die richtige Kur für Luciles »Krankheit«, was keinem Arzt zuvor gelungen war.

MOLIÈRE

Der fliegende Arzt

Le Médecin volant
(Zeit unbekannt, vor 1665)

Eine Komödie

FÜNFTE SZENE

LUCILE, SABINE, GORGIBUS, SGANARELLE.

SGANARELLE. Nun, mein Fräulein, sind Sie krank?

LUCILE. Ja, Herr Doktor.

SGANARELLE. Umso schlimmer! Denn daran erkennt man, dass Sie nicht gesund sind. Haben Sie große Kopfschmerzen in den Nieren?

LUCILE. Ja, Herr Doktor.

SGANARELLE. Ganz recht. Jawohl, ein große Arzt sagt im Kapitel über die Natur der Tiere ... hundert schöne Sachen! Wie die miteinander in Verbindung stehenden Säfte sich einander gegenüberstehen; dass die Melancholie zum Beispiel die Feindin der Freude ist; dass wenn sich die Galle im Körper verbreitet, sie die Gelbsucht verursacht; dass nichts der Gesundheit mehr zuwider ist als die Krankheit. Mit diesem großen Arzt können wir also behaupten, dass Ihre Tochter schwer krank ist. Ich will ihr gleich eine Arznei verschreiben.

GORGIBUS. Schnell einen Tisch, Papier und Tinte.

SGANARELLE. Gibt es hier jemanden, der schreiben kann?

GORGIBUS. Ja, können Sie es etwa nicht, Herr Doktor?

SGANARELLE. Ach! Ich kann mich im Augenblick nicht daran erinnern. Wissen Sie, ich habe so viele Dinge im Kopf, ich vergesse stets die Hälfte ... Wissen Sie, Ihre Tochter wird sich vor allem in der frischen Luft aufhalten und sich aufs Land begeben müssen.

GORGIBUS. Wir haben ein sehr schönes Gartenhaus mit einigen Zimmern, der würde sich gut dazu eignen! Wenn Sie es anordnen, werde ich sie dorthin schicken.

SGANARELLE. Lassen Sie uns diesen Ort in Augenschein nehmen.

SECHSTE SZENE

DER ADVOTAT, *allein*. Ich habe gehört, dass die Tochter von Herrn Gorgibus krank ist. Ich wollte gleich einmal nachfragen, wie es ihr geht! Und ihm als alter Freund der Familie meine Dienste anbieten. Hallo! Ist Herr Gorgibus zu Hause?

SIEBENTE SZENE

GORGIBUS, DER ADVOKAT.

GORGIBUS. Ihr ergebener Diener, Herr ...

DER ADVOKAT. Mir kam zu Ohren, dass Ihre Tochter erkrankt wäre. Ich komme und möchte Ihnen meine aufrichtige Anteilnahme bezeugen. Und ich will Ihnen, soweit es in meinen Kräften steht, meine Dienste anbieten.

GORGIBUS. Ich unterhielt mich eben mit dem gelehrtesten Mann der Welt.

DER ADVOKAT. Ach, könnte ich ihn nicht einen Augenblick sprechen?

ACHTE SZENE

GORGIBUS, DER ADVOKAT, SGANARELLE.

GORGIBUS. Da ist ein Freund von mir, Herr Doktor, er ist ein überaus geschäftiger und gelehrter Mann und möchte Sie gern einen Augenblick sprechen.

SGANARELLE. Ich habe keine Zeit, Herr Gorgibus! Ich muss erst meine Patienten besuchen. Nein, ich kann jetzt nicht mit Ihnen reden, mein Herr.

DER ADVOKAT. Herr Doktor, als mir Herr Gorgibus über Ihre Verdienste und Ihre Gelehrsamkeit berichtete, überkam mich ein unbezwingliches Verlangen danach, Ihre Bekanntschaft zu machen. Und wenn ich mir die Freiheit nehme, Sie zu dem Zweck aufzusuchen, dann hoffe ich, dass Sie es mir nicht übel nehmen werden. Ganz ohne Zweifel verdienen alle, die auf irgendeinem Gebiet der Wissenschaft Großes leisten, den allerhöchsten Respekt. Doch besonders verdienen ihn diejenigen, die den Beruf des Arztes ausüben. Und dies nicht nur wegen seiner Nützlichkeit für das Gemeinwohl, sondern auch, weil die Medizin verschiedene andere Wissenschaften berührt, was ihre vollkommene Beherrschung so überaus erschwert. Hippokrates bemerkt hierzu in seinem ersten Leitspruch sehr richtig: Vita brevis, ars vero longa, occasio autem praeceps, experimentum periculosum, judicium difficile.[1]

---

1 *(Latein.)* Das Leben ist kurz, die Kunst ist lang, Gelegenheit flüchtig, Experimente gefährlich, und schwer ist es, ein Urteil zu fällen.

SGANARELLE *(zu Gorgibus).* Picile tantinapota baril combustibus.

DER ADVOKAT. Sie sind keiner von den Ärzten, die sich zu rationaler, dogmatischer Heilkunst bekennen. Ich glaube aber, dass Sie Ihren Beruf stets mit großem Erfolg ausüben: experientia magistra rerum[2]. Die ersten Männer, die sich mit der Heilkunst befassten, werden wegen ihrer schönen Wissenschaft hoch geschätzt. Wegen ihrer wunderbaren Heilerfolge, gesellte man sie zu den Göttern. Wenn es auch einem Arzt einmal nicht gelingt, seinen Patienten zu heilen, sollte man sie nicht weniger schätzen, denn die Gesundheit hängt nicht unbedingt von seinen Medikamenten und seinen Kenntnissen ab. Interdum docta plus valet arte malum[3]. Doch ich befürchte, dass ich Ihnen zur Last falle, Herr Doktor. Ich empfehle mich und hege dabei die Hoffnung, dass wir uns bei nächster Gelegenheit einmal in aller Muße unterhalten können. Ihre Zeit ist kostbar … usw. *(Ab.)*

GORGIBUS. Und, was halten Sie von diesem Mann, Herr Doktor?

SGANARELLE. Hm! Er ist nicht dumm. Wäre er etwas länger geblieben, hätte ich ihn zu einem sehr erhabenen und schwierigen Bereich befragt. Doch nun muss ich mich empfehlen. *(Gorgibus gibt ihm Geld.)* He! Was haben Sie vor?

GORGIBUS. Herr Doktor, ich weiß, was ich Ihnen schuldig bin.

SGANARELLE. Sie machen einen Scherz, Herr Gorgibus! Ich nehme nichts an. Ich diene dem Menschen. *(Nimmt das Geld.)* Ihr ergebener Diener.

NEUNTE SZENE

VALÈRE, *allein.* Ich habe keine Ahnung, wie sich Sganarelle in der Sache schlägt. Er hat noch nichts von sich hören lassen und ich weiß auch nicht, wo ich nach ihm suchen soll. Uff, da kommt er ja. Nun, Sganarelle, was ist passiert, seit wir uns zum letzten Male sahen?

---

2 *(Latein.)* Probieren geht über Studieren.

3 *(Latein.)* Manchmal vermag die Krankheit mehr als die gelehrte Kunst.

ZEHNTE SZENE

VALÈRE, SGANARELLE im Dieneranzug.

SGANARELLE. Wunder über Wunder! Ich habe es so eingefädelt, dass mich Gorgibus für die größte Leuchte der Medizin hält. Ich ließ mich zu ihm führen und riet ihm, er solle seine Tochter aufs Land schicken. Im Augenblick befindet sie sich in einem Häuschen am Rande seines Gartens. Das ist weit weg von ihrem Alten. Sie können sie dort ungestört besuchen.

VALÈRE. Ach! Du bereitest mir eine große Freude! Es ist keine Zeit zu verlieren. Ich will sie unverzüglich aufsuchen. *(Ab.)*

SGANARELLE. Dieser Gorgibus ist ein wahrer Idiot, wenn er sich so an der Nase herumführen lässt. *(Sieht Gorgibus.)* O weh! Alles ist verloren! Die ganze Medizin stürzt mit einem Schlag wie ein Kartenhaus zusammen. Ich muss ihm Sand in die Augen streuen.

ELFTE SZENE

GORGIBUS, SGANARELLE.

GORGIBUS. Guten Tag, Herr!

SGANARELLE. Zu Diensten, der Herr! Sie haben einen armen Kerl vor sich, der in Verzweiflung ist. Ist Ihnen denn ein Arzt begegnet, der sich erst kürzlich in dieser Stadt eingefunden hat und Wunderkuren verschreibt?

GORGIBUS. Ja, den kenne ich. Er war soeben bei mir.

SGANARELLE. Ich bin nämlich sein Bruder, mein Herr. Wir sind Zwillinge und werden öfters verwechselt, weil wir uns so ähneln.

GORGIBUS. Zum Teufel! Ich hätte Sie doch glatt für ihn gehalten! Und wie ist Ihr Name?

SGANARELLE. Narziss, Herr, Ihr ergebener Diener. Ich habe leider in seinem Studierzimmer zwei Fläschchen umgeworfen, die am Tischrand standen. Das hat in so in Rage versetzt, dass er mich aus der Wohnung schmiss und mir verbot, ihm je wieder unter die Augen zu treten. Nun bin ich ein armer Kerl, ausgestoßen, hilflos und habe keinen Bekannten in der Stadt, zu dem ich mich flüchten könnte.

GORGIBUS. Gehen Sie nur voraus! Ich werde Sie schon mit ihm versöhnen! Ich bin nämlich ein Freud von ihm. Ich verspreche Ihnen, dass ich den Frieden zwischen Ihnen wieder herstellen werde. Wenn ich ihn sehe, spreche ich ihn gleich darauf an.

SGANARELLE. Ich bin Ihnen überaus verbunden, Herr Gorgibus!
(Sganarelle geht ab und kehrt im Arztrock wieder zurück.)

ZWÖLFTE SZENE

SGANARELLE als Arzt, GORGIBUS.

SGANARELLE. Erlauben Sie mal! Wenn ein Patient den Rat seines Arztes missachtet und sich der Völlerei hingibt, dann …

GORGIBUS. Ihr untertänigster Diener, Herr Doktor. Ich bitte um Entschuldigung …

SGANARELLE. Was denn, Herr Gorgibus, womit kann ich dienen?

GORGIBUS. Ich habe Ihren Herrn Bruder getroffen, mein Herr, er ist ganz verzweifelt.

SGANARELLE. Das ist ein Schurke, Herr Gorgibus.

GORGIBUS. Ich versichere Ihnen, es reut ihn sehr, dass er Sie so in Rage brachte.

SGANARELLE. Er ist ein Schnapsloch, Herr Gorgibus, ein Säufer!

GORGIBUS. Aber, aber Herr Doktor! Wollen Sie den armen Kerl wirklich bis an den Rand der Verzweiflung treiben?

SGANARELLE. Er soll mir gestohlen bleiben. Sehen Sie nur, wie unverschämt dieser Schurke ist, wenn er Sie darum bittet, unsere Versöhnung zu vermitteln! Ich bitte darum, sagen Sie nichts mehr dazu!

GORGIBUS. Verzeihen Sie ihm doch, um Himmelswillen, Herr Doktor, tun Sie es wenigstens mir zuliebe. Wenn ich irgendetwas für Sie als Gegenleistung tun kann, dann tue ich das von ganzem Herzen. Ich habe es ihm versprochen und …

SGANARELLE. Wenn Sie so eindringlich darum bitten, muss ich wohl nachgeben. Eigentlich hatte ich mir geschworen, ihm niemals mehr zu verzeihen. Nun aber, meine Hand drauf! Ihm soll verziehen sein. Doch seien Sie gewiss, es kostet mich große Überwindung und ich tue es nur aus Gefälligkeit Ihnen gegenüber. Doch nun, leben Sie wohl, Herr Gorgibus!

(Gorgibus geht nach Hause und Sganarelle verschwindet.)

DREIZEHNTE SZENE

VALÈRE, SGANARELLE als Diener.

VALÈRE. Also wirklich, nie hätte ich gedacht, dass Sganarelle seine Sache so gut machen würde. Ah! Mein lieber Knabe, ich bin dir zutiefst verbunden! Wie freue ich mich! Wie ...

SGANARELLE. Mein Gott, Sie haben gut reden, Herr Valère, ich aber ... ich bin in die Arme von Herrn Gorgibus gelaufen ... und hätte ich nicht so einen gescheiten Einfall gehabt, dann hätte er die Lunte gerochen. Verstecken Sie sich! Da kommt er schon.

VIERZEHNTE SZENE

GORGIBUS, SGANARELLE als Diener.

GORGIBUS. Ich habe Sie überall gesucht. Ich habe mit Ihrem Herrn Bruder gesprochen. Er gab mir sein Wort darauf, dass er Ihnen verzeiht. Um Ihnen aber auch die ganze Gewissheit zu geben, dass er es tut, soll er Sie vor meinen Augen umarmen. Kommen Sie doch in mein Haus, ich werde ihn rufen.

SGANARELLE. Oh! Herr Gorgibus, ich glaube nicht, dass Sie ihn so schnell finden werden. Ich würde ja auch nicht auf ihn warten. Ich habe ja solche Angst vor seinem Zorn.

GORGIBUS. Ach! Dann bleiben Sie hier und ich werde Sie einschließen. Nun aber hole ich schnell Ihren Bruder herbei. Fürchten Sie sich nicht mehr, denn ich sage Ihnen, er ist Ihnen nicht mehr böse. *(Ab.)*

SGANARELLE *(am Fenster)*. Oh weh! Jetzt sitze ich aber in der Patsche! Ich weiß keinen Ausweg mehr. Finstere Wolken haben sich über mir zusammengezogen. Und wenn ich keine Lösung finde, hagelt es Stockhiebe auf meinen Rücken oder man verschreibt mir eine Kur, gegen die alle Kuren der Ärzte gar nichts sind, man wird mir das königliche Brenneisen auf meine Schulter drücken. Schlimmer konnte es nicht kommen. Aber warum den Mut verlieren? Wenn wir es bis hierher geschafft haben, gut, dann können wir den Streich auch bis zum Ende führen. Ja doch, ich muss meinen Kopf aus der Schlinge ziehen und ich zeige, dass Sganarelle der König der Schlitzohren ist. *(Er springt aus dem Fenster und wirft sich seinen Doktorrock über.)*

MOLIÈRE

Der eingebildete Kranke

Le Malade imaginaire
(1673)

Komödie in drei Akten
mit Musik und Tanz

PERSONEN

ARGAN, *der eingebildet Kranke*
BÉLINE, *die zweite Frau Argans*
ANGÉLIQUE, *Argans Tochter und Geliebte von Cléante*
LOUISON, *kleine Tochter Argans und Schwester von Angélique*
BÉRALDE, *Argans Bruder*
CLÉANTE, *Angéliques Geliebter*
DR. DIAFOIRUS[1], *ein Arzt*
THOMAS DIAFOIRUS, *dessen Sohn und Bewerber um Angélique*
DR. PURGON[2], *Argans Arzt*
HERR FLEURANT[3], *ein Apotheker*
HERR BONNEFOI[4], *ein Notar*
TOINETTE, *Dienstmädchen*

Die Szene spielt in Paris.

---

1 Molière hatte eine Vorliebe für sprechende Namen. Die Namen sind dabei häufig aus dem Griechischen oder Lateinischen abgeleitet. Diafoirus kann man etwa mit »Durchlauf« oder »Durchfall« übersetzen.

2 übersetzt etwa »Reiniger« (der die Körpersäfte wieder ins Gleichgewicht bringen möchte)

3 übersetzt etwa »Schnupperer« oder »Schnüffler«

4 eine ironische Anspielung auf das Gewerbe, in dem alles nach bestem Wissen und Gewissen gemacht wird

ERSTER AUFZUG
ERSTER AUFTRITT

ARGAN *(sitzt vor einem Tisch und revidiert mit Spielmarken die Rechnung seines Apothekers).* Drei und zwei ist fünf und fünf ist zehn und zehn ist zwanzig; drei und zwei ist fünf. »Weiter, den Vierundzwanzigsten, ein insinuatives, präparatives und erweichendes kleines Klistier zur Schmeidigung, Anfeuchtung und Erfrischung der Eingeweide des Herrn.« Was mir an Herrn Fleurant, meinem Apotheker, besonders gefällt, ist, dass seine Rechnungen immer so höflich stilisiert sind. »Zur Erfrischung der Eingeweide des Herrn; dreißig Sous.« Ja; aber mein lieber Herr Fleurant, es ist nicht genug, dass man höflich ist; man muss auch billig sein und die Kranken nicht schinden. Ein Klistier dreißig Sous! Gehorsamer Diener, das habe ich Ihnen schon gesagt; Sie haben mir es in anderen Rechnungen mit zwanzig Sous angesetzt, und zwanzig Sous in der Apothekersprache bedeuten zehn; schreiben wir also zehn Sous. »Weiter, von selbigem Datum, ein gutes purifizierendes Klistier, nach Vorschrift zusammengestellt aus doppeltem Katholikon, Rhabarber, Rosenhonig und anderen Ingredienzen, um den Unterleib des Herrn auszufegen, zu spülen und zu reinigen, dreißig Sous.« Mit Ihrer Erlaubnis, zehn Sous. »Weiter, von selbigem Datum, ein hepatischer, soporativer und Schlaf bringender Julep[5], um die Nachtruhe des Herrn zu verschaffen, fünfunddreißig Sous.« Gegen den Julep will ich nichts sagen, denn ich schlief vortrefflich darauf. Zehn, fünfzehn, sechzehn, siebzehn Sous und sechs Deniers. »Weiter, den Fünfundzwanzigsten, eine gute reinigende und stärkende Mixtur, bestehend aus frischer Quassia nebst levantischen Sennesblättern und anderen Ingredienzen nach der Verordnung von Herrn Dr. Purgon, um Herrn Argan die Galle auszuscheiden und zu vertreiben, vier Livres.« Ei, mein guter Herr Fleurant, das heißt die Leute zum Besten halten; man muss leben und leben lassen. Herr Purgon hat Ihnen nicht verordnet, vier Livres anzuschreiben: Seien Sie so gut und setzen Sie drei Livres. Zwanzig und dreißig Sous. »Weiter, dasselbe Datum, ein anodiner adstringierender Trank, um Herrn Argan eine wohlschlafende Nacht zu verschaffen, fünfunddreißig Sous.« Gut; zehn und fünfzehn Sous. »Weiter, am Sechsundzwanzigsten, ein karminatives Klistier, um Herrn Argan die Blähungen zu vertreiben, dreißig Sous.« Zehn Sous, Herr Fleurant. »Weiter,

5 *Julep:* ein Heiltrank

Herrn Argans Klistier, am Abend wiederholt, wie oben, dreißig Sous.« Zehn Sous, Herr Fleurant! »Weiter, am Siebenundzwanzigsten, eine wohltätige Medizin, um den Stuhlgang zu beschleunigen und Herrn Argan von seinen bösen Säften zu befreien, drei Livres.« Gut, zwanzig und dreißig Sous: es freut mich, dass Sie so billig sind. »Weiter, am Achtundzwanzigsten, eine Portion abgeklärte und versüßte Molke, um Herrn Argan das Blut zu mildern, zu besänftigen, abzukühlen und zu erfrischen, zwanzig Sous.« Gut, schreiben wir zehn Sous. »Weiter, ein herzstärkender und präservativer Trank, versetzt mit zwölf Gran Bezoar, Sirup von Limonen und Granatäpfeln und allerlei anderen Zutaten, nach Vorschrift, fünf Livres.« Sachte, sachte, mein lieber Herr Fleurant, wenn es gefällig ist; wenn Sie so mit den Leuten umgehen, wer wird denn da noch krank sein wollen? Begnügen Sie sich mit vier Franken; zwanzig und vierzig Sous. Drei und zwei macht fünf und fünf macht zehn und zehn macht zwanzig; dreiundsechzig Livres, vier Sous, sechs Deniers. Folglich hätte ich denn in diesem Monat gebraucht: eine, zwei, drei, vier, fünf, sechs, sieben, acht Mixturen und eins, zwei, drei, vier, fünf, sechs, sieben, acht, neun, zehn, elf, zwölf Klistiere; und letzten Monat waren es zwölf Mixturen und zwanzig Klistiere. Da ist es natürlich kein Wunder, wenn ich mich diesen Monat weniger wohlfühle als im vorigen. Ich muss es Herrn Purgon sagen, damit er beizeiten vorbeugt. Heda! Räumt mir das alles hier weg. *(Er bemerkt, dass niemand kommt und niemand im Zimmer ist.)* Niemand hier! Ich mag noch soviel sagen, sie lassen mich immer allein; da hilft nichts, sie lassen sich nicht halten. *(Er schellt mit einer Handklingel nach seinen Leuten.)* Niemand hört mich, und meine Klingel ist nicht laut genug. *(Er schellt ein weiteres Mal.)* Da rührt sich nichts. *(Schellt abermals.)* Sie sind alle taub! Toinette! *(Schellt so laut er kann.)* Gerade als wenn ich gar nicht klingelte. Spitzbübin! Galgenbrut! *(Bemerkt, dass er vergeblich läutet.)* Aus der Haut möchte man fahren! *(Er schellt nicht mehr, sondern schreit.)* Klingling, klingling, klingling! Zum Teufel mit dir, du Rabenaas! Gehört es sich denn, einen armen Kranken so allein zu lassen? Klingling, klingling, klingling! Das ist doch wahrhaftig zum Erbarmen. Klingling, klingling, klingling! Ach, du lieber Gott! Sie werden mich hier sterben lassen! Klingling, klingling, klingling!

ZWEITER AUFTRITT

ARGAN, TOINETTE.

TOINETTE *(das Zimmer betretend).* Ich komme schon!

ARGAN. Warte, du Göre! Warte, du Spitzbübin!

TOINETTE *(stellt sich, als habe sie sich an den Kopf gestoßen).* Zum Teufel mit Ihrer Ungeduld! Sie hetzen einen so ab, dass ich mich draußen gewaltig mit der Stirn am Fensterladen gestoßen habe.

ARGAN *(zornig).* Ah, du Ausbund ...!

TOINETTE *(unterbricht ihn, um ihn am Schimpfen zu hindern, und beklagt sich fortwährend und murrt).* Pah!

ARGAN. Es ist schon ...

TOINETTE. Pah!

ARGAN. Schon mindestens eine Stunde ...

TOINETTE. Pah!

ARGAN. Dass ich hier allein ...

TOINETTE. Pah!

ARGAN. Schweig doch, Spitzbübin, ich will dir die Leviten lesen.

TOINETTE. Nun ja, bei meiner armen Seele! Das kommt mir gerade noch recht, nachdem ich mir eben so wehgetan habe!

ARGAN. Deinetwegen schrei ich mir den Hals heiser, du Aas?

TOINETTE. Und ich habe mir Ihretwegen den Kopf gestoßen; das ist wohl eines so schlimm wie das andere. Wenn es Ihnen recht ist, wollen wir es miteinander aufwiegen.

ARGAN. Was, du Spitzbübin ...

TOINETTE. Wenn Sie weiterschimpfen, weine ich.

ARGAN. Mich allein zu lassen, Verräterin ...

TOINETTE *(weiter, um ihn zu unterbrechen).* Pah!

ARGAN. Was! Du Kröte, du willst ...

TOINETTE. Pah!

ARGAN. Was! Soll ich auch nicht einmal die Freude haben, dich auszuschimpfen?

TOINETTE. Meinetwegen, schimpfen Sie nur immer, soviel Sie Lust haben.

ARGAN. Du lässt mich ja gar nicht dazu kommen, Hündin, du fällst mir alle Augenblicke ins Wort.

TOINETTE. Wenn Sie die Freude haben zu schimpfen, so ist es doch nur billig, dass ich mir das Vergnügen mache zu klagen. Jedem das Seine, so gehört es sich. Pah!

ARGAN. Kann es denn sein, dass man sich alles gefallen lassen muss. Nimm das alles weg, Spitzbübin, nimm alles weg. *(Argan steht von seinem Stuhl auf, gibt ihr die Zählmarken und die Rechnungen des Apothekers.)* Hat mein Klistier heute gut gewirkt?

TOINETTE. Ihr Klistier?

ARGAN. Ja. Ist viel Galle abgegangen?

TOINETTE. Du lieber Gott, das sind Sachen, mit denen ich mich nicht abgebe. Das ist für Herrn Fleurants Nase, der Geld damit verdient.

ARGAN. Lass mir eine Tasse mit Fleischbrühe fertigmachen, wenn ich das nächste Klistier nehmen werde.

TOINETTE. Dieser gute Herr Fleurant und der liebe Herr Purgon machen sich lustig über Ihren Körper. Sie haben an Ihnen eine gute melkende Kuh gefunden und ich möchte sie doch einmal fragen, was Ihnen denn eigentlich fehlt, dass sie Ihnen so viel verschreiben.

ARGAN. Schweig, du unwissendes Ding; es steht dir nicht zu, die Verordnungen der Ärzte zu kritisieren. Meine Tochter Angélique soll herunterkommen, ich habe ihr etwas zu sagen.

TOINETTE. Da kommt sie schon von selbst; sie hat Ihre Gedanken erraten.

DRITTER AUFTRITT

ARGAN, ANGÉLIQUE, TOINETTE.

ARGAN. Tritt näher, mein Kind, du kommst zur rechten Zeit; ich habe mit dir zu sprechen.

ANGÉLIQUE. Gern höre ich Ihnen zu.

ARGAN *(geht zur Wasserschüssel)*. Warte! *(Zu Toinette.)* Gib mir meinen Stock! Ich bin gleich wieder da.

TOINETTE. Beeilen Sie sich, Herr Argan, beeilen Sie sich. Herr Fleurant macht uns sonst zu schaffen.

VIERTER AUFTRITT

ANGÉLIQUE, TOINETTE.

ANGÉLIQUE *(blickt sie schmachtend an, spricht in einem vertraulichen Ton)*. Toinette!

TOINETTE. Was?

ANGÉLIQUE. Sieh mich einmal an!

TOINETTE. Nun ja, das tue ich.

ANGÉLIQUE. Toinette!

TOINETTE. Ja doch! Was denn, »Toinette«?

ANGÉLIQUE. Errätst du nicht, worüber ich sprechen will?

TOINETTE. Ich kann es mir schon denken; von unserem jungen Liebhaber; seit sechs Tagen ist von nichts anderem die Rede und es fehlt Ihnen etwas, wenn Sie nicht jeden Augenblick von ihm erzählen können.

ANGÉLIQUE. Wenn du das weißt, warum fängst du nicht gleich zuerst von ihm an? Und warum ersparst du mir nicht die Mühe, dich auf dieses Thema zu lenken?

TOINETTE. Sie lassen mir ja gar keine Zeit dazu und sorgen schon dafür, dass man Ihnen nicht zuvorkommen kann.

ANGÉLIQUE. Ich gestehe dir, ich werde nicht müde, von ihm zu sprechen, und sehne mich nach jedem Augenblick, wo ich dir mein Herz ausschütten kann. Sag mir aber, Toinette, verurteilst du denn meine Gefühle für ihn?

TOINETTE. Behüte!

ANGÉLIQUE. Ist es Unrecht von mir, mich diesem süßen Gefühl hinzugeben?

TOINETTE. Wer sagt denn das?

ANGÉLIQUE. Oder verlangst du, dass ich für die zärtlichen Beteuerungen seiner feurigen Leidenschaft unempfindlich bleibe?

TOINETTE. Gott bewahre!

ANGÉLIQUE. Sag mir doch, findest du nicht auch in der wunderbaren Art, wie wir unsere Bekanntschaft gemacht haben, etwas Verhängnisvolles und einen Fingerzeig des Himmels?

TOINETTE. Ja.

ANGÉLIQUE. Findest du nicht, dass die Art, wie er meine Verteidigung übernahm, ohne mich zu kennen, ein durchaus edles Herz beweist?

TOINETTE. Ja.

ANGÉLIQUE. Dass man nicht großmütiger handeln konnte?

TOINETTE. Gewiss!

ANGÉLIQUE. Und dass er sich dabei mit dem feinsten Anstand betrug?

TOINETTE. Oh, ja!

ANGÉLIQUE. Findest du ihn nicht auch sehr hübsch gewachsen, Toinette?

TOINETTE. Versteht sich!

ANGÉLIQUE. Dass es auf der Welt keinen Schöneren gibt?

TOINETTE. Ohne Frage.

ANGÉLIQUE. Hat nicht alles, was er sagt und was er tut, etwas Nobles an sich?

TOINETTE. Das ist sicher.

ANGÉLIQUE. Kann man sich leidenschaftlicher und liebevoller ausdrücken, als er in jedem seiner Worte?

TOINETTE. Unmöglich!

ANGÉLIQUE. Und gibt es wohl etwas Unerträglicheres, als den Zwang, in dem man mich festhält, der jede Äußerung unserer gegenseitigen Zärtlichkeit verbietet?

TOINETTE. Sie haben ganz recht.

ANGÉLIQUE. Aber, meine gute Toinette, glaubst du auch, dass er mich wirklich so liebt, wie er sagt?

TOINETTE. Äh, äh! Das sind Dinge, die man nicht immer wissen kann. Die Verstellung in der Liebe sieht manchmal der Wahrheit täuschend ähnlich; und ich kannte Leute, die in diesem Punkt große Komödianten waren.

ANGÉLIQUE. Ach, Toinette, was sagst du da! Wie, wäre es denn möglich, dass er, wenn er spricht, wie er es tut, er nicht die Wahrheit sagt?

TOINETTE. Sie werden jedenfalls darüber bald im Klaren sein; und sein Entschluss, von dem er Ihnen gestern schrieb, um Ihre Hand anhalten zu lassen, ist das sicherste Mittel, Sie zu überzeugen, ob er es aufrichtig meint oder nicht. Das wird der beste Beweis sein.

ANGÉLIQUE. Ach, Toinette, wenn der mich betrügt, dann glaube ich in meinem ganzen Leben keinem Mann mehr!

TOINETTE. Da kommt Ihr Vater wieder.

FÜNFTER AUFTRITT

ARGAN, ANGÉLIQUE, TOINETTE.

ARGAN *(setzt sich in seinen Lehnstuhl).* Also nun, mein Kind, ich habe dir eine Neuigkeit mitzuteilen, die du vielleicht nicht vermutest. Es hat jemand um dich angehalten. Wie! Du lachst? Ja, ja, das Wort Heirat gefällt dir; es klingt allen jungen Mädchen gut. O, Natur! Natur! Wie ich sehe, meine liebe Tochter, habe ich nicht nötig, dich erst zu fragen, ob du etwas dagegen hast.

ANGÉLIQUE. Ich muss alles tun, Herr Vater, was Ihnen gefällig ist, mir zu befehlen.

ARGAN. Es freut mich, dass ich eine so gehorsame Tochter habe. Die Sache ist also beschlossen und ich habe dich versprochen.

ANGÉLIQUE. Es ist meine Schuldigkeit, Herr Vater, Ihrem Willen in allem blindlinks zu folgen.

ARGAN. Meine Frau, deine Stiefmutter, hatte im Sinn, ich solle dich in ein Kloster schicken, dich und deine kleine Schwester Louison; sie war von jeher darauf erpicht.

TOINETTE *(beiseite).* Die gute Seele hat ihre guten Gründe.

ARGAN. Sie wollte in diese Heirat nicht einwilligen; ich habe es aber durchgesetzt und mein Wort gegeben.

ANGÉLIQUE. Ach, mein Vater, wie danke ich Ihnen für all Ihre Güte!

TOINETTE *(zu Argan).* Wahrhaftig, das freut mich für Sie und Sie haben in Ihrem ganzen Leben nichts Klügeres getan.

ARGAN. Ich habe deinen Zukünftigen noch nicht gesehen: Aber man sagt mir, ich würde mit ihm zufrieden sein und du ebenfalls.

ANGÉLIQUE. Ja, gewiss, mein Vater.

ARGAN. Wie! Kennst du ihn denn schon?

ANGÉLIQUE. Weil Ihre Zustimmung mir erlaubt, Ihnen mein Herz zu öffnen, darf ich Ihnen nicht verschweigen, dass der Zufall uns vor sechs Tagen zusammengeführt hat und dass sein Antrag eine Folge der Zuneigung ist, die wir vom ersten Augenblick an füreinander verspürt haben.

ARGAN. Das hatte man mir nicht gesagt, aber es freut mich zu hören und ist noch viel besser so. Sie versichern mir, er wäre ein langer, hübscher junger Mensch.

ANGÉLIQUE. Ja, Herr Vater.

ARGAN. Gut gewachsen.

ANGÉLIQUE. Jawohl.

ARGAN. Von angenehmem Wesen.

ANGÉLIQUE. Ganz recht.

ARGAN. Eine gute Physiognomie ...

ANGÉLIQUE. Eine sehr gute!

ARGAN. Verständig und von guter Familie ...

ANGÉLIQUE. Ja, das ist er.

ARGAN. Wohlerzogen ...

ANGÉLIQUE. Der wohlerzogenste Mensch von der Welt.

ARGAN. Spricht gleich gut Lateinisch und Griechisch ...

ANGÉLIQUE. Davon weiß ich nichts.

ARGAN. Und erhält in drei Tagen sein Diplom als Doktor der Medizin.

ANGÉLIQUE. Er, mein Vater?

ARGAN. Ja. Hat er dir es nicht gesagt?

ANGÉLIQUE. Nein, wahrhaftig. Wer hat Ihnen das aber erzählt?

ARGAN. Herr Doktor Purgon.

ANGÉLIQUE. Kennt Herr Purgon ihn denn?

ARGAN. Schöne Frage! Er muss ihn ja wohl kennen, denn es ist sein Neffe.

ANGÉLIQUE. Cléante ist der Neffe von Herrn Purgon?

ARGAN. Was für ein Cléante? Wir sprechen von dem, der um dich hat anhalten lassen.

ANGÉLIQUE. Ganz recht!

ARGAN. Nun also! Und der ist Herrn Purgons Neffe, der Sohn seines Schwagers, des Doktors Diafoirus; selbiger Sohn heißt aber Thomas und nicht Cléante; und wir haben diese Heirat heute Morgen zusammen verabredet, Herr Purgon, Herr Fleurant und ich: Morgen soll mein zukünftiger Schwiegersohn mir von seinem Vater vorgestellt werden. Was hast du denn? Du bist ja ganz außer Fassung?

ANGÉLIQUE. Ach, bester Vater, ich sehe, Sie haben von ganz einem andern gesprochen, als von dem, an den ich dachte!

TOINETTE. Wie, Herr Argan, haben Sie wirklich einen so närrischen Gedanken gehabt? Und wollen mit Ihrem vielen Geld Ihre Tochter an einen Arzt verheiraten?

ARGAN. Ja. Was hast du dich einzumischen, du unverschämte Spitzbübin?

TOINETTE. Sachte, sachte, Herr Argan. Sie fangen gleich mit Schimpfworten an. Können wir denn nicht miteinander reden, ohne uns aufzuregen? So lassen Sie uns die Sache einmal ganz gelassen betrachten. Was haben Sie für einen Grund, wenn es Ihnen so wichtig ist, um diese Heirat zu bitten?

ARGAN. Was für einen Grund? Schwach und kränklich, wie ich bin, will ich einen Arzt zum Schwiegersohn und Ärzte zu Verwandten haben, um mir zuverlässigen Beistand gegen meine Krankheit zu sichern; um die Quellen zu den Mitteln, die mir verschrieben werden, in meiner Familie zu wissen und um die Konsultationen und Verordnungen immer bei der Hand zu haben.

TOINETTE. Sehr gut! Das nenne ich wenigstens einen Grund anführen, und es ist ein Vergnügen, sich einer mit dem anderen in aller Sanftmut zu besprechen. Aber, mein bester Herr, antwortet mir einmal auf Ehre und Gewissen: Sind Sie krank?

ARGAN. Was, du Spitzbübin, ob ich krank bin? Ob ich krank bin, du unverschämte Kreatur?

TOINETTE. Ach, nun ja, Herr Argan, Sie sind krank; darüber wollen wir nicht miteinander streiten. Ja, Sie sind sehr krank, das gebe ich zu, und kränker als Sie denken: Damit wären wir fertig. Aber Ihre Tochter soll einen Mann selbst wählen; und da sie nicht krank ist, scheint mir es nicht nötig, ihr einen Arzt auszusuchen.

ARGAN. Es ist ja auch meinetwegen, dass ich ihr diesen Arzt ausgesucht habe; und eine wohlgeartete Tochter sollte sich freuen, wenn sie für die Gesundheit ihres Vaters heiraten kann.

TOINETTE. Ach Gott, Herr Argan, dazu kann ich nicht schweigen: Wollen Sie, dass ich Ihnen einen freundlichen Rat gebe?

ARGAN. Lass hören, welcher Rat?

TOINETTE. Dass Sie an diese Heirat nicht denken sollen.

ARGAN. Und der Grund?

TOINETTE. Der Grund? Weil Ihre Tochter nicht einwilligen wird.

ARGAN. Sie wird nicht einwilligen?

TOINETTE. Nein.

ARGAN. Meine Tochter?

TOINETTE. Ihre Tochter. Sie wird Ihnen sagen, dass sie weder von Herrn Diafoirus noch von seinem Sohn, Herrn Thomas Diafoirus, noch von allen Diafoirus der ganzen Welt das Mindeste wissen will.

ARGAN. Aber ich will etwas von ihnen wissen, ich; und außerdem ist die Partie viel besser als man denkt. Herr Diafoirus hat nur den einen Sohn zum Erben; Herr Purgon, der weder Frau noch Kind hat, verschreibt diesem, um seiner Heirat willen, sein ganzes Vermögen; und Herr Purgon ist ein Mann, der auf volle achttausend Livres jährliches Einkommen kommt.

TOINETTE. Der muss eine hübsche Menge von Menschen umgebracht haben, dass er so reich geworden ist!

ARGAN. Achttausend Livre Einkommen wollen etwas sagen; und dazu noch das Vermögen des Vaters!

TOINETTE. Mein Herr, das ist alles recht schön und gut: Aber ich bleibe doch dabei. Ich rate Ihnen unter uns, suchen Sie ihr einen anderen Mann aus; sie ist nicht dazu gemacht, Madame Diafoirus zu werden.

ARGAN. Ich will es aber so.

TOINETTE. I pfui! Sagen Sie doch sowas nicht!

ARGAN. Was! Ich soll das nicht sagen?

TOINETTE. I nein!

ARGAN. Und warum soll ich es nicht sagen?

SECHSTER AUFTRITT

BÉLINE, ANGÉLIQUE, TOINETTE, ARGAN.

ARGAN. Ach, liebe Frau, komm her!

BÉLINE. Was hast du, mein armes Männchen?

ARGAN. Komm mir zu Hilfe!

BÉLINE. Was ist denn passiert, mein liebes Söhnchen?

ARGAN. Mein Lamm!

BÉLINE. Mein Engel!

ARGAN. Ich bin so in Zorn geraten!

BÉLINE. Ach, du armer lieber Schatz! Worüber denn, mein Schatz?

ARGAN. Deine Toinette, die Spitzbübin, war unverschämter denn je.

BÉLINE. Ärgere dich doch nicht so.

ARGAN. Sie hat mich ganz in Rage gebracht, mein Lamm.

BÉLINE. Still doch, liebes Söhnchen!

ARGAN. Eine ganze Stunde lang hat sie allem widersprochen, was ich tun will.

BÉLINE. Ruhig, ruhig, mein Kind!

ARGAN. Sie hat die Frechheit gehabt, mir zu sagen, ich wäre nicht krank.

BÉLINE. Das unverschämte Ding!

ARGAN. Du weißt am besten, mein Herz, wie es sich damit verhält.

BÉLINE. Ja, mein Herz, sie tut Unrecht.

ARGAN. Liebste, die Spitzbübin bringt mich noch unter die Erde.

BÉLINE. O still doch! Still doch!

ARGAN. Sie ist schuld an all meiner Galle.

BÉLINE. Ärgere dich nur nicht!

ARGAN. Und ich habe dir schon so oft gesagt, du sollst sie fortschicken.

BÉLINE. Mein Gott, liebes Kind, es gibt keinen Diener, der nicht seine Fehler hat. Man muss manchmal schon ihre schlechten Eigenschaften um der guten wegen ertragen. Das Mädchen ist geschickt, sorgsam, fleißig und außerdem ehrlich und treu; und du weißt, dass man jetzt sehr vorsichtig sein muss, wenn man Leute annimmt. He, Toinette!

TOINETTE. Madame?

BÉLINE. Was soll das heißen, dass du meinen lieben Mann so ärgerst?

TOINETTE *(im sanftesten Ton).* Ich, Madame? Ach, ich weiß nicht, was Sie sagen wollen; ich denke ja an nichts anderes, als daran, wie ich es Herrn Argan in allen Dingen recht machen kann.

ARGAN. O, diese Verräterin!

TOINETTE. Er sagt uns, er wolle seine Tochter dem Sohn des Herrn Diafoirus zur Frau geben; darauf antwortete ich, ich fände die Partie eine sehr annehmliche für sie, aber ich wäre der Meinung, er würde besser tun, sie in ein Kloster zu schicken.

BÉLINE. Das ist so falsch eben nicht, und ich finde, sie hat dir einen guten Rat gegeben.

ARGAN. Ach, Liebste, glaubst du ihr denn? Sie ist ein boshafter Satan und hat mir hundert Frechheiten gesagt.

BÉLINE. Nun gut, ich glaube dir, mein Engel. So, sei nur ruhig. Höre, Toinette, wenn du je wieder meinen lieben Mann ärgerst, jage ich dich fort. Jetzt trolle dich, bringe mir seinen Pelzmantel und ein paar Kissen, damit ich es ihm bequem machen kann. Du sitzst ja da, ich weiß nicht wie. Zieh dir deine Mütze hübsch über beide Ohren: Nichts erkältet den Menschen leichter, als wenn ihm der Zugwind ins Ohr bläst.

ARGAN. Ach, mein Lamm, wie dankbar bin ich dir für alle deine Sorge!

BÉLINE *(legt Argan die Kissen zurecht).* Richte dich ein wenig auf, damit ich dir das Kissen unterlegen kann. Das hier tue ich an diese Seite, damit du dich anlehnen kannst, und das an die andere. Nun noch eins hinter den Rücken und eins, um den Kopf zu stützen.

TOINETTE *(legt ihm ein Kissen derb auf den Kopf und geht).* Und noch eins, um Sie vor der Abendluft zu schützen.

ARGAN *(steht zornig auf und wirft Toinette alle Kissen nach).* Ah, Spitzbübin, du willst mich ersticken!

BÉLINE. Still doch! Still! Was ist denn schon wieder?

ARGAN *(wirft sich außer Atem in seinen Stuhl).* Ach! ach! ach! Ich kann nicht mehr!

BÉLINE. Was regst du dich so auf? Sie glaubte, es dir recht zu machen.

ARGAN. Mein Liebling, du weißt nicht, wie boshaft die schändliche Kreatur ist. Ach! Ich bin ganz außer mir; und ich werde mindestens acht Arzneien und zwölf Klistiere brauchen, um das alles wieder gutzumachen.

BÉLINE. Nun, nun, mein kleiner Engel, gib dich zufrieden!

ARGAN. Du bist mein ganzer Trost, mein liebes Lamm.

BÉLINE. Mein armes Söhnchen!

ARGAN. Ich will auch, um mich, soviel ich vermag, für alle deine Liebe erkenntlich zu beweisen ... ich will, wie ich dir schon gesagt habe, mein Testament machen.

BÉLINE. Ach, mein Engel, reden wir davon nicht, ich bitte dich; ich kann es nicht ertragen, nur daran zu denken, und schon das Wort Testament lässt mich schaudern.

ARGAN. Ich hatte dich gebeten, du sollst mit deinem Notar darüber reden.

BÉLINE. Er ist drinnen; ich habe ihn eben mitgebracht.

ARGAN. Dann lass ihn eintreten, mein Lamm.

BÉLINE. Ach, mein liebster Schatz, wenn man seinen Mann so sehr von Herzen liebt, ist man nicht imstande, an soetwas zu denken.

SIEBENTER AUFTRITT

DER NOTAR, BÉLINE, ARGAN.

ARGAN. Treten Sie näher, Herr de Bonnefoi, treten Sie näher. Nehmen Sie platz, wenn's recht ist. Meine Frau hat mir gesagt, mein Herr, Sie wären ein ehrenwerter Mann und einer von ihren besten Freunden; deshalb habe ich ihr aufgetragen, mit Ihnen über ein Testament zu reden, das ich aufsetzen will.

BÉLINE. Ach! Ich bin nicht fähig, über dergleichen Dinge zu reden!

DER NOTAR. Sie hat mir Ihre Absichten und Pläne in Beziehung auf sie mitgeteilt; und darauf muss ich Ihnen bemerken, dass Sie Ihrer Frau in Ihrem Testament nichts vermachen können.

ARGAN. Warum nicht?

DER NOTAR. Es ist gegen das Gewohnheitsrecht. Wenn Sie in einer der Provinzen leben würden, in denen geschriebenes Recht gilt, so ließe die Sache sich machen; aber hier in Paris geht es nicht, und Ihre Verfügung wäre null und nichtig. Alles, was Mann und Frau füreinander tun können, ist ein gegenseitiges Geschenk unter Lebenden; und auch in diesem Fall dürfen zur Zeit des Sterbefalls des ersten von beiden keine Kinder vorhanden sein, weder aus der gegenwärtigen noch aus einer früheren Ehe.

ARGAN. Das finde ich ein ziemlich schlechtes Gewohnheitsrecht, dass ein Mann seiner Frau, die er zärtlich liebt und ihn so sorgfältig gepflegt hat, nichts hinterlassen soll. Ich hätte Lust, meinen Advokaten zu konsultieren und zu hören, was er zu tun gedenkt.

DER NOTAR. Sie müssen sich an keinen Advokaten wenden, denn die nehmen solche Sachen sehr streng und bilden sich ein, es wäre ein schweres Verbrechen, das Gesetz zu täuschen. Sie machen überall Schwierigkeiten und wissen nicht, wie man dem Gewissen zu Hilfe kommt. Es gibt noch andere Leute, die Sie um Rat fragen können, die gefügiger sind und die richtigen Mittel wissen, um galant über das Gesetz wegzuschlüpfen und das Unerlaubte legal zu machen: Leute, die sich darauf verstehen, die Schwierigkeiten einer Sache auszubügeln und Mittel zu finden, das Gewohnheitsrecht auf eine indirekte Weise zu umgehen. Was würden wir auch tun, wenn das nicht wäre? Man muss sich zu helfen wissen; sonst könnten wir ja nichts machen, und ich gäbe keinen Heller auf unser Gewerbe.

ARGAN. Meine Frau hatte mir es schon gesagt, mein werter Herr, Sie wären ein sehr geschickter und sehr ehrenwerter Mann. Wie soll ich es also anfangen, ich bitte Sie, um ihr mein Vermögen zuzuwenden und es meinen Kindern zu entziehen?

DER NOTAR. Wie Sie es anfangen sollen? Sie suchen sich in der Stille einen intimen Freund Ihrer Frau aus, dem Sie in aller Form alles durch ein Testament vermachen, was Sie wollen; und dieser Freund zahlt ihr nachher alles wieder zurück. Oder Sie stellen eine ganze Reihe von echten Schuldscheinen an verschiedene fingierte Gläubiger aus, die ihren Namen dazu hergeben und Ihrer Frau unter der Hand eine Erklärung aushändigen, durch die sie bekennen, das alles nur ihr zu Gefallen getan zu haben. Schließlich können Sie Ihrer Frau ja auch zu Ihren Lebzeiten Bargeld oder Wechsel, die auf den Überbringer lauten, zustellen.

BÉLINE. Mein Gott, quäle dich doch nicht mit solchen Dingen. Wenn dir etwas zustößt, mein liebster Schatz, möchte ich nicht länger auf der Welt bleiben.

ARGAN. Mein Lamm!

BÉLINE. Ja, mein Schatz, wenn ich das Unglück erleben sollte, dich zu verlieren ...

ARGAN. Meine liebe Frau!

BÉLINE. So hat das Leben keinen Wert mehr für mich.

ARGAN. Mein Engel!

BÉLINE. Und ich folge dir ins Grab, um dir meine Liebe zu beweisen.

ARGAN. Mein Lamm, du zerreißt mir das Herz! Tröste dich, ich bitte dich.

DER NOTAR *(zu Béline).* Sie haben ja noch gar keinen Grund zu weinen; wir sind noch nicht soweit.

BÉLINE. Ach, mein Herr, Sie wissen nicht, was es heißt, einen Mann so zärtlich zu lieben!

ARGAN. Am meisten wird mir es leid tun, wenn ich sterbe, mein Lamm, dass ich kein Kind von dir habe. Herr Purgon hatte mir gesagt, er würde mir dazu verhelfen ...

DER NOTAR. Das wird schon noch.

ARGAN. Jetzt will ich vor allen Dingen mein Testament machen, mein Herz, und zwar auf die Art, wie Herr de Bonnefoi vorschlägt. Aber um sicherzugehen, will ich zwanzigtausend Francs in Gold, die ich in der Vertäfelung meiner Bettnische versteckt habe, in deine Hände geben und außerdem zwei auf den Überbringer ausgestellte Wechsel, einen von Herrn Damon und einen von Herrn Gérante.

BÉLINE. Nein, nein, was frage ich nach alledem! Ach! ... Wie viel sagst du, dass in deiner Bettnische sind?

ARGAN. Zwanzigtausend Francs, mein Lamm.

BÉLINE. Sprich mir nicht von Geld, ich bitte dich. Ach! Wie viel betragen die beiden Wechsel?

ARGAN. Der eine, mein Engel, lautet auf viertausend Francs, der andere auf sechs.

BÉLINE. Alle Schätze der Welt, mein herzliebster Mann, sind nichts im Vergleich zu dir.

DER NOTAR *(zu Argan).* Sollen wir jetzt zum Testament schreiten?

ARGAN. Ja, mein Herr. Aber wir können das besser in meinem kleinen Arbeitszimmer abmachen. Führe mich, Liebling, sei doch so gut.

BÉLINE. Komm, mein armes liebes Söhnchen!

ACHTER AUFTRITT

ANGÉLIQUE, TOINETTE.

TOINETTE. Sie stecken da mit einem Notar zusammen und ich habe etwas von einem Testament sprechen hören. Ihre Stiefmutter legt die Hände nicht in den Schoß und drängt gewiss Ihren Vater wieder zu einer Verschwörung gegen Sie.

ANGÉLIQUE. Mag er doch mit meinem Vermögen walten, wie er will, wenn er nur nicht über mein Herz befiehlt. Du siehst, Toinette, zu welchen Gewaltschritten man ihn drängen will; verlass mich nicht in meiner Not, ich bitte dich!

TOINETTE. Ich Sie verlassen? Lieber will ich sterben. Ihre Stiefmutter mag sich noch so viel Mühe geben, mich in ihr Vertrauen zu ziehen und für ihre Pläne zu gewinnen, ich habe sie nie leiden können und bin immer auf Ihrer Seite gewesen. Lasst mich nur machen; ich werde alles daran setzen, Ihnen zu helfen; aber um Ihnen besser dienen zu können, muss ich die Sache anders anfangen; ich muss meinen Eifer für Sie verbergen und so tun, als ginge ich auf die Absichten Ihres Vaters und Ihrer Stiefmutter ein.

ANGÉLIQUE. Versuche nur vor allem, darum beschwöre ich dich, Cléante über die beschlossene Heirat Nachricht zu geben.

TOINETTE. Dazu kann ich niemand anderen benutzen als den alten Wucherer Polichinelle, meinen Verehrer; es wird mir einige süße Worte kosten, und die will ich gern für Sie anbringen. Heute Abend ist es schon zu spät, aber Morgen in der Frühe werde ich ihn holen lassen und er wird hocherfreut sein ...

BÉLINE *(drinnen).* Toinette!

TOINETTE. Ich werde gerufen. Gute Nacht! Verlassen Sie sich auf mich.

ZWEITER AUFZUG
ERSTER AUFTRITT

CLÉANTE, TOINETTE.

TOINETTE *(die Cléante nicht gleich wiedererkennt).* Was wünschen Sie, mein Herr?

CLÉANTE. Was ich wünsche?

TOINETTE. Ach! Sie sind es? Welche Überraschung! Aber was führt Sie her?

CLÉANTE. Ich will mein Schicksal erfahren, will mit der schönen Angélique sprechen, ihre Herzensmeinung vernehmen und von ihr hören, was sie wegen der verhassten Heirat beschließt, von der man mir erzählt hat.

TOINETTE. Das ist alles ganz schön; aber mit Angélique lässt sich nicht so ohne Weiteres sprechen; das muss heimlich geschehen. Sie wissen, wie streng sie bewacht wird, dass sie weder ausgehen noch mit jemandem reden darf und dass nur die Neugier einer alten Tante uns die Erlaubnis verschaffte, jenes Schauspiel zu besuchen, wo eure Liebe begann: und wir haben uns wohl gehütet, von diesem Abenteuer zu sprechen.

CLÉANTE. Ich komme ja auch nicht als Cléante oder als ihr Liebhaber her, sondern als der Freund ihres Musikmeisters, der mir erlaubt hat, mich als seinen Stellvertreter melden zu dürfen.

TOINETTE. Da kommt ihr Vater. Ziehen Sie sich ein wenig zurück, damit ich ihm sage, dass Sie hier sind.

ZWEITER AUFTRITT

ARGAN, TOINETTE, CLÉANTE.

ARGAN *(glaubt sich allein, ohne Toinette zu sehen).* Herr Purgon hat mir verordnet, ich soll nach dem Frühstück zwölf Mal in meinem Zimmer auf und ab gehen; aber ich habe vergessen, ihn zu fragen, wie er es gemeint hat, ob in der Länge oder in der Breite?

TOINETTE. Herr Argan, da ist ...

ARGAN. Sprich doch sachte, du nichtsnutziges Ding! Du hast mir das Hirn erschüttert und denkst nicht daran, dass man mit Kranken nicht so laut reden darf!

TOINETTE. Ich wollte Ihnen nur melden ...

ARGAN. Sachte, sage ich dir.

TOINETTE. Herr Argan ... *(Sie tut so, als ob sie spricht.)*

ARGAN. Was?

TOINETTE. Ich sage ... *(Sie tut wieder, als ob sie spricht.)*

ARGAN. Was sagst du?

TOINETTE *(laut).* Ich sage, dass jemand da ist, der Sie sprechen will.

ARGAN. Er soll kommen. *(Toinette winkt Cléante herbei.)*

CLÉANTE. Mein Herr ...

TOINETTE *(spöttisch).* Sprechen Sie nicht so laut, Sie könnten sonst Herrn Argans Hirn erschüttern.

CLÉANTE. Mein Herr, ich bin sehr erfreut, Sie aus dem Bett zu finden und zu sehen, dass es Ihnen besser geht.

TOINETTE *(stellt sich zornig).* Was! Dass es ihm besser geht? Das ist falsch; Herr Argan befindet sich immer schlecht.

CLÉANTE. Ich hatte gehört, es ginge Herrn Argan besser, und ich finde, er sieht sehr gut aus.

TOINETTE. Was wollen Sie nur mit Ihrem guten Aussehen? Herr Argan sieht sehr schlecht aus, und wer Ihnen gesagt hat, es ginge ihm besser, ist ein einfältiger Mensch gewesen. Er hat sich noch nie so unwohl gefühlt.

ARGAN. Da hat sie recht.

TOINETTE. Er geht, schläft, isst und trinkt wie jeder andere; aber dessen ungeachtet ist er sehr krank.

ARGAN. Das ist wahr.

CLÉANTE. Mein Herr, das tut mir unendlich leid. Mich schickt der Gesanglehrer Ihrer Fräulein Tochter: Er hat für einige Tage aufs Land reisen müssen, und da ich sein guter Freund bin, schickt er mich statt seiner, um ihre Lektionen fortzusetzen, damit sie nicht wegen der Unterbrechung vergisst, was sie schon weiß.

ARGAN. Gut! *(Zu Toinette.)* Rufe Angélique!

TOINETTE. Wäre es nicht besser, wenn ich den Herrn auf ihr Zimmer führen würde?

ARGAN. Nein! Sie soll herkommen.

TOINETTE. Er kann ihr keine anständige Stunde geben, wenn er nicht allein mit ihr ist.

ARGAN. Doch, doch!

TOINETTE. Herr Argan, das wird Ihnen nur den Kopf vernebeln: In Ihrem jetzigen Zustand bedarf es nur einer Kleinigkeit, um Sie aufzuregen und Ihr Hirn zu erschüttern.

ARGAN. Nein, nein; ich höre gern Musik, und es sollte mir lieb sein ... Ah, da kommt sie schon. *(Zu Toinette.)* Geh hinein, du, und sieh zu, ob meine Frau schon angezogen ist.

DRITTER AUFTRITT

ARGAN, ANGÉLIQUE, CLÉANTE.

ARGAN. Komm, mein Kind. Dein Gesanglehrer hat eine Reise über Land gemacht, und hier ist jemand, den er statt seiner herschickt, um dir Unterricht zu geben.

ANGÉLIQUE *(erkennt Cléante)*. O Himmel ...

ARGAN. Was hast du? Warum bist du so erschrocken?

ANGÉLIQUE. Es ist ...

ARGAN. Was denn? Was hat dich so aufgeregt?

ANGÉLIQUE. Es ist ein ganz eigenes, merkwürdiges Zusammentreffen, lieber Vater, das sich hier begibt.

ARGAN. Wieso?

ANGÉLIQUE. Ich träumte diese Nacht, ich wäre in der entsetzlichsten Angst, und da erschien jemand, der genau so aussah, wie dieser Herr; ich rief ihn um Hilfe und er befreite mich aus meiner Not. Ich erstaunte natürlich sehr, als ich ganz unvermutet meinen Retter vor mir sah, den ich die ganze Nacht vor Augen gehabt hatte.

CLÉANTE. Wer, sei es schlafend, sei es wachend, Ihre Gedanken beschäftigt, darf wahrhaftig nicht klagen; und ich würde mich glücklich schätzen, wenn Sie sich in irgendeiner Verlegenheit befänden und sich herablassen würden, meine Hilfe anzunehmen. Gewiss, es gibt in der Welt nichts, was ich nicht täte ...

VIERTER AUFTRITT

ARGAN, ANGÉLIQUE, CLÉANTE, TOINETTE.

TOINETTE *(spottend).* Mein Gott, Herr Argan, heute bin ich auf Ihrer Seite und nehme alles zurück, was ich gestern gesagt habe. Eben kommen Herr Diafoirus Vater und Herr Diafoirus Sohn und wollen ihren Besuch abstatten. Ei, da werden Sie ja herrlich verschwiegersohnt! Gleich sollen Sie den hübschesten und gescheitesten jungen Menschen kennenlernen, den Sie sich vorstellen können. Er sagte mir nur zwei Worte, die mich ganz entzückt haben, und Ihre Tochter wird von ihm bezaubert sein.

ARGAN *(zu Cléante, der so tut, als ob er weggehen will).* Bleiben Sie doch, mein Herr. Ich verheirate meine Tochter; und jetzt eben bringt man ihr den Bräutigam, den sie noch nicht gesehen hat.

CLÉANTE. Sie erweisen mir eine große Ehre, mein Herr, indem Sie mir erlauben, von einer so angenehmen Begegnung Zeuge sein zu dürfen.

ARGAN. Es ist der Sohn eines geschickten Arztes, und in vier Tagen soll die Hochzeit sein.

CLÉANTE. Ich gratuliere.

ARGAN. Schreiben Sie doch Ihrem Musikmeister ein paar Worte, damit er zur Hochzeit kommt.

CLÉANTE. Ich werde es nicht versäumen.

ARGAN. Sie sind auch eingeladen.

CLÉANTE. Sie erweisen mir eine besondere Ehre.

TOINETTE. Geschwind, macht Platz; sie kommen.

FÜNFTER AUFTRITT

HERR DIAFOIRUS, THOMAS DIAFOIRUS, ARGAN, ANGÉLIQUE, CLÉANTE, TOINETTE, LAKAIEN.

ARGAN *(legt die Hand an seine Mütze, ohne sie abzunehmen).* Herr Purgon, mein werter Herr, hat mir verboten, den Kopf zu entblößen. Sie gehören zur Zunft, Sie wissen, was das für Folgen haben könnte.

HERR DIAFOIRUS. Es ist die Aufgabe aller unserer Besuche, den Kranken Hilfe zu bringen, nicht ihnen schädlich zu sein.

ARGAN. Mein Herr, ich empfange ... *(Argan und Herr Diafoirus sprechen alles Folgende zugleich.)*

HERR DIAFOIRUS. Mein Herr, wir kommen ...

ARGAN. Die Ehre, die Sie mir erweisen ...

HERR DIAFOIRUS. Mein Sohn Thomas und ich ...

ARGAN. Mit größtem Vergnügen ...

HERR DIAFOIRUS. Um Ihnen zu versichern ...

ARGAN. Und hätte gewünscht ...

HERR DIAFOIRUS. Wie sehr wir erfreut sind ...

ARGAN. Ich hätte zu Ihnen kommen können ...

HERR DIAFOIRUS. Über die Gunst, die Sie uns erweisen ...

ARGAN. Um es Ihnen auszusprechen ...

HERR DIAFOIRUS. Indem Sie uns die Ehre antun ...

ARGAN. Aber Sie wissen, mein Herr ...

HERR DIAFOIRUS. Sie mit uns, mein Herr ...

ARGAN. Wie es mit einem armen Patienten beschaffen ist ...

HERR DIAFOIRUS. Befreunden zu wollen ...

ARGAN. Der nichts anderes tun kann ...

HERR DIAFOIRUS. Und Ihnen zu beteuern ...

ARGAN. Als Ihnen hier zu sagen ...

HERR DIAFOIRUS. Dass wir in allem, was unser Fach ausmacht ...

ARGAN. Dass er jede Gelegenheit wahrnehmen wird ...

HERR DIAFOIRUS. Ebenso wie in anderen Dingen ...

ARGAN. Ihnen zu versichern, mein Herr Doktor ...

HERR DIAFOIRUS. Allezeit bereit und willig sein werden ...

ARGAN. Dass er gänzlich zu Ihren Diensten steht.

HERR DIAFOIRUS. Ihnen unseren Diensteifer zu bezeugen. *(Er wendet sich seinem Sohn zu und sagt:)* Tritt jetzt vor, Thomas, und begrüße die Herrschaften.

THOMAS DIAFOIRUS *(äußerst naiv, wie ein frischgebackener Schulabgänger, der alles ungeschickt und im falschen Moment macht).* Muss ich nicht beim Vater anfangen?

HERR DIAFOIRUS. Ja.

THOMAS DIAFOIRUS. Mein Herr, ich begrüße, erkenne, liebe und verehre in Ihnen einen zweiten Vater; aber einen zweiten Vater, dem ich auszusprechen mich erdreiste, dass ich ihm mehr schulde, als dem ersten. Der erste hat mich erzeugt, aber Sie haben mich erwählt; jener hat mich aus Notwendigkeit empfangen, Sie haben mich aus Gnade angenommen. Was ich von ihm habe, ist ein Werk seines Körpers; was ich aber von Ihnen erhoffe, ist ein Werk Ihres Willens: und um so viel höher die Kräfte des Geistes über denen des Körpers stehen, um so viel mehr bin ich Ihnen verpflichtet und um so kostbarer ist mir die bevorstehende Verwandtschaft, um derentwillen ich Ihnen heute im Voraus meinen gehorsamsten und aller untertänigsten Respekt zu vermelden komme.

TOINETTE. Es leben die Schulbänke, auf denen man ein so gelehrter Mann wird!

THOMAS DIAFOIRUS *(zu Herrn Diafoirus).* War es gut so, mein Herr Vater?

HERR DIAFOIRUS. Optime.

ARGAN *(zu Angélique).* Geh, mach dem Herrn dein Kompliment.

THOMAS DIAFOIRUS. Muss ich küssen?

HERR DIAFOIRUS. Ja doch.

THOMAS DIAFOIRUS *(zu Angélique).* Madame, es ist gerecht, dass der Himmel Ihnen den Titel einer Stiefmutter verlieh, denn man ...

ARGAN *(zu Thomas Diafoirus).* Das ist nicht meine Frau; Sie sprechen mit meiner Tochter.

THOMAS DIAFOIRUS. Wo ist sie denn?

ARGAN. Sie wird gleich kommen.

THOMAS DIAFOIRUS. Soll ich warten, bis sie kommt, Herr Vater?

HERR DIAFOIRUS. Mach einstweilen dem Fräulein dein Kompliment.

THOMAS DIAFOIRUS. Mein Fräulein! Nicht mehr oder minder als das Standbild des Memnon einen harmonischen Laut erklingen ließ, wenn es von den Strahlen der Sonne berührt worden war, genauso fühle ich mich von einer angenehmen Regung entzückt, wenn die Sonne Ihre Schönheit mir aufgeht. Und egal wie die Naturforscher beobachtet haben wollen, dass die unter dem Namen Sonnenblume bekannte Staude ihr Haupt ohne Unterlass dem Tagesgestirn zuwendet, so wird auch mein Herz von nun an sich den glänzenden Sternen Ihrer anbetungswürdigen Augen als seinem einzigen Pol zuwenden. Erlaubt daher, mein Fräulein, dass ich heute auf dem Altar Ihrer Reize die Opfergabe dieses Herzens niederlege, das nach keinem anderen Ruhm strebt und schmachtet, als zeit seines Lebens zu verbleiben, verehrtes Fräulein, Ihr gehorsamster, untertänigster und aller getreuster Diener und Ehegatte.

TOINETTE *(spottet über ihn).* Da kann man sehen, was es heißt, studiert zu haben! Man lernt doch schöne Dinge vortragen!

ARGAN *(zu Cléante).* He! Was sagen Sie dazu?

CLÉANTE. Ich finde alles wundervoll; und wenn Herr Diafoirus ein so guter Arzt wie großer Redner ist, dann muss es ein Vergnügen sein, von ihm behandelt zu werden.

TOINETTE. Das will ich meinen. Wenn er so schöne Kuren macht, wie er schönspricht, dann muss er es weit bringen.

ARGAN. Geschwind, setzt meinen Lehnstuhl her und Sessel für die ganze Gesellschaft. *(Die beiden Lakaien bringen Stühle.)* Setze dich hierher, meine Tochter. *(Zu Herrn Diafoirus.)* Sie sehen, mein Herr Doktor, dass jedermann Herrn Thomas bewundert; und Sie können sich glücklich schätzen, einen solchen Sohn zu besitzen.

HERR DIAFOIRUS. Mein Herr, ich sage das nicht, weil es mein Sohn ist; aber ich kann mit Wahrheit versichern, dass ich allen Grund habe, mit ihm zufrieden zu sein, und dass, wer ihn kennt, ihn als einen jungen Menschen rühmt, an dem keine böse Ader ist. Er hat niemals sehr viel Einbildungskraft blicken lassen und ebenso wenig den lebhaften Geist, den man an einigen seiner Altersgenossen bemerkt; aber eben deshalb habe ich immer eine umso bessere Meinung von seiner Urteilskraft gehabt, die für unseren Beruf die wichtigste Fähigkeit ist. Als er noch klein war, ist er nie, was man so sagt, aufgeweckt oder durchtrieben gewesen; man sah ihn immer still, friedfertig und schweigsam; er sprach kein Wort und spielte auch nie die kleinen Spiele, die dem kindischen Alter zu gefallen pflegen. Wir hatten die größte Mühe, ihm lesen beizubringen; als er neun Jahre alt war, kannte er noch keine Buchstaben. Gut, sagte ich zu mir selbst, die langsam wachsenden Bäume tragen die besten Früchte. Man schreibt mit größerer Mühe in den Marmor als in den Sand; aber die Schrift hält auch länger aus, und diese Trägheit des Verstandes, diese Schwerfälligkeit der Einbildungskraft sind der beste Beweis für ein zukünftiges gesundes Urteil. Als ich ihn auf das Gymnasium schickte, war es ihm anfangs leid; aber er kämpfte gegen die Schwierigkeiten, und seine Lehrer rühmten mir immer seinen Fleiß und seine Ausdauer. So ist er schließlich durch stetes Hämmern auf das Eisen so weit gekommen, dass er die Prüfung bestanden hat; und ich kann ohne Eitelkeit beteuern, dass in den zwei Jahren, seit er auf den Bänken sitzt, kein Kandidat vorgekommen ist, der sich in allen Disputationen unserer Fakultät so hervorgetan hat wie er. Er hat sich sehr gefürchtet gemacht, und es wird kein einziger Aktus gehalten, wo er nicht auf Tod und Leben gegen die gegnerische Haltung streitet. Er ist firm im Disputieren, stark wie ein Türke in seinen Grundsätzen, geht nie von seiner Behauptung ab und verfolgt ein Argument bis in die innersten Schlupfwinkel der Logik. Was mir aber vor allem anderen an ihm gefällt und worin er meinem Beispiel folgt, das ist, dass er blindlings an den Ansichten unserer Alten festhält und dass er von den modernen Experimenten, die den Umlauf des Bluts und andere Schwindeleien von gleichem Schlag beweisen sollen, nie das Mindeste hat wissen oder nur darauf hören wollen.

THOMAS DIAFOIRUS *(zieht eine große zusammengerolltes Thesenpapier aus der Tasche, das er Angélique überreicht).* Ich habe gegen die Anhänger des Blutkreislaufs eine These verteidigt, die ich mit der Erlaubnis Ihres Herrn Vaters *(verneigt sich zu Argan)* dem Fräulein zu überreichen mich erdreiste, als ein pflichtschuldiges Opfer der Erstlinge meines Studiums.

ANGÉLIQUE. Mein Herr, das ist für mich ein nutzloser Gegenstand; ich verstehe mich in solchen Dingen nicht.

TOINETTE *(nimmt das Thesenpapier).* Geben Sie nur her, geben Sie nur her: Es ist ein Bild darauf, das kann man immer brauchen. Wir wollen sie an die Wand hängen.

THOMAS DIAFOIRUS *(verneigt sich abermals vor Argan).* Mit Ihres Herrn Vater Erlaubnis invitiere ich Ihnen demnächst auch, mein Fräulein, dass Sie einen dieser nächsten Tage zu Ihrem Ergötzen der Obduktion einer Frauensperson beiwohnen dürft, über die ich einen Vortrag halten werde.

TOINETTE. Dieses Ergötzen wird recht unterhaltend sein. Der und jener führt seine Dame ins Theater; aber auf eine Sektion einzuladen, ist weit galanter.

HERR DIAFOIRUS. Was übrigens diejenigen Qualitäten anbelangt, die für den Ehestand und die Propagation erforderlich sind, so bezeuge ich, dass er nach den Regeln unserer Doktoren durchaus nach Wunsch beschaffen ist; dass er die zur Prolifikation[6] erforderliche Tüchtigkeit in einem löblichen Grade besitzt und sich desjenigen Temperaments erfreut, das zur Hervorbringung und Prokreation wohlkonditionierter Kinder verlangt wird.

ARGAN. Ist es nicht Ihre Absicht, Herr Doktor, ihm bei Hof eine Stelle als Leibarzt zu beschaffen?

HERR DIAFOIRUS. Wenn ich aufrichtig reden soll, so ist mir unsere Praxis bei den Großen nie sehr annehmlich erschienen, und ich habe immer gefunden, wir täten besser, nur dem Publikum anzugehören. Das Publikum ist bequem: da ist man niemandem Rechenschaft für seinen Handlungen schuldig, und wer nur dem Strom der überlieferten Regeln folgt, braucht sich um nichts zu kümmern, was es für Folgen hat. Bei den Großen dagegen ist das Problem, dass sie im

6 Prolifikation: Begriff aus der Botanik: Sprossung; hier gemeint ist die Vermehrung

schlechtesten Fall von ihrem Arzt kuriert sein wollen, wenn sie krank geworden sind.

TOINETTE. Wie kann man denn auch das noch von euch Ärzten verlangen, dass ihr eure Patienten heilen sollt! Dazu seid ihr ja gar nicht da: Ihr habt nur eure Rezepte zu schreiben und euer Honorar einzustreichen; ob sie gesund werden, ist ihre Sache.

HERR DIAFOIRUS. Das ist ganz richtig. Wir sind nur verpflichtet, die Leute nach der vorgeschriebenen Form zu behandeln.

ARGAN *(zu Cléante).* Mein Herr, lasst doch meine Tochter ein wenig vor der Gesellschaft singen.

CLÉANTE. Ich wartete nur auf Ihren Befehl, mein Herr; und mir fällt eben ein, ich könnte, um die Gesellschaft zu unterhalten, eine Szene aus der neuen kleinen Oper, die man jetzt aufgeführt, mit dem Fräulein singen. *(Zu Angélique, er reicht ihr ein Papier.)* Sehen Sie, hier ist Ihre Stimme.

ANGÉLIQUE. Ich?

CLÉANTE *(leise zu Angélique).* Weigern Sie sich nicht, wenn ich bitten darf, und erlauben Sie mir, Ihnen zu erklären, was in der Szene vorgeht, die wir singen sollen. *(Laut.)* Ich habe zwar wenig Stimme, aber hier ist es genug, wenn ich mich verständlich mache; und man wird die Güte haben, mich zu entschuldigen, weil ich dadurch das Fräulein veranlasse zu singen.

ARGAN. Sind die Verse schön?

CLÉANTE. Es ist eigentlich eine kleine Oper aus dem Stegreif und Sie werden nichts anderes singen hören als eine rhythmische Prosa, wie Leidenschaft und Notwendigkeit sie zwei Liebenden diktieren, die ihren Dialog erfinden.

ARGAN. Schön. Hören wir es mit an.

CLÉANTE *(unter dem Deckmantel eines Hirten erklärt er seiner Geliebten seine Liebe, die er seit ihrem ersten Treffen für sie empfindet. Danach tauschen Sie sich untereinander ihre Gefühle aus).* Die Situation ist also diese. Ein Schäfer hörte aufmerksam einem soeben beginnenden Schauspiel zu, als er durch laute Worte in seiner Nähe gestört wurde: Er sieht sich um und bemerkt einen groben Menschen, der durch unziemliche Reden eine Schäferin beleidigt. Er ergreift sofort Partei für das Geschlecht, dem alle Männer Achtung schuldig sind, und nachdem er den frechen Buben für seine Ungebühr gezüchtigt hat, nähert er sich der Schäferin und erblickt ein junges Mädchen, deren schönen Augen Tränen entströmen, die ihm die schönsten der Welt sind. Ach, denkt er, war es denn möglich, ein so liebenswürdiges Wesen zu kränken? Welcher Unmensch, welcher Barbar würde nicht durch solche Tränen gerührt werden? Er bemüht sich, diese Tränen, die ihm so schön sind, zu lindern; und zur gleichen Zeit bemüht sich die liebenswürdige Schäferin, ihm für seinen geringen Dienst zu danken; aber in so reizender, zarter und beweglicher Weise, dass der Schäfer ihr nicht widerstehen kann; denn jedes Wort, jeder Blick ist ein brennender Pfeil, der sein Herz entzündet. Gibt es wohl etwas, sagt er sich, das die entzückenden Worte eines solchen Danks verdienen kann? Und was täte man nicht, welche Dienste, welche Gefahren suchte man nicht freudig auf, um sich, wenn auch nur für einen Augenblick, den süßen Lohn eines solchen Danks zu versichern? Das Schauspiel geht vorüber, ohne dass er im Mindesten darauf achtet; er aber bedauert, dass es so kurz war, weil sein Ende ihn von der geliebten Schäferin trennt; und von jenem ersten Anblick, von jenem ersten Moment an, empfindet er die volle Heftigkeit einer jahrelangen Leidenschaft. Er fühlt alle Qualen der Abwesenheit; er ist unglücklich, die Heißgeliebte, die er so wenig sehen durfte, nicht mehr zu sehen. Er tut, was ihm irgend möglich ist, um sich den Anblick, dessen Bild ihn Tag und Nacht nicht mehr verlässt, noch einmal zu verschaffen; aber der Zwang, in dem man seine Schäferin hält, verwehrt ihm jede Möglichkeit. Die Heftigkeit seiner Leidenschaft bringt ihn zum Entschluss, um die Hand der angebeteten Schönen anzuhalten, ohne die er nicht mehr leben kann. Und ein Briefchen an sie, das er durch eine List in ihre Hände zu bringen weiß, verschafft ihm ihre Einwilligung zu diesem Schritt. Zu gleicher Zeit aber erfährt er, dass der Vater der Schönen ihre Heirat mit einem anderen beschlossen hat und dass schon alle Anstalten zur Hochzeit getroffen werden. Welcher grausame Schlag für das Herz des armen Hirten! Nun überwältigt ihn ein tödlicher Schmerz; er kann die entsetzliche Vorstellung nicht ertragen, seine Geliebte in den Armen eines anderen zu sehen; und seine verzweifelnde Leidenschaft lässt ihn ein Mittel ersinnen, sich in das Haus seiner Hirtin einzuschleichen, um zu hören, was sie beschlossen hat, und das Schicksal, das ihm bevorsteht, zu vernehmen. Er begegnet dort den Vorbereitungen zu dem, was er über alles fürchtet; er sieht den unwürdigen Nebenbuhler, den die Laune eines Vaters seiner zärtlichen Liebe entgegenstellt; er sieht den Triumph dieses lächerlichen Rivalen, der seinen Sieg schon für gesichert hält, und dieser Anblick erfüllt ihn mit einem Zorn, den er kaum beherrschen kann. Er wirft schmerzliche Blicke auf seine Geliebte; sein Respekt und die Gegenwart ihres Vaters hindern ihn, anders als mit den Augen mit ihr zu reden: Endlich aber wirft er jeden Zwang ab, und die Heftigkeit seiner Liebe bewegt ihn, folgende Worte an sie zu richten. *(Er singt.)*

Mein Leid ist allzu herbe,
O schöne Phillis; deshalb brich dein Schweigen.
Ich will in Demut deinem Spruch mich neigen;
Darf ich noch hoffen? Willst du, dass ich sterbe?

ANGÉLIQUE *(antwortet singend).*
Tircis, du siehst, wie mich der Gram verzehrt,
Wie der verhasste Bund an meinem Herz nagt.
Zum Himmel blick' ich, seh' dich an und seufze;
Ist das noch nicht genug gesagt?

ARGAN. Sieh mal an! Ich dachte nicht, dass meine Tochter so geschickt wäre und so frischweg vom Blatt singen könnte, ohne zu stocken.

CLÉANTE. Ach Phillis, schönste Schäferin,
Darf dein getreuer Tircis hoffen,
Ihm steh' ein Platz in deinem Herzen offen?
Ists wahr, dass ich so glücklich bin?

ANGÉLIQUE. Dein bin ich, dein für alle Zeit;
Dir, Tircis, hab' ich ganz mein Herz geweiht,
Ich liebe, ja, ich liebe dich.

CLÉANTE. O holde Worte, wie entzückt ihr mich!
Hört' ich auch recht die süße Harmonie?
Noch einmal wiederhole sie!

ANGÉLIQUE. Ja, Tircis, ja, ich liebe dich.

CLÉANTE. O, noch einmal!

ANGÉLIQUE. Ich liebe dich!

CLÉANTE. Noch hundert Male wiederhol, o Phillis,
Noch tausend Male dein Geständnis mir.

ANGÉLIQUE. Ich liebe dich, ich liebe dich,
Ja, Tircis, ewig lieb' ich dich.

CLÉANTE. Die ihr die Welt mit ihren Königreichen
Zu euren Füßen seht,
Ihr Götter, ist eu'r Glück dem meinen zu vergleichen?
Nur ein Gedanke trübt
Die Wonne dieser sel'gen Stunde;
Mein Nebenbuhler ...

ANGÉLIQUE. Ach, ich hass' ihn mehr
Als selbst den Tod, und seine Gegenwart
Ist mir wie Euch die größte aller Qualen.

CLÉANTE. Doch eines Vaters ernstem Dringen,
Wirst du ihm ewig widerstehn?

ANGÉLIQUE. Nein, eher sterbe ich,
Ich schwör's bei Ja und Nein,
Eher sterb' ich, lieber sterbe ich.

ARGAN. Und was sagt denn der Vater zu dem allen?

CLÉANTE. Der sagt nichts.

ARGAN. Das ist aber ein ziemlich einfältiger Vater, der alle diese Dummheiten mit ansieht und nichts sagt!

CLÉANTE *(will fortfahren zu singen).* O Liebste ...

ARGAN. Nein, nein, das war gerade genug. Diese Oper gibt ein ganz schlechtes Beispiel. Der Hirte Tircis ist ein zudringlicher Bursche und die Hirtin Phillis eine unverschämte Dirne, dass sie das alles in Gegenwart ihres Vaters ausspricht. *(Zu Angélique.)* Zeig mir doch einmal das Blatt! Oha! Seht doch! Wo sind denn die Worte, die du gesungen hast? Da steht ja nichts drauf als geschriebene Noten?

CLÉANTE. Wissen Sie denn nicht, mein Herr, dass man vor Kurzem die Kunst erfunden hat, die Worte zugleich mit den Noten selbst zu schreiben?

ARGAN. Schon gut! Ihr Diener, mein Herr, bis auf Weiteres. Wir hätten Ihre unanständige Oper ganz gut entbehren können.

CLÉANTE. Ich glaubte, Ihnen ein Vergnügen zu bereiten.

ARGAN. Solche Albernheiten machen mir kein Vergnügen. Ah, da kommt meine Frau.

SECHSTER AUFTRITT

BÉLINE, ARGAN, TOINETTE, ANGÉLIQUE, HERR DIAFOIRUS, THOMAS DIAFOIRUS.

ARGAN. Mein Lamm, das ist der Sohn des Herrn Diafoirus.

THOMAS DIAFOIRUS *(beginnt mit seiner einstudierten Begrüßung, kommt aber ins Stottern und weiß nicht mehr weiter).* Madame, es ist gerecht, dass der Himmel Ihnen den Titel einer Stiefmutter verlieh, denn man ...

BÉLINE. Mein Herr, es freut mich, zur richtigen Zeit gekommen zu sein, um noch die Ehre zu haben, Sie zu sehen.

THOMAS DIAFOIRUS. Denn die Natur hat Ihr schönes Gesicht ... denn die Natur hat Ihr schönes Gesicht ... Madame, Sie haben mich mitten in meiner Anrede unterbrochen und das bringt mich ganz aus dem Konzept.

HERR DIAFOIRUS. Thomas, verschiebe dies auf ein andermal.

ARGAN. Ich wünschte, mein Engel, du wärst eben hier gewesen.

TOINETTE. Ah, Madame, Sie haben sehr viel verloren, dass Sie den zweiten Vater, das Standbild des Memnon und die unter dem Namen Sonnenblume bekannte Staude versäumt haben.

ARGAN. Nun frisch, meine Tochter, gib dem Herrn die Hand und versprich ihm deine Treue als deinem Ehegatten.

ANGÉLIQUE. Lieber Vater!

ARGAN. Nun, lieber Vater? Was soll denn das bedeuten?

ANGÉLIQUE. Um alles in der Welt, eilen Sie nicht so mit der Sache. Gönnen Sie uns wenigstens die Zeit, einander kennenzulernen und einer für den anderen die Zuneigung zu gewinnen, die für eine glückliche Ehe so notwendig ist.

THOMAS DIAFOIRUS. Was mich anbelangt, mein Fräulein, so ist sie in mir schon vollständig vorhanden, und ich habe nicht nötig, erst noch darauf zu warten.

ANGÉLIQUE. Wenn Sie so schnell damit fertig geworden sind, mein Herr, so ist das mit mir keineswegs der Fall, und ich gestehe Ihnen, dass Ihre Verdienste noch keinen hinreichenden Eindruck auf mein Herz gemacht haben.

ARGAN. Pah, pah! Damit hat es noch alle Zeit, wenn ihr zusammen verheiratet sein werdet.

ANGÉLIQUE. O, mein Vater, lassen Sie mir ein wenig Zeit, darum bitte ich Sie dringend. Die Ehe ist eine Kette, die man einem Herzen nicht mit Gewalt anlegen darf; und wenn Herr Diafoirus ein rechtschaffener Mann ist, wird er eine Frau nicht wollen, die ihm nur durch Zwang gehören würde.

THOMAS DIAFOIRUS. *Nego consoquontiam*[7], mein Fräulein. Ich kann ein rechtschaffener Mann sein und Sie doch sehr gern aus der Hand Ihres Vaters annehmen.

ANGÉLIQUE. Es ist das schlechteste Mittel von der Welt, sich Liebe dadurch erzwingen zu wollen, dass man Gewalt braucht.

THOMAS DIAFOIRUS. Wir lesen von den Alten, mein Fräulein, dass ihre Gewohnheit war, die Jungfrauen, die sie zur Ehe nahmen, mit Gewalt aus dem Haus ihrer Väter zu entführen, damit es nicht den Anschein haben solle, als ob sie freiwillig in die Arme eines Mannes flögen.

7 *Nego consoquontiam:* Ich lehne die Schlussfolgerung ab.

ARGAN. Geh, mein Lamm, und sprich bei deinem Notar vor, damit dir das Bewusste fertigmacht.

BÉLINE. Adieu, mein Kleiner!

ARGAN. Adieu, mein Herzchen! ... Das ist eine Frau! Gott, liebt mich die Frau! Es ist gar nicht zu glauben!

HERR DIAFOIRUS. Wir wollen uns Ihnen empfehlen, Herr Argan.

ARGAN. Ich bitte Sie, werter Herr, mir doch erst noch zu sagen, wie Sie mich finden?

HERR DIAFOIRUS *(befühlt seinen Puls)*. Nur zu, Thomas, nimm Herrn Argans anderen Arm und lass mich hören, ob du ein richtiges Urteil über seinen Puls formulieren wirst. *Quid dicis?*[11]

THOMAS DIAFOIRUS. *Dico*[12], dass Herrn Argans Puls der Puls eines Mannes ist, der sich nicht wohl befindet.

HERR DIAFOIRUS. Gut!

THOMAS DIAFOIRUS. Dass dieser Puls *duriusculus*[13] ist, um nicht zu sagen *durus*[14].

HERR DIAFOIRUS. Sehr gut.

THOMAS DIAFOIRUS. Stoßend!

HERR DIAFOIRUS. Bene.

THOMAS DIAFOIRUS. Ja, sogar ein wenig bockend.

HERR DIAFOIRUS. Optime!

THOMAS DIAFOIRUS. Was denn auf eine Verstimmung in dem *Parenchymo splenico*, will sagen der Milz, hindeutet.

HERR DIAFOIRUS. Sehr gut.

ARGAN. Nein, Herr Diafoirus; Herr Doktor Purgon behauptet, ich leide an der Leber.

HERR DIAFOIRUS. Nun ja: Wer *Parenchymium* sagt, sagt beides, wegen der innigen Verbindung, die sie beide vermittels des *Vas breve*[15], des *Pylorus*[16] und mitunter auch des *Meatus choledochus*[17]

---

11 *Quid dicis?:* (latein.) Was sagen Sie?

12 *dico:* (latein.) ich sage

13 *duriusculus:* (latein.) etwas hart

14 *durus:* (latein.) hart

15 *vas breve:* (latein.) Gang aus der Milz

16 *Pylorus*: Ringmuskel zwischen Magen und Darm, auch Magenpförtner genannt

17 *Meatus choledochus*: (latein.) so viel wie, Mündung zur Galle

miteinander haben. Er verordnet Ihnen ohne Zweifel hauptsächlich Gebratenes zu essen?

ARGAN. Nein, nichts als Gekochtes.

HERR DIAFOIRUS. Nun ja; Gebratenes oder Gekochtes, ganz egal. Er ist ganz auf dem richtigen Weg, und Sie konnten nicht in bessere Hände geraten.

ARGAN. Herr Doktor, wie viel Salzkörner muss ich in ein Ei tun?

HERR DIAFOIRUS. Sechs, acht oder zehn, immer nach geraden Zahlen; wie bei Medikamenten nach ungeraden.

ARGAN. Auf Wiedersehen, mein Herr.

SIEBENTER AUFTRITT

ARGAN, BÉLINE.

BÉLINE. Ehe ich ausgehe, mein Söhnchen, muss ich dir etwas mitteilen, das deine ganze Aufmerksamkeit verdient. Als ich bei deiner Tochter Angélique durchs Zimmer ging, sah ich einen jungen Mann, der eilig davonlief, sowie er mich erblickte.

ARGAN. Ein junger Mann bei meiner Tochter!

BÉLINE. Ja. Deine Tochter Louison war auch dabei und kann dir davon erzählen.

ARGAN. Schicke sie mir her, mein Lamm, schicke sie mir her. Welche Frechheit! *(Allein.)* Nun wundere ich mich nicht mehr über ihre Widerspenstigkeit.

ACHTER AUFTRITT

LOUISON, ARGAN.

LOUISON. Was wünschen Sie, lieber Papa? Meine Stiefmama hat mir gesagt, ich soll zu Ihnen kommen.

ARGAN. Ja, komm einmal her; immer näher. Drehe dich herum; Augen auf und sieh mich an. He?

LOUISON. Was denn, lieber Papa?

ARGAN. Nun?

LOUISON. Was?

ARGAN. Hast du mir nichts zu sagen?

LOUISON. Soll ich Ihnen zum Zeitvertreib die Geschichte von der Eselhaut erzählen oder vielleicht die Fabel vom Raben und dem Fuchs, die ich eben gelernt habe?

ARGAN. Die will ich nicht hören.

LOUISON. Was denn?

ARGAN. O, kleine Spitzbübin, du weißt sehr gut, was ich meine.

LOUISON. Ach nein, lieber Papa.

ARGAN. Ist das dein Gehorsam?

LOUISON. Was, lieber Papa?

ARGAN. Habe ich dir nicht befohlen, mir gleich alles mitzuteilen, was du siehst?

LOUISON. Ja, lieber Papa.

ARGAN. Hast du es getan?

LOUISON. Ja, lieber Papa, ich habe Ihnen alles mitgeteilt, was ich gesehen habe.

ARGAN. Und hast du heute nichts gesehen?

LOUISON. Nein, lieber Papa.

ARGAN. Nicht?

LOUISON. Nein, lieber Papa.

ARGAN. Gewiss nicht?

LOUISON. Gewiss nicht.

ARGAN. So! Nun, dann werde ich dir einmal etwas zeigen. *(Er holt eine Rute.)*

LOUISON. Ach, lieber Papa!

ARGAN. Aha! Kleine Hexe! Du willst mir also nicht sagen, dass du im Zimmer deiner Schwester einen Mann gesehen hast?

LOUISON *(weint)*. Ach, Papa!

ARGAN *(packt Louison am Arm)*. Siehst du, das wird dich lügen lehren!

LOUISON *(fällt auf die Knie)*. Ach, lieber Papa, ich bitte um Verzeihung! Meine Schwester hat mir verboten, es Ihnen zu sagen; aber ich will Ihnen alles erzählen.

ARGAN. Vorher werde ich dir aber die Rute geben, weil du gelogen hast. Danach wollen wir weitersehen.

LOUISON. Ach, liebster Papa, verzeiht mir!

ARGAN. Nein, nein!

LOUISON. Mein Herzenspapa, geben Sie mir nicht die Rute!

ARGAN. Die bekommst du!

LOUISON. Um Himmels willen, Papa, nur nicht die Rute!

ARGAN *(hebt die Rute auf, will sie schlagen)*. Nur zu, nur zu!

LOUISON. Ach, Papa, Sie haben mich verletzt. Warten Sie! Ich sterbe *(Sie stellt sich tot.)*

ARGAN. Herrgott! Was ist denn das? Louischen! Louischen! O mein Gott! Louischen! Ach, ich Unglücklicher! Mein armes Kind ist tot! Was habe ich getan, ich elender Kerl? Ach, die schändliche Rute! Die verfluchte Rute! Ach, mein armes Kind! Mein gutes kleines Louischen!

LOUISON. Beruhigen Sie sich nur, lieber Papa, weinen Sie nicht so sehr; ich bin noch nicht ganz tot.

ARGAN. Da sehe einer die kleine Spitzbübin! Nun, nun, für diesmal soll dir verziehen werden, wenn du mir alles haarklein erzählst.

LOUISON. Ach, gern, lieber Papa.

ARGAN. Nimm dich aber in acht, das rate ich dir; denn hier ist mein kleiner Finger, der alles weiß, und der sagt mir gleich, ob du lügst.

LOUISON. Aber, lieber Papa, sagt es ja nicht meiner Schwester, dass ich es Ihnen erzählt habe.

ARGAN. Nein, nein.

LOUISON *(nachdem sie sich umgesehen hat, ob niemand horcht).* Es war so, lieber Papa: Wie ich bei meiner Schwester war, kam ein Mann ins Zimmer ...

ARGAN. Nun?

LOUISON. Den fragte ich, was er wollte, und da sagte er mir, er wäre ihr Musikmeister.

ARGAN. Hm! Hm! Da haben wir es! Nun?

LOUISON. Darauf kam meine Schwester ...

ARGAN. Nun?

LOUISON. Und sagte zu ihm: »Geht, geht, geht; um Gottes willen, geht doch; Sie bringen mich zur Verzweiflung!«

ARGAN. Nun?

LOUISON. Er wollte aber nicht gehen.

ARGAN. Was antwortete er ihr da?

LOUISON. Er sagte ihr Gott weiß was alles.

ARGAN. Und was denn zum Beispiel?

LOUISON. Er sagte ihr bald dies, bald das; dass er sie sehr lieb hätte und dass sie die Allerschönste wäre ...

ARGAN. Und weiter?

LOUISON. Und dann nachher fiel er vor ihr auf die Knie ...

ARGAN. Und dann?

LOUISON. Und dann küsste er ihr die Hände ...

ARGAN. Und dann?

LOUISON. Und dann kam meine Stiefmama an die Tür und da lief er davon.

ARGAN. Und weiter war nichts?

LOUISON. Nein, lieber Papa.

ARGAN. Da ist aber mein kleiner Finger, der noch etwas murmelt. *(Hält seinen Finger ans Ohr.)* Warte! He? Aha! So? Oha! Mein kleiner Finger sagt mir da noch etwas, was du gesehen hast und hast mir es nicht gesagt.

LOUISON. O Papa, dann lügt Ihr kleiner Finger!

ARGAN. Nimm dich in acht!

LOUISON. Nein, bester Papa, glaubt ihm nicht; ich versichere Ihnen, er lügt.

ARGAN. Nun, das sehen wir noch. So, nun geh und gib auf alles acht. Geh! *(Allein.)* Wahrhaftig, es gibt keine Kinder mehr! Ach, was habe ich nicht alles auf dem Halse! Mir bleibt weiß Gott kaum noch so viel Zeit, an meine Krankheit zu denken. Ich bin ganz hin! *(Er sinkt in seinen Lehnstuhl.)*

NEUNTER AUFTRITT

BÉRALDE, ARGAN.

BÉRALDE. Nun, Bruder, wie geht's? Wie steht's mit deinem Befinden?

ARGAN. Ach, Bruder, sehr schlecht.

BÉRALDE. Wieso schlecht?

ARGAN. Jawohl! Ich bin so schwach, dass ich es nicht beschreiben kann.

BÉRALDE. Das ist ja sehr schlecht!

ARGAN. Ich habe kaum noch die Kraft, zu reden.

BÉRALDE. Ich bin hergekommen, dir eine Partie für meine Nichte Angélique vorzuschlagen.

ARGAN *(sieht auf und spricht mit Heftigkeit).* Mein Bruder, sprich mir nicht von der Spitzbübin. Sie ist eine freche, unverfrorene Dirne, die ich Morgen bei Tage in ein Kloster stecken werde.

BÉRALDE. O, das ist gut. Ich sehe, du kommst wieder ein wenig zu Kräften, und mein Besuch hat dir gutgetan; von dem Geschäft können wir ein andermal sprechen. Ich habe dir hier eine Bande von Zigeunern mitgebracht, der ich eben begegnete, die dich zerstreuen und aufheitern soll und dich in bessere Stimmung für meine Vorschläge bringen wird. Sie sind als Mauren verkleidet und werden dir mit ihrem Tanz und ihrem Gesang Vergnügen bereiten: Das wird ebenso viel wert sein wie ein Rezept von Doktor Purgon. Kommt herein!

DRITTER AUFZUG

ERSTER AUFTRITT

BÉRALDE, ARGAN, TOINETTE.

BÉRALDE. Nun, Bruder, wie gefiel dir das? War das nicht ebenso gut wie eine Dosis Quassia[18]?

TOINETTE. Hm! Gute Quassia ist auch etwas sehr Gescheites.

BÉRALDE. Was meinst du, wenn wir jetzt ein vernünftiges Wort miteinander sprächen?

ARGAN. Gedulde dich noch einen Augenblick, Bruder; ich bin gleich wieder da.

TOINETTE. Sehen Sie nur, Herr Argan, Sie bedenken gar nicht, dass Sie nicht ohne Stock gehen können.

ARGAN. Da hast du recht.

ZWEITER AUFTRITT

BÉRALDE, TOINETTE.

TOINETTE. Ich bitte Sie, lassen Sie nur Ihre Nichte nicht im Stich.

BÉRALDE. Ich werde alles daran setzen, um ihren Wunsch erfüllen zu helfen.

TOINETTE. Wir müssen um jeden Preis die unsinnige Heirat verhindern, die er sich in den Kopf gesetzt hat; und ich hatte mir schon überlegt, es wäre gar nicht so schlecht gewesen, einen Arzt ins Haus zu bringen, über den wir hätten verfügen können und der ihm seinen Herrn Purgon verleidet haben würde. Da aber kein solcher zur Hand ist, bin ich bereit, einen Streich auszuführen, den ich mir ausgedacht habe.

BÉRALDE. Was denn?

18 *Quassia:* altes Mittel gegen Malaria, Fieber, Leber- und Verdauungsbeschwerden

TOINETTE. Es ist ein abenteuerlicher Einfall: vielleicht habe ich mehr Glück als Verstand dabei; aber lassen Sie mich es versuchen und tun Sie das Ihrige. Da kommt unser Mann.

DRITTER AUFTRITT

ARGAN, BÉRALDE.

BÉRALDE. Vor allem, Bruder, nimm dir vor, dich bei unserem Gespräch nicht zu beunruhigen; darum bitte ich dich dringend.

ARGAN. Schon gut!

BÉRALDE. Ebenso wünsche ich, dass du auf die Fragen, die ich dir etwa vorlegen könnte, ohne Heftigkeit antwortest.

ARGAN. Ja.

BÉRALDE. Und über die Sachen, die wir miteinander zu bereden haben, ohne allen Affekt redest.

ARGAN. Du mein Gott, ja doch! Du machst mir eine lange Vorrede!

BÉRALDE. Wie kommt es also, Bruder, dass du bei deinem schönen Vermögen, und da du nur die eine Tochter hast, die Kleine rechne ich nicht, wie kommt es, sage ich, dass du auf den Gedanken gerätst, Angélique in ein Kloster zu schicken?

ARGAN. Wie kommt es, mein Bruder, dass ich Herr in meinem Hause bin und in meiner Familie tun und lassen kann, was mir beliebt?

BÉRALDE. Deine Frau liegt dir beständig in den Ohren, dich deiner beiden Töchter auf diese Art zu entledigen; und ich zweifle nicht, dass sie aus christlicher Liebe sehr erfreut sein würde, wenn sie aus beiden ein paar fromme Nonnen machen könnte.

ARGAN. Nun ja, da haben wir es. Immer kommt vor allen Dingen die arme Frau an die Reihe; sie ist allein an allem schuld und hat alle Welt zum Feind.

BÉRALDE. Gut, mein Bruder, lassen wir sie ganz beiseite. Sie hat die besten Absichten für deine Familie, besitzt keinen Eigennutz, sie empfindet für dich eine Liebe, die ans Wunderbare grenzt, und zeigt deinen Töchtern eine Liebe und Güte, wie man sie kaum begreifen kann; das alles gebe ich zu. Also sprechen wir nicht weiter von ihr und kommen wieder zu deiner Tochter. Was denkst du dir eigentlich dabei, Bruder, dass du sie mit dem Sohn eines Arztes verheiraten willst?

ARGAN. Ich denke mir dabei, dass ich dadurch zu einem Schwiegersohn komme, wie ich ihn für mich brauche.

BÉRALDE. Aber nicht, wie ihn deine Tochter braucht, Bruder; und für die zeigt sich jetzt eine viel passendere Partie.

ARGAN. Kann sein; aber diese ist besser gelegen.

BÉRALDE. Der Mann aber, den sie heiraten soll, Bruder, nimmt sie den für sich oder für dich?

ARGAN. Er soll für sie und für mich sein, und ich will Leute in meine Familie haben, die mir nützen können.

BÉRALDE. Du würdest also nach demselben Grundsatz deine kleine Tochter, wenn sie nur schon erwachsen wäre, einem Apotheker zur Frau geben?

ARGAN. Warum nicht?

BÉRALDE. Ist es denn möglich, dass du dein ganzes Leben lang auf deine Doktoren und deine Apotheker versessen bleibst und der Natur und allen Menschen zum Trotz krank sein willst?

ARGAN. Was willst du damit sagen, Bruder?

BÉRALDE. Ich will damit sagen, dass ich keinen Menschen kenne, der weniger krank ist als du, und dass ich mir keine bessere Konstitution wünsche als die deinige. Der beste Beweis, dass du einen bestens beschaffenen Körper besitzt, ist der, dass du dich wohl fühlst und dass du mit aller Mühe, die es dir gekostet hat, es noch nicht dahin hast bringen können, deine gute Natur zu ruinieren, und nicht längst schon an all den Arzneien, die man dich hat schlucken lassen, draufgegangen bist.

ARGAN. Weißt du denn nicht, Bruder, dass nur die mich erhalten und dass Herr Purgon mir versichert, ich wäre geliefert, wenn er sich nur drei Tage lang nicht um mich kümmern würde?

BÉRALDE. Wenn du dich nicht in Acht nimmst, wird er sich soviel um dich kümmern, dass er dich in die andere Welt befördern wird!

ARGAN. Aber lass uns doch einmal vernünftig reden, Bruder. Du glaubst also nicht an die Medizin?

BÉRALDE. Nein, Bruder; und ich sehe auch nicht die Notwendigkeit ein, dass man wegen seines Seelenheils an sie glauben müsse.

ARGAN. Wie, du glaubst nicht an die Wahrheit einer Sache, die von der ganzen Welt als festgestellt angesehen wird und die alle Jahrhunderte in Ehren gehalten haben?

BÉRALDE. Ich bin so weit davon entfernt, sie für wahr zu halten, dass sie mir wie eine der größten Torheiten vorkommt, die die Menschen sich ausgedacht haben. Und um die Sache philosophisch zu betrachten: Mir kommt es wie ein alberner Maskenball, wie eine fratzenhafte Lächerlichkeit vor, wenn ein Mensch sich damit befasst, einen anderen kurieren zu wollen.

ARGAN. Und warum, Bruder, sollte ein Mensch den anderen nicht kurieren können?

BÉRALDE. Aus dem einfachen Grund, Bruder, weil die Triebfedern unserer Maschine bis jetzt ein Geheimnis geblieben sind, das kein menschliches Auge durchschaut und das die Natur mit einem zu dichten Schleier verhüllt hat, als dass wir etwas davon erkennen könnten.

ARGAN. Nach deiner Ansicht verstehen die Ärzte also nichts?

BÉRALDE. O ja, Bruder. In der Regel verstehen sie die alten Sprachen sehr gut; sprechen ein klassisches Latein und sind imstande, alle Krankheiten griechisch zu nennen, zu beschreiben und zu klassifizieren. Aber wie sie zu kurieren sind, davon verstehen sie gar nichts.

ARGAN. Jedenfalls wirst du mir doch das einräumen, dass die Ärzte von dem allen mehr wissen als wir anderen?

BÉRALDE Sie wissen, was ich dir vorhin gesagt habe, Bruder, und damit kuriert man herzlich wenig. Glaube mir, die ganze Herrlichkeit ihrer sogenannten Wissenschaft besteht in einem hochtrabenden Kauderwelsch und in einem blendenden Phrasenschwall, der, statt Gründe anzuführen, Worte gibt und Versprechungen statt Ergebnisse.

ARGAN. Aber, um es kurz zu machen, Bruder, es gibt andere Leute, die ebenso viel Verstand und Einsicht haben wie du; und die doch alle, wie du siehst, sich, wenn sie krank sind, an die Ärzte wenden.

BÉRALDE. Das ist ein Beweis der menschlichen Schwäche, sagt aber nichts über die Wahrheit jener sogenannten Wissenschaft.

ARGAN. Die Ärzte selbst müssen aber doch an ihre Kunst glauben, weil sie sie für sich selbst benutzen?

BÉRALDE. Nun ja; einige unter ihnen sind selbst in jenem Irrtum des großen Haufens befangen, der ihnen Nutzen bringt; und andere machen sich ihn zunutze, obgleich sie ihn durchschauen. Dein Herr Purgon zum Beispiel gehört zu den Ehrlichen: Er ist Arzt vom Kopf bis zu den Füßen; er glaubt an seine Regeln fester als an irgendeinen mathematischen Beweis, und es würde ihm wie eine Sünde vorkommen, sie prüfen zu wollen: Für ihn ist in der ganzen Heilkunde nichts dunkel; er hegt weder einen Zweifel noch eine Schwierigkeit; und mit allem Ungestüm des Vorurteils, mit der starren Schroffheit der Zuversicht und einer brutalen Überhebung über Vernunftgründe und Menschenverstand geht er ins Zeug mit Abführmitteln und Aderlässen und lässt sich durch nichts irremachen. Man darf ihm alles Unheil, was für dich daraus entstehen kann, kaum vorwerfen; er wird dich mit dem ruhigsten Gewissen in die andere Welt befördern; und wenn er dich umbringt, wird er eben nichts anderes tun, als was er an seiner Frau und seinen Kindern getan hat und was er im Notfall an sich selber tun würde.

ARGAN. Ich sehe schon, du hast ihn auf dem Kieker. Aber lass uns zur Sache kommen. Was soll man denn tun, wenn man krank ist?

BÉRALDE. Nichts, Bruder.

ARGAN. Nichts?

BÉRALDE. Nichts. Man soll sich einfach ruhig verhalten; die Natur, wenn man sie gewähren lässt, hilft sich allmählich selbst. Lassen wir sie walten. Unsere Ungeduld, unsere Unruhe verdirbt alles, und fast alle Menschen sterben an ihren Arzneien und nicht an ihren Krankheiten.

ARGAN. Du wirst aber doch nicht in Abrede stellen, Bruder, dass man durch gewisse Dinge der Natur auf die Sprünge helfen kann?

BÉRALDE. Mein Gott, Bruder, das sind pure Einbildungen, mit denen wir uns nun einmal schmeicheln. Von jeher sind die Menschen auf solche Fantasien gekommen, denen sie sich gern hingeben, weil sie ihnen angenehm sind und weil es zu wünschen wäre, die Sache verhielte sich so. Wenn dir ein Arzt verspricht, er wolle der Natur helfen, sie unterstützen und dir Linderung verschaffen, wolle fortschaffen, was ihr schadet, und ihr geben, was ihr fehlt, sie wiederherstellen und sie zur freien Tätigkeit ihrer Funktionen zurückführen; wenn er dir sagt, er hätte vor, dein Blut zu verbessern, dein Hirn und deine Eingeweide zu temperieren, deine angeschwollene Milz in ihren normalen Zustand zu bringen, deine Brust zu erleichtern, deine Leber zu kurieren, dein Herz zu stärken, deine natürliche Wärme wiederzugewinnen, und dir zu verstehen gibt, er besitze geheime Mittel, dein Leben um viele Jahre zu verlängern, so gehört das samt und sonders in den Roman der Heilkunde. Kommt es aber dann zur Probe und du fragst die Erfahrung, so findest du von dem allen nichts, und es verhält sich damit wie mit einem schönen Traum, der dir beim Erwachen nur das Missbehagen zurücklässt, an ihn geglaubt zu haben.

ARGAN. Du glaubst also, dass dein Kopf alle Weisheit der Welt in sich einschließt und dass du mehr weißt, als alle großen Ärzte unserer Zeit?

BÉRALDE. Leider sind nur deine großen Ärzte zwei sehr verschiedene Arten von Leuten: Wenn du sie sprechen hörst, die geschicktesten Männer von der Welt; siehst du aber was sie tun, die erbärmlichsten Stümper, die es gibt.

ARGAN. Respekt! Du bist, wie ich sehe, ein großer Weiser; und ich wünschte nur, es wäre einer von den Herren hier, um dich mit deinen Schlüssen in die Enge zu treiben und deiner Redseligkeit einen Riegel vorzuschieben.

BÉRALDE. Ich habe mir ja gar nicht die Aufgabe gestellt, die Arzneiwissenschaft vor der Welt zu bekämpfen; mag doch jeder, auf seine Gefahr und seine Kosten, daran glauben, was ihm gut dünkt. Was ich darüber sage, gilt nur uns beiden; ich hätte gewünscht, dich ein wenig aus dem Irrtum zu holen, in dem du steckst, und möchte dich, was dieses Thema anbelangt, zu deiner Unterhaltung einmal in eines der Moliéreschen Lustspiele führen.

ARGAN. Dein Moliére wäre mir gerade der Rechte mit seinen unverschämten Komödien! Ich finde es unerhört von ihm, sich über so brave Männer wie unsere Ärzte lustig machen zu wollen.

BÉRALDE. Es sind ja nicht die Ärzte, über die er sich lustig macht, sondern die Hirngespinste ihrer Wissenschaft.

ARGAN. Als ob er der Mann dafür wäre, die Medizin zu beurteilen! Wie darf solch ein dreister, vorwitziger Faselheini sich erlauben, über Konsultationen und Rezepte sich auszulassen, an der ganzen Fakultät sich zu vergreifen und so ehrwürdige Personen wie unsere Doktoren in sein Theater zu zerren!

BÉRALDE. Wen soll er denn sonst ins Theater zerren, als die verschiedenen Stände und Professionen der Menschen? Bringt man ja doch alle Tage Fürsten und Könige auf die Bühne, die doch von ebenso gutem Hause sind wie die Ärzte.

ARGAN. Nun, so soll mich doch, hätte ich bald gesagt, der Teufel holen: Wenn ich wie die Ärzte wäre, ich rächte mich an ihm für seine Frechheit, und wenn er krank würde, ich ließe ihn ohne Hilfe sterben. Da möchte er dann tun und lassen, was er wollte, ich verordnete ihm nicht den kleinsten Aderlass, nicht das geringste kleine Klistier und spräche zu ihm: »Hau du nur ab! Das wird dich lehren, ein andermal deinen Witz an der Fakultät auszulassen!«

BÉRALDE. Du bist ja sehr verärgert über ihn!

ARGAN. Ja. Er ist ein einfältiger Mensch, und wenn die Ärzte klug sind, tun sie, wie ich dir es sage.

BÉRALDE. Er wird schon noch klüger sein als deine Ärzte und sich gar nicht an sie wenden.

ARGAN. Umso schlimmer für ihn, wenn er ihre Mittel verschmäht!

BÉRALDE. Er hat seine guten Gründe, wenn ihm nicht danach verlangt; denn er behauptet, das dürften sich nur robuste und kräftige Naturen erlauben, die stark genug sind, außer der Krankheit noch die Mittel auszuhalten; während er nur gerade so viel Kräfte habe, die Krankheit allenfalls zu überstehen.

ARGAN. Was für einfältige Gründe er da anführt! Höre, Bruder, sprechen wir nicht mehr von diesem Menschen, denn das bringt mir die Galle in Bewegung und könnte mir einen Rückfall zuziehen.

BÉRALDE. Sehr gern; und um von etwas anderem zu sprechen, will ich nur sagen, dass du wegen der kleinen Widersetzlichkeit, die dir deine Tochter gezeigt hat, doch nicht gleich den gewaltsamen Entschluss fassen darfst, sie in ein Kloster zu schicken; und dass du, was die Wahl eines Schwiegersohns betrifft, nicht blindlings dem Affekt folgen musst, der dich dazu hinreißt. Man muss in solchen Dingen sich ein wenig nach der Neigung einer Tochter richten, weil das Glück ihrer Ehe und ihres Lebens auf dem Spiel steht.

VIERTER AUFTRITT

HERR FLEURANT, mit einer Spritze in der Hand, ARGAN, BÉRALDE.

ARGAN. Ach, Bruder, mit deiner Erlaubnis ...

BÉRALDE. Wie? Was hast du denn vor?

ARGAN. Nur eine kleine Injektion; es ist gleich geschehen.

BÉRALDE. Du spaßt! Kannst du denn nicht einen Augenblick ohne Injektion oder ohne Medizin leben? Verschiebe es auf ein andermal und gönne dir einmal ein wenig Ruhe.

ARGAN. Heute Abend, Herr Fleurant, oder frühmorgens!

HERR FLEURANT *(zu Béralde).* Was fällt Ihnen ein, dass Sie sich den ärztlichen Verordnungen widersetzen und mich davon abhalten wollen, Herrn Argan mein Klistier einzuverleiben? Ich finde das sehr sonderbar, wenn Sie sich eine solche Dreistigkeit herausnehmen!

BÉRALDE. Gehen Sie, mein Herr. Man sieht, dass Sie nicht in der Gewohnheit sind, Gesichter vor sich zu haben.

HERR FLEURANT. Es ist nicht gestattet, mit Medikamenten seinen Spott zu treiben und mich um meine Zeit zu bringen. Ich bin nur auf Anweisung hierhergekommen und werde Herrn Purgon melden, wie man mich gehindert hat, seinem Befehl Folge zu leisten und meine Funktion auszuüben. Sie werden schon sehen, Sie werden schon sehen ...

ARGAN. Bruder, du hast ein Unglück verursacht.

BÉRALDE. Das große Unglück, ein Klistier zu kommen, das Herr Purgon verordnet hatte! Noch einmal, Bruder, ist es denn möglich, dass es kein Mittel geben soll, dich von der Krankheit der Ärzte zu kurieren, und willst du dich wirklich dein ganzes Leben hindurch in ihren Rezepten vergraben?

ARGAN. Mein Gott, Bruder, du sprichst wie jemand, der sich wohl befindet; wenn du aber an meiner Stelle wärst, du würdest ganz anders reden. Es ist nichts leichter, gegen die Medizin zu eifern, wenn man bei völliger Gesundheit ist.

BÉRALDE. Aber was fehlt dir denn eigentlich?

ARGAN. Du wirst mich noch ernstlich böse machen. Ich wünschte nur, du hättest meine Krankheit und möchte wohl wissen, ob du dann so viel schwatzen würdest. Ah, da kommt Herr Purgon.

FÜNFTER AUFTRITT

HERR PURGON, ARGAN, BÉRALDE , TOINETTE.

HERR PURGON. Schöne Neuigkeiten, die ich da eben unten an der Tür erfahre! Man spottet hier über meine Rezepte und weigert sich, das von mir verordnete Mittel zu nehmen?

ARGAN. Herr Doktor, ich war ...

HERR PURGON. Das ist ja ein nie dagewesenes Unterfangen, eine unerhörte Rebellion eines Kranken gegen seinen Arzt!

TOINETTE. Es ist entsetzlich!

HERR PURGON. Ein Klistier, das ich *con amore*[19] selbst zubereitete ...

ARGAN. Es war nicht meine Schuld ...

HERR PURGON. Und nach allen Regeln der Kunst erfunden und zusammengestellt hatte ...

TOINETTE. Er hatte unrecht!

HERR PURGON. Und das eine verblüffende Wirkung hervorgebracht hätte ...

ARGAN. Mein Bruder ...

HERR PURGON. Mit Verachtung zurückzuschicken!

ARGAN *(zeigt auf Béralde).* Er war es ...

HERR PURGON. Das schreit zum Himmel!

TOINETTE. Das ist wahr!

HERR PURGON. Ein frevelhaftes Attentat auf die Wissenschaft ...

ARGAN *(zeigt auf Béralde).* Er redete mir zu ...

---

19 *con amore:* (latein.) mit Liebe

HERR PURGON. Ein *crimen laesae Facultatis*[20], das nicht streng genug bestraft werden kann.

TOINETTE. Sie haben ganz recht.

HERR PURGON. Ich erkläre hiermit, dass ich meine Hand von Ihnen abziehe ...

ARGAN. Es war mein Bruder ...

HERR PURGON. Dass ich von der Verschwägerung mit Ihnen nichts mehr wissen will ...

TOINETTE. Das tun Sie gut.

HERR PURGON. Und dass ich, um alle Verbindung mit Ihnen aufzuheben, die Schenkung, die ich zu seiner Heirat meinem Neffen machen wollte, hier vor Ihren Augen zerreiße.

ARGAN. Mein Bruder ist an dem ganzen Unglück schuld!

HERR PURGON. Mein Klistier verachten!

ARGAN. Lassen Sie es kommen, ich will es nehmen!

HERR PURGON. Ich hätte Ihnen in Kürze aus aller Not geholfen ...

TOINETTE. Er verdient es nicht!

HERR PURGON. Ich stand im Begriff, gerade jetzt Ihren Körper zu reinigen und alle bösen Säfte gründlich auszutreiben ...

ARGAN. Ach, Bruder!

HERR PURGON. Und hätte Ihnen höchstens noch ein Dutzend Arzneien verordnet, um rein Schiff zu machen.

TOINETTE. Er ist Ihrer Sorgfalt nicht wert!

HERR PURGON. Doch weil Sie nicht von mir kuriert werden wollen ...

ARGAN. Es ist ja nicht meine Schuld!

HERR PURGON. Weil Sie sich gegen den Gehorsam aufgelehnt haben, den man seinen Ärzten schuldig ist ...

TOINETTE. Das schreit nach Rache.

HERR PURGON. Weil Sie als offenbarer Rebell gegen die Mittel protestiert haben, die ich Ihnen vorschrieb ...

ARGAN. Ach, ganz und gar nicht!

HERR PURGON. So will ich Ihnen hiermit erklären, dass ich Sie Ihrer schlechten Konstitution, der Verstimmung Ihrer Eingeweide, der Verderbnis Ihres Bluts, der Schärfe Ihrer Galle und der Verschleimung Ihrer Säfte selbst überlasse ...

TOINETTE. Das machen Sie ganz richtig.

---

20 *crimen laesae Facultatis:* (latein.) ein Verbrechen an der Fakultät

ARGAN. Ach Gott!

HERR PURGON. Und will, dass Sie sich, ehe vier Tage ins Land gegangen sind, in einem inkurablen Zustand befindet ...

ARGAN. Erbarmen Sie sich meiner!

HERR PURGON. Dass Sie der Bradypepsie[21] anheimfallen sollen.

ARGAN. Herr Purgon!

HERR PURGON. Dass Ihnen aus der Bradypepsie eine Dyspepsie[22] wird.

ARGAN. Herr Purgon!

HERR PURGON. Aus der Dyspepsie eine Apepsie[23] ...

ARGAN. Herr Purgon!

HERR PURGON. Aus der Apepsie eine Lienterie[24] ...

ARGAN. Herr Purgon!

HERR PURGON. Aus der Lienterie eine Dysenterie[25] ...

ARGAN. Herr Purgon!

HERR PURGON. Aus der Dysenterie eine Hydropsie[26] ...

ARGAN. Herr Purgon!

HERR PURGON. Und aus der Hydropsie eine Agonie[27], oder mit anderen Worten, in das letzte Lebensstadium, wohin Ihre Torheit Sie geführt haben wird.

SECHSTER AUFTRITT

ARGAN, BÉRALDE.

ARGAN. Ach, mein Gott! Ich bin tot. Bruder, du hast mich ins Unglück gestürzt.

BÉRALDE. Was fällt dir ein? Was hast du denn?

---

21 *Bradypepsie:* verlangsamte Verdauung

22 *Dyspepsie:* Verdauungsstörung

23 *Apepsie:* ganz gestörte Verdauung

24 *Lienterie:* unverdauter Abgang von Nahrung

25 *Dysenterie:* Ruhr / Durchfall

26 *Hydropsie:* Wassersucht, Ansammlung von Flüssigkeit in Gewebe, Gelenken oder Körperhöhlen

27 *Agonie:* lang anhaltender Todeskampf

ARGAN. Ich kann nicht mehr. Ich fühle schon, wie die Arzneikunst sich an mir rächt.

BÉRALDE. Mein Gott, Bruder, du bist nicht sehr gescheit und ich möchte um alles in der Welt nicht, dass ein anderer dich in diesem Zustand sieht. Fasse dich, komm zu dir selbst und lass dich nicht so ganz von deiner Einbildungskraft beherrschen.

ARGAN. Hast du gehört, Bruder, mit was für schrecklichen Krankheiten er mir gedroht hat?

BÉRALDE. Sei doch nicht so einfältig!

ARGAN. In vier Tagen, sagte er, soll ich in einem unheilbaren Zustand sein!

BÉRALDE. Und weil er es sagt, muss es denn deshalb auch so sein? War es denn ein Orakelspruch, was wir gehört haben? Sollte, wer dich reden hört, nicht glauben, Herr Purgon hielte deinen Lebensfaden in seiner Hand und hätte die unumschränkteste Macht, ihn nach seinem Willen fortzuspinnen oder abzuschneiden? Bedenke doch, dass du deinen Lebensquell in dir selbst trägst und dass aller Zorn deines Herrn Purgon so wenig fähig ist, dich zu töten, wie seine Mittel imstande sind, dich am Leben zu erhalten. Du hast nun jetzt eine Veranlassung, dir alle Ärzte vom Halse zu schaffen ... oder wenn du einmal dazu geboren bist, nicht ohne sie existieren zu können, so wird es nicht schwer fallen, einen anderen zu finden, mit dem du weniger Gefahr läufst.

ARGAN. Ach, Bruder, er kennt aber mein ganzes Temperament und die Art, wie ich behandelt werden soll.

BÉRALDE. Ich muss dir gestehen, deine Verblendung ist unerhört und du siehst die Dinge in einem sonderbaren Licht.

SIEBENTER AUFTRITT

ARGAN, BÉRALDE, TOINETTE.

TOINETTE *(zu Argan)*. Herr Argan, draußen ist ein Doktor, der Sie sprechen möchte.

ARGAN. Was für ein Doktor?

TOINETTE. Ein Doktor der Medizin.

ARGAN. Ich meine, wie er heißt?

TOINETTE. Ich kenne ihn nicht, aber er gleicht mir wie ein Ei dem anderen; und wenn ich nicht wüsste, dass meine Mutter eine ehrliche Frau war, dann würde ich sagen, er wäre irgendein Brüderchen, das sie mir nach dem Tod meines Vaters geschenkt hätte.

ARGAN. Lass ihn eintreten.

BÉRALDE. Das trifft sich ja hervorragend; kaum verlässt dich ein Arzt, dann ist schon ein anderer zur Stelle.

ARGAN. Ich fürchte, ich fürchte, du hast ein Unglück angerichtet!

BÉRALDE. Noch immer? Kannst du denn den Gedanken gar nicht abschütteln?

ARGAN. Siehst du, alle die entsetzlichen, unbekannten Krankheiten liegen mir auf dem Herzen, ich fühle ...

ACHTER AUFTRITT

TOINETTE als Arzt, ARGAN, BÉRALDE.

TOINETTE. Mein Herr, erlauben Sie, dass ich Ihnen meinen Besuch abstatte und Ihnen für alle Aderlässe und Einläufe, die Sie etwa nötig haben werden, meine geringen Dienste anbiete.

ARGAN. Mein Herr, ich bin Ihnen sehr verbunden. *(Zu Béralde.)* Mein Gott, das ist ja die leibhaftige Toinette!

TOINETTE. Mein Herr, nehmen Sie es ja nicht übel; ich habe vergessen, meinem Diener einen Auftrag zu geben; ich werde gleich wieder hier sein.

ARGAN. Willst du nicht darauf schwören, dass es wirklich Toinette selbst ist?

BÉRALDE. Ich muss sagen, die Ähnlichkeit ist unglaublich groß; aber man hat schon viel von dergleichen gehört und solche Naturspiele wiederholen sich sehr oft.

ARGAN. Ich bin ganz erstaunt darüber und ...

NEUNTER AUFTRITT

TOINETTE, ARGAN, BÉRALDE.

TOINETTE *(ihr Arztkostüm hat sie so schnell ausgezogen, dass es kaum zu glauben ist, dass sie es war, die eben als Doktor in Erscheinung getreten war).* Was wünschen Sie, Herr Argan?

ARGAN. Wie?

TOINETTE. Haben Sie mich nicht eben gerufen?

ARGAN. Ich? Nein!

TOINETTE. Da müssen mir die Ohren geklingelt haben.

ARGAN. Bleib doch ein wenig hier, damit du die Ähnlichkeit mit dem Doktor vergleichen kannst!

TOINETTE *(weggehend)*. Ach was! Ich habe in der Küche zu tun und habe ihn genug gesehen.

ARGAN. Wenn ich sie nicht beide zusammen sähe, so bliebe ich dabei, es wäre ein und dieselbe Person.

BÉRALDE. Ich habe die wunderbarsten Dinge über solche Ähnlichkeiten gelesen, und es sind in unserer Zeit Fälle vorgekommen, wo jeder getäuscht war.

ARGAN. Diesmal wäre ich auch getäuscht worden und hätte darauf geschworen, dass sie es ist.

ZEHNTER AUFTRITT

TOINETTE als Arzt, ARGAN, BÉRALDE.

TOINETTE. Mein Herr, ich bitte noch tausend Mal um Vergebung.

ARGAN *(leise zu Béralde)*. Es ist erstaunlich!

TOINETTE. Sie werden es hoffentlich nicht für ungut halten, dass ich neugierig war, einen so berühmten Kranken, wie Sie es sind, kennenzulernen; und Ihr weitverbreiteter Ruf möge die Freiheit entschuldigen, die ich mir genommen habe.

ARGAN. Mein Herr, ich bin Ihr Diener.

TOINETTE. Ich sehe, mein Herr, dass Sie mich scharf ins Auge fassen. Wie alt meinen Sie wohl, dass ich bin?

ARGAN. Ich sollte meinen, Sie könnten höchstens sechsundzwanzig oder siebenundzwanzig Jahre alt sein.

TOINETTE. Hahahahaha! Neunzig Jahre bin ich alt.

ARGAN. Neunzig?

TOINETTE. Ja. Das ist die Wirkung meiner geheimen Kunst, mich so frisch und kräftig zu erhalten.

ARGAN. Auf Ehre, das nenne ich einen hübschen jungen Greis für neunzig Jahre!

TOINETTE. Ich bin ein reisender Arzt, der von Stadt zu Stadt, von Provinz zu Provinz, von einem Königreich ins andere zieht, um Patienten aufzusuchen, die meiner Sorgfalt würdig sind und bei denen es der Mühe wert ist, die großen und schönen Geheimnisse anzuwenden, die ich in der Arzneikunst entdeckt habe. Ich verschmähe es, mich mit dem kleinen Gesindel der alltäglichen Zufälle zu befassen, mit dem winzigen Geschmeiß von Rheumatismen und Flüssen, mit kleinen Fieberchen, Nervenleiden und Kopfschmerzen. Ich will nachhaltige, solide Krankheiten; schwere, gute anhaltende Fieber mit Gehirnentzündungen; gute Scharlachfieber, gute

Pesten, gute ausgebildete Wassersüchte, gutes Seitenstechen mit Brustentzündungen; das ist mein Element, in dem ich mich wohlfühle, da finde ich meine Triumphe, und ich wünschte, mein Herr, Sie hätten alle die Krankheiten, die ich eben nannte, Sie wären von allen Ärzten aufgegeben und lägen ohne Hoffnung in den letzten Zügen, um Ihnen die Vortrefflichkeit meiner Mittel zu beweisen und Ihnen zu zeigen, wie gern ich Ihnen zu Diensten stehen will.

ARGAN. Ich danke Ihnen, mein Herr, für Ihre große Güte.

TOINETTE. Lassen Sie mich doch einmal Ihren Puls fühlen. Höre, dass du mir schlägst, wie es sich gehört; warte nur, ich will dir schon beibringen, dass du mir schlägst, wie du sollst. Hey, verdammt, der Puls da macht sich sehr unnütz; ich sehe schon, mein Freund, du kennst mich noch nicht. Wer ist denn Ihr Arzt?

ARGAN. Herr Purgon.

TOINETTE. Der Name ist in meinem Notizbuch nicht unter den großen Ärzten eingetragen. Woran, sagt er denn, wären Sie krank?

ARGAN. Er sagt mir, es sei ein Leberleiden; andere sprechen, es käme von der Milz.

TOINETTE. Dummes Zeug! An der Lunge sind Sie krank.

ARGAN. An der Lunge?

TOINETTE. Ja. Was fühlen Sie?

ARGAN. Ich fühle von Zeit zu Zeit Kopfschmerzen.

TOINETTE. Ganz richtig, die Lunge.

ARGAN. Mir ist mitunter, als hätte ich einen Schleier vor den Augen.

TOINETTE. Die Lunge.

ARGAN. Manchmal wird mir übel.

TOINETTE. Die Lunge.

ARGAN. Ich fühle mitunter eine Müdigkeit in allen Gliedern.

TOINETTE. Die Lunge.

ARGAN. Und zuweilen sticht es mir im Leib, als hätte ich eine Kolik.

TOINETTE. Die Lunge. Sie haben Appetit, wenn Sie essen?

ARGAN. Ja, Herr Doktor.

TOINETTE. Die Lunge. Sie trinken gern ein wenig Wein?

ARGAN. Ja, Herr Doktor.

TOINETTE. Die Lunge. Nach Tisch haben Sie eine kleine Anwandlung von Müdigkeit und wollen gern schlafen?

ARGAN. Ja, Herr Doktor.

TOINETTE. Alles die Lunge, sage ich, alles die Lunge. Was für eine Diät verordnet Ihnen denn Ihr Arzt?

ARGAN. Er verordnet Suppe ...

TOINETTE. Ignorant!

ARGAN. Geflügel ...

TOINETTE. Ignorant!

ARGAN. Kalbfleisch ...

TOINETTE. Ignorant!

ARGAN. Fleischbrühe ...

TOINETTE. Ignorant!

ARGAN. Frische Eier ...

TOINETTE. Ignorant!

ARGAN. Abends gekochte Prünellen[28], um den Leib frei zu machen ...

TOINETTE. Ignorant!

ARGAN. Und vor allen Dingen viel Wasser in meinem Wein.

TOINETTE. Ignorantus, ignoranta, ignorantum. Sie müssen Ihren Wein ohne Wasser trinken; und um Ihr Blut zu heben ... denn Sie haben viel zu wenig Blut, müssen Sie gutes derbes Rindfleisch essen ... gutes derbes Schweinefleisch, guten holländischen Käse, Grütze und Reis, Kastanien und Oblaten essen, kurz etwas, was da klebt und zusammenkleistert. Ihr Arzt ist ein Dummkopf; ich will Ihnen einen von meinen jungen Leuten schicken und werde von Zeit zu Zeit bei Ihnen vorsprechen, solange ich mich hier aufhalte.

ARGAN. Ich bin Ihnen sehr verbunden.

TOINETTE. Was zum Henker machen Sie eigentlich mit diesem Arm da?

ARGAN. Was meinen Sie?

TOINETTE. Wenn ich wäre wie Sie, den Arm ließe ich mir auf der Stelle abnehmen.

ARGAN. Und warum?

TOINETTE. Sehen Sie denn nicht, dass er alle Nahrung an sich reißt und die andere Seite hindert, zuzunehmen?

ARGAN. Ja, ich kann aber doch meinen Arm nicht missen!

TOINETTE. Sie haben da auch ein rechtes Auge; das müsste mir heraus, wenn ich an Ihrer Stelle wäre.

ARGAN. Ich sollte ein Auge hergeben?

TOINETTE. Sehen Sie denn nicht, dass es dem anderen Abbruch tut und ihm seine Nahrung raubt? Glauben Sie mir, lassen Sie es sich je eher, je lieber ausstechen; Sie werden umso besser mit dem linken sehen.

---

28 *Prünellen:* getrocknete Pflaumen

ARGAN. Nun, das eilt noch nicht.

TOINETTE. Leben Sie wohl. Es tut mir leid, Sie so bald zu verlassen; aber ich werde bei einer großen Konsultation erwartet, die wir wegen eines Kranken halten, der gestern gestorben ist.

ARGAN. Wegen eines Kranken, der gestern gestorben ist?

TOINETTE. Ja, um sich darüber einig zu werden und ausfindig zu machen, was hätte geschehen müssen, um ihn herzustellen. Leben Sie wohl!

ARGAN. Sie wissen, dass die Kranken das Geleit nicht geben.

BÉRALDE. Der Mann scheint mir in der Tat ein sehr geschickter Arzt zu sein!

ARGAN. Ja; aber er geht mir doch zu sehr ins Zeug.

BÉRALDE. Das tun alle großen Ärzte.

ARGAN. Mir einen Arm abnehmen und mir ein Auge ausstechen, damit die andere Seite sich besser fühlt? Ich will dann doch lieber bleiben, wie ich bin. Schöne Prozedur, mich halb blind und halb lahm zu machen!

ELFTER AUFTRITT

TOINETTE, ARGAN, BÉRALDE.

TOINETTE *(tut so, als ob sie draußen mit jemandem spricht).* Gehen Sie nur, gehen Sie! Ich bin Ihre Dienerin; ich habe keine Lust, zu spaßen.

ARGAN. Was gibt es denn?

TOINETTE. Ach, Ihr Doktor, wollte mir wahrhaftig eben den Puls fühlen!

ARGAN. Seht nur! Bei seinen neunzig Jahren!

BÉRALDE. Wie aber nun die Sache steht, Bruder, und weil dein Herr Purgon dir das Geschäft aufgekündigt hat ... ließe sich jetzt nicht vielleicht ein Wort mit dir über die Partie reden, die sich für meine Nichte gefunden hat?

ARGAN. Nein, Bruder; ich will sie in ein Kloster geben, weil sie sich meinem Willen widersetzt hat. Ich sehe wohl, dass eine Liebelei dahintersteckt, und habe eine gewisse geheime Zusammenkunft entdeckt, von der man nicht weiß, dass ich dahintergekommen bin.

BÉRALDE. Ach nun, lieber Bruder, wenn denn auch eine kleine Liebschaft vorhanden wäre, willst du das als ein Verbrechen ansehen? Und kann dir das so zuwider sein, wenn es sich auf einen so ehrlichen, guten Zweck bezieht wie eine Heirat?

ARGAN. Sei es, wie es wolle, Bruder, sie soll Nonne werden; das steht für mich fest.

BÉRALDE. Du willst jemandem eine Freude bereiten.

ARGAN. Ich verstehe dich. Du kommst immer wieder darauf zurück und hast nur meine Frau im Sinn.

BÉRALDE. Nun ja denn, Bruder: Wenn ich aufrichtig reden soll, meine ich auch deine Frau. Ebenso wenig wie deine Liebhaberei für die Ärzte, kann ich deine Verblendung über sie gutheißen und ruhig mit ansehen, wie du mit offenen Augen in alle die Fallen tappst, die sie dir stellt.

TOINETTE. Ah, Herr Béralde, sagen Sie ja nichts zu Madame. Das ist eine Frau, an der nichts auszusetzen ist, eine Frau ohne alle Arglist und die ihren Mann liebt ... Nein, es ist gar nicht auszumachen, wie sehr sie ihn liebt.

ARGAN. Frage Toinette doch einmal, wie zärtlich sie zu mir ist.

TOINETTE. Das ist wahr!

ARGAN. Was meine Krankheit ihr für Sorgen bereiten.

TOINETTE. Jawohl!

ARGAN. Und wie sie sich immer um mich kümmert und abmüht.

TOINETTE. Das ist gewiss. *(Zu Béralde.)* Wollen Sie, dass ich Ihnen gleich beweise und Ihnen zeige, wie sie unseren Herrn liebt? *(Zu Argan.)* Herr Argan! Erlauben Sie mir, ihm zu beweisen, dass er wie ein Gelbschnabel urteilt, und ihm aus seinem Irrtum zu helfen.

ARGAN. Wie willst du das anstellen?

TOINETTE. Madame wird gleich wiederkommen. Legen Sie sich lang ausgestreckt in Ihren Lehnstuhl und stellen Sie sich tot. Da sollen Sie ihre Verzweiflung sehen, wenn ich es ihr beibringen werde.

ARGAN. Das wollen wir machen.

TOINETTE. Ja, aber Sie dürfen sie nicht zu lange in ihrem Jammer lassen, denn sie könnte leicht darüber sterben.

ARGAN. Sei ganz beruhigt.

TOINETTE *(zu Béralde).* Und Sie, verstecken Sie sich dort in der Ecke.

ARGAN. Es ist doch nicht gefährlich, sich tot zu stellen?

TOINETTE. Nein, nein! Was könnte gefährlich dabei sein? Strecken Sie sich nur aus. *(Leise.)* Es wird Ihnen das Vergnügen verschaffen, Ihren Bruder zu beschämen. Da kommt Madame; halten Sie sich nur recht ruhig!

ZWÖLFTER AUFTRITT

BÉLINE, ARGAN, in seinem Lehnstuhl ausgestreckt, TOINETTE.

TOINETTE *(tut so, als ob sie Béline nicht sieht).* Ach du mein Gott! Ach, das Unglück! Welcher entsetzliche Zufall!

BÉLINE. Was gibt es denn, Toinette?

TOINETTE. Ach, Madame!

BÉLINE. Was ist geschehen?

TOINETTE. Ihr Mann ist gestorben.

BÉLINE. Mein Mann ist gestorben?

TOINETTE. Ach Gott, ja! Der liebe selige Herr ist tot!

BÉLINE. Ganz gewiss?

TOINETTE. Ja, ganz gewiss. Niemand weiß es noch; ich war hier ganz allein. Er ist in meinen Armen verschieden. Sehen Sie nur, da liegt er der Länge nach in seinem Stuhl.

BÉLINE. Gott sei gelobt! Da bin ich von einer großen Last befreit. Bist du nicht eine Närrin, Toinette, dich darüber zu grämen!

TOINETTE. Ich dachte, Madame, ich müsste weinen.

BÉLINE. Ach, lass es sein, es ist ja nicht der Mühe wert. Was haben wir denn an ihm verloren und wozu war er in der Welt nütze? Ein Mensch, der jedem zur Last fiel, unreinlich und widerlich, der immer ein Klistier oder eine Medizin im Leibe hatte, der nichts tat, als sich schnauben, husten und spucken, und dabei langweilig, ohne Witz, immer missgestimmt; der die Leute abhetzte und Tag und Nacht auf das Gesindel einschimpfte.

TOINETTE. Eine schöne Grabrede!

BÉLINE. Du musst mir jetzt beistehen, Toinette, und du kannst sicher sein, dass, wenn du mir hilfst, deine Belohnung nicht ausbleiben wird. Weil zum größten Glück noch niemand etwas von der Sache weiß, wollen wir ihn gleich in sein Bett tragen und seinen Tod geheimhalten, bis ich meine Angelegenheiten in Ordnung gebracht habe. Es sind Papiere und auch Geld da, die ich beide erst in Sicherheit bringen muss: Es wäre wahrhaftig nicht gerecht, wenn ich meine besten Jahre ohne Nutzen bei ihm verschwendet haben sollte. Komm, Toinette; lass uns vor allen Dingen seinen Schlüssel nehmen.

ARGAN *(plötzlich aufspringend).* Sachte!

BÉLINE *(überrascht und entsetzt).* Hu!

ARGAN. Ja, Madame! Das also ist Ihre Liebe?

TOINETTE. Ach du meine Güte! Der selige Herr ist gar nicht tot?

ARGAN *(Béline nachrufend).* Ich freue mich, endlich zu sehen, wie es mit Ihrer Freundschaft steht, und die schöne Lobrede mit angehört zu haben, die Sie mir hielten. Das war eine Lehre, die mich für die Zukunft klüger machen und mich von vielem abhalten soll, was ich tun wollte.

BÉRALDE *(aus seinem Versteck kommend).* Nun, Bruder? Hast du es jetzt gesehen?

TOINETTE. Mein Gott, das hätte ich nicht für möglich gehalten. Aber ich höre Ihre Tochter: Legen Sie sich wieder hin, wie vorher, und lassen Sie uns einmal sehen, was sie zu Ihrem Tod sagen wird. Es ist nicht schlecht, sich darüber klar zu werden, und weil Sie einmal dabei sind, können Sie sich so am Besten davon überzeugen, wie Ihre Familie über Sie gestimmt ist. *(Béralde versteckt sich wieder.)*

DREIZEHNTER AUFTRITT

ARGAN, ANGÉLIQUE, TOINETTE.

TOINETTE *(tut so, als ob sie Angélique nicht sieht).* O du mein Himmel! Ach! Schreckliches Schicksal! Ach, welch ein Unglückstag!

ANGÉLIQUE. Was hast du, Toinette? Worüber weinst du?

TOINETTE. Ach, ich habe eine schlecht Nachricht für Sie!

ANGÉLIQUE. Nun?

TOINETTE. Denken Sie nur! Ihr Vater ist tot.

ANGÉLIQUE. Mein Vater ist tot, Toinette?

TOINETTE. Ja. Da können Sie ihn sehen! Er ist eben vor einigen Minuten an einer Ohnmacht gestorben, die ihn überfiel.

ANGÉLIQUE. O Gott, welches Unglück! Welcher grausame Schlag! Ach! Muss ich meinen Vater verlieren, das Einzige, was ich auf der Welt hatte, und noch dazu, um mich völlig zur Verzweiflung zu bringen, in einem Augenblick, wo er mir zürnte! Was soll aus mir werden, ich Unglückselige, und wo soll ich Trost finden nach einem solchen Verlust?

VIERZEHNTER UND LETZTER AUFTRITT

CLÉANTE, ANGÉLIQUE, ARGAN, BÉRALDE, TOINETTE.

CLÉANTE. Was ist, meine teure Angélique? Worüber weinen Sie?

ANGÉLIQUE. Ach! Ich beweine, was ich im Leben Liebstes und Unersetzlichstes verlieren konnte; ich beweine den Tod meines Vaters.

CLÉANTE. O Himmel, welch ein Zufall! Welches unerwartete Schicksal! Ach! Nachdem Ihr Onkel auf meine flehentlichen Bitten meine Werbung bei ihm übernommen hat, wollte ich jetzt eben mich ihm vorstellen, und es versuchen, durch meine ehrerbietigen Bitten ihn zu bewegen, dass er mir Ihre Hand gewährt.

ANGÉLIQUE. Ach, Cléante, lassen wir das ruhen; ich gebe jetzt alle Heiratsgedanken auf. Nachdem ich meinen Vater verloren habe, will ich von der Welt nichts mehr wissen und entsage ihr für immer. Ja, mein Vater, wenn ich vorhin deinem Willen zuwider war, will ich jetzt wenigstens einen deiner Wünsche erfüllen und so den Verdruss wieder gutmachen, den ich mir vorwerfe, dir verursacht zu haben. *(Sie wirft sich ihm zu Füßen.)* Lass mich, mein Vater, dir hier mein Wort geben und in dieser Umarmung meine Dankbarkeit aussprechen!

ARGAN *(umarmt Angélique).* Ah, meine Tochter!

ANGÉLIQUE *(entsetzt).* O Himmel!

ARGAN. Komm! Fürchte dich nicht, ich bin nicht tot. Ja, du bist mein echtes Blut, meine wahre Tochter, und ich freue mich, dass ich dein gutes Gemüt erkannt habe.

ANGÉLIQUE. Ach, welche angenehme Überraschung! Mein lieber Vater, weil Sie mir durch das größte Glück vom Himmel wiedergeschenkt sind, erlauben Sie mir, dass ich Sie fußfällig um etwas bitte. Wenn Sie der Neigung meines Herzens nicht günstig sind ... wenn Sie mir Cléante als Gatten verweigern, beschwöre ich Sie, dass Sie mich wenigstens nicht zwingen, einen anderen zu heiraten. Das ist die einzige Gnade, um die ich Sie anflehe.

CLÉANTE *(wirft sich Argan zu Füßen).* Ach, mein Herr, lassen Sie sich von unseren Bitten rühren und widersetzen Sie sich nicht einer so schönen gegenseitigen Liebe.

BÉRALDE. Bruder, kannst du da noch widerstehen?

TOINETTE. Herr, können Sie bei soviel Liebe kalt bleiben?

ARGAN. Nun, so mag er Arzt werden, dann will ich der Heirat zustimmen. *(Zu Cléante.)* Ja, werden Sie Arzt und Sie sollen meine Tochter haben.

CLÉANTE. Von Herzen gern, Herr Argan! Wenn es nur daran liegt, will ich, um Ihr Schwiegersohn zu sein, Doktor, ja wenn Sie wollen, selbst Apotheker werden. Das ist nicht der Rede wert und ich täte noch ganz andere Dinge, um die schöne Angélique zu bekommen.

BÉRALDE. Aber Bruder, da fällt mir etwas ein. Werde doch selbst Arzt: Das ist ja noch bequemer und du findest dann alles, was du brauchst, in dir selbst.

TOINETTE. Das ist auch wahr. Das wäre das richtige Mittel, Sie bald zu heilen: Es ist ja keine Krankheit so frech, dass sie sich an einem Arzt vergreifen würde.

ARGAN. Ich glaube, Bruder, du willst mich zum Narren halten. Bin ich denn nicht zu alt, um zu studieren?

BÉRALDE. Ach was, studieren! Du bist gelehrt genug, und es gibt viele unter ihnen, die nicht soviel wissen wie du.

ARGAN. Man muss aber doch fließend Lateinisch sprechen können, die Krankheiten kennen und die Mittel dagegen wissen?

BÉRALDE. Das lernt sich alles mit dem Mantel und dem Doktorhut; du wirst nachher mehr wissen, als dir lieb sein wird.

ARGAN. Wie? Man kann gleich über die Krankheiten mitsprechen, wenn man den Doktormantel angezogen hat?

BÉRALDE. Natürlich. Sowie man im Mantel und Hut spricht, ist jeder Kauderwelsch gelehrt und jeder Unsinn vernünftig.

TOINETTE. Wahrhaftig, Herr Argan, und wenn Sie nichts hätten als Ihren Bart, wäre das schon viel; der Bart macht den halben Arzt.

CLÉANTE. Ich bin jedenfalls zu allem bereit.

BÉRALDE *(zu Argan)*. Wenn dir es recht ist, könnten wir die Sache gleich in Ordnung bringen.

ARGAN. Wie denn? Gleich?

BÉRALDE. Ja, und hier in deinem Haus.

ARGAN. In meinem Haus?

BÉRALDE. Ja. Ich kenne eine mir befreundete Fakultät; sie wird sich gleich hier einfinden, und dann kann die Zeremonie in deinem Saal stattfinden. Kosten soll es dir nichts.

ARGAN. Aber ich? Was soll ich denn sagen? Was werde ich antworten?

BÉRALDE. Das werden sie dir in zwei Worten beibringen und dir schriftlich geben, was du zu sprechen hast. Geh nur und zieh dir einen anständigen Rock an: Ich will sie gleich holen lassen.

ARGAN. Das muss man sich doch mit ansehen.

CLÉANTE. Was meinen Sie eigentlich? Und was verstehen Sie unter Ihrer Fakultät von guten Freunden?

TOINETTE. Was haben Sie vor?

BÉRALDE. Uns einen lustigen Abend zu machen. Die Schauspieler haben ein kleines Zwischenspiel von der Promotion eines Doctoris medicinae mit Tanz und Musik gemacht: Das soll uns gemeinsam die Zeit vertreiben und mein Bruder die Hauptrolle dabei spielen.

ANGÉLIQUE. Aber, lieber Onkel, mir scheint, Sie halten meinen Vater ein wenig zu sehr zum Narren!

BÉRALDE. Nein, liebe Nichte, wir halten ihn nicht mehr zum Narren, als dass wir auf seine Einbildung eingehen. Das alles bleibt ja unter uns. Wir können auch jeder eine Rolle übernehmen und uns einer dem anderen etwas vorspielen. Im Karneval ist alles erlaubt. Kommt und helft mir, schnell den Saal herzurichten.

CLÉANTE *(zu Angélique).* Willigen Sie ein?

ANGÉLIQUE. Ja, weil mein Onkel die Sache leitet.

EPILOG

Es wird eine Klamaukzeremonie dargestellt, wobei ein Mann bei Reden, Gesang und Tanz zum Arzt ernannt wird.

BALLETTAUFTRITT

Einige Dekorateure kommen, schmücken den Saal aus und stellen Bänke auf; alles im Takt. Darauf erscheint die ganze Gesellschaft, bestehend aus acht Klistierspritzenträgern, sechs Apothekern, zweiundzwanzig Doktoren und dem in die Fakultät aufzunehmenden Kandidaten; dazu kommen acht tanzende und zwei singende Chirurgen, und alle nehmen, jeder nach seinem Rang, Platz.

DER PRÄSIDENT.
Verehrtissimi Doctores,
Medicinae Professores,
Qui hic varsammlati estis;
Et Sie andri Herrenis,
Sententiarum facultatis
Fideles Vollstreckores,
Chirurgiani et Apothecarii,
Atque ganza Gesellschaftsia allhier:
Heilus, Ehrus und Reichtumerus,
Und dazu gut Appetitilus.
Non possum, Conbrüderes doctari,
En mir satis erstaunlichari
Wasis bona Erfindio
Est Medici professio;
Quam wie vom Himmel est geschickta
Medicina illa gesegnigta,
Quae, suo nomine solo,
Wunderbari miraculo

Seit also longo tempore
Macht in gogo Lebenere
So viele Menschen jed Artere.
Auf der ganzen Welt wir sehnus
Grossen Zulauf zu unsresgleichus;
Et Großis und Kleinari
Sint in unsis vernarrtati.
Totus Weltus, lieben unsros Heilkunsterios,
Betrachtentus uns als Götterios,
Et unsris Ordonnanzis
Königes und Regentes fügsam sehntis.
Deswegen is est nostrae Weisheizia,
Verstando atque Intellgenzia,
Kraeiftibus harta Arbeitare
Uns allzeit bene erhaltare
In tali Ansehntio, Rufo et Ehrare;
Et wir niemandone aufnehmere
In unsren gelehrten Kreisenere
Wer nicht groß Personas
Et totas würdig besetzenas
Has Ehrenplatzitas.
Derowegen jetzt herbeigerufnus
Et credo quod einfindibus
Vielam geschätzam Medici
Un Gelehrti homine allhie.
Welch in Sachis allibus
Dono ad befragandius
Et gründlich Examinandum
Seinis Eignantandum.

PRIMUS DOKTOR.

Si mihi licentiam dat Dominus Praeses,
Et tanti gelehrte Doctores,
Et illustre Assistantes,
Befragantano den gelehrten
Baccalaureum, den werten,
Fraganando, was Ursach et Grundanto
Warum Opium macht einschlafanto.

BAKKALAUREUS.

Mihi gelehrtis doctore
Fragatur Grund et Ursach, warumore
Opium machtis einschlafore?
Worauf einzig Antworteo:

Weiles besitzteo
Kraft des Schlafineo,
Welchus est natürlichante
Sinn Schlaf machtante.

CHORUS.
Bene, bene, Antwortare!
Würdig, würdig eintretare
In dies gelehrte Körperare.

SEKUNDUS DOKTOR.
Mit Erlaubnisone domini Praesidis,
Doctissimae Facultatis,
Et ganzius his nostris actis
Companiae assistantis,
Fraganato Sie, glehrti Baccalaueri:
Was sintia Heilmittlia,
Welche bei Krankheitia
Namens Hydropisia
Ratsam sintitia?

BAKKALAUREUS.
Clysterium setzare.
Dann aderlassenare,
Ensuitta abführare.

CHORUS.
Bene, bene, Antwortare!
Würdig, würdig eintretare
In dies gelehrta Körperare.

TERTIUS DOKTOR.
Si bonum dünkat domino Praesidi,
Doctissimae facultati,
Et companiae praesenti,
Fraganto Sie, gelehrti Baccalaueri:
Was heiltitia eticis
Pulmonicis atque Astmaticis
Findas ratsam meinere?

BAKKALAUREUS.
Clysterium setzare.
Dann aderlassenare,
Ensuitta abführare.

CHORUS.
Bene, bene, Antwortare!
Würdig, würdig eintretare
In dies gelehrta Körperare.

QUARTUS DOKTOR.
Uber diesas Krankheizias,
Gelehrtus Bacalaureus sprach bellissimas.
Aber, si non langweilo Dominum Praesidem,
Doctissimam facultatem,
Et ganzam honorabilem
Companiam auscultantem;
Fragant ihn un Fragantem,
Die bestimmtus Schicksalus
Unos schweros Krankantus:
Habet starkum Fiebrum cum Anfällate,
Starkum Schmerzum im Rückgrate
Et starkum Seitstechate,
Cum starko Problemate
Et Atem de holate:
Wollas mihi sageneri,
Gelehrter Baccalaueri,
Was dabei tueneri Sie?
BAKKALAUREUS.
Clysterium setzare.
Dann aderlassenare,
Ensuitta abführare.
QUINTUS DOKTOR.
Aber, si krankadia
Opiniatria
Non hilft zu heilenere,
Was jetzo Sie tunere?
BAKKALAUREUS.
Clysterium setzare.
Dann aderlassenare,
Ensuitta abführare, readerlassare, reclysterisare et reabführare ...
CHORUS.
Bene, bene, Antwortare!
Würdig, würdig eintretare
In dies gelehrta Körperare.
PRÄSES.
Schwöras befolgare Satzunta
Der Facultatem praescripta,
Cum Herzu et Verstando?
BAKKALAUREUS. Schwöro.
PRÄSES.
Essere in omnibus

Consultationibus
Früherum Ansichtatis,
Aut Gutatis
Aut Schlechtatis?

BAKKALAUREUS. Schwöro.

PRÄSES.
Nimmer ablassenso
Von keiner Heilkurenso,
Welche lehrt die Facultatis,
Sollte der Kranke auch krepieren
Und er den Tod herbeiführen?

BAKKALAUREUS. Schwöro.

PRÄSES.
So beruf ich diesen Bareto,
Ehrenwert und gelehrt,
Gewähre ihm und verleihe
Kraft und Macht,
Medicandi,
Abfühandi,
Aderlassandi,
Stechendi,
Schneidendi,
Bohrendi
Et tötendi
Straffrei auf der ganzen Welt.

BALLETTAUFTRITT

Alle Chirurgen und Apotheker verneigen sich im Takt vor dem neuen Doktor.

BAKKALAUREUS.
Grosses Doctores doctriuae
Rhabarbere et Quassiae,
Es wäre von mir res dummissima.
Alberna et lächerlicha
Si me volebam engagare
Euchos Lobsprüchos spendare;
Si gibt est Unendare,
Wie Strahlos vonus Sonneelo,
Und Sternos am Himmelo,
Oder Wellnos im Oziano,
Oder Rosas im Frühlingano.

Deshalb hoffi, ut akzeptat
Tam gelehrt Körpori anstatt
Langer Reden, daß ich soforti
Mich bedank mit einem Worti.
Ihr, Ihr all debeo
Viel mehr als Naturae et Gott geschaffteo,
Natura et mein Vateri
Mehr gemacht als Manneli;
Plus mehr geschaffen als all dus,
Geschaffen einen Medicus.
Habt mein Herz, so lange es schlägt,
Gratiam für immer eingeprägt,
Was dauerent bis zum End.

CHORUS.
Vivat, vivat, vivat, hundertmal vivat,
Novus Doctor, qui tam bene sprechat!
Mille, mille Jahris, et essat, et trinkat,
Et aderlassat et tötat!

BALLETTAUFTRITT

Alle Chirurgen und Apotheker tanzen unter Musik und Gesang, klatschen dabei in die Hände und klappern mit den Mörsern.

CHIRURGUS.
Mög' durch seine Ordonanzias
Aller Chirurgias
Et Apothekarias
Geschäftus wachsus!

CHORUS.
Vivat, vivat, vivat, hundertmal vivat,
Novus Doctor, qui tam bene sprechat!
Mille, mille Jahris, et essat, et trinkat,
Et aderlassat et tötat!

CHIRURGUS.
Mögen toti anni
Ihm essere boni
Et favorabiles,
Und möge das Glück ihm geben
Und ihn nichts lassen erleben,
Wie Pestas, Pockas,

Fiebis, Pleuritas,
Blutsturzos und Dyssenterias.

CHORUS.

Vivat, vivat, vivat, hundertmal vivat,
Novus Doctor, qui tam bene Sprechat!
Mille, mille annis, et essat, et trinkat,
Et aderlassat et tötat!

LETZTER BALLETTAUFTRITT

Die Ärzte, Chirurgen und Apotheker gehen paarweise in feierlicher Ordnung nach dem Rang, wie sie gekommen sind, wieder hinaus.

MOLIÈRE

Herr von Pourceaugnac
(Der Herr aus der Provinz)

Monsieur de Pourceaugnac
(1669)

Eine Komödie in drei Akten

PERSONEN

HERR VON POURCEAUGNAC
ORONTE
JULIE, *Tochter Orontes*
ERASTE, *Liebhaber Julies*
NERINE, *eine Vermittlerin*
LUCETTE, *desgleichen*
SBRIGANI, *Neapolitaner, Vermittler*
ERSTER ARZT
ZWEITER ARZT
EIN APOTHEKER
EIN BAUER
EINE BÄUERIN
ERSTER SCHWEIZER
ZWEITER SCHWEIZER
EIN POLIZEIKOMMISAR
ZWEI HÄSCHER
EINE SÄNGERIN
ZWEI SÄNGER
ZWEI GROTESKE ÄRZTE
ZWEI ADVOKATEN
ZWEI GERICHTSDIENER
GAUKLER

Der Szene spielt in Paris.

ERSTER AUFZUG

ERSTER AUFTRITT

ERASTE, EINE SÄNGERIN, ZWEI SÄNGER, MUSIKER, TÄNZER.

ERASTE *(zu den Musikern und Tänzern).* Befolgt genau die Anweisungen, die ich euch wegen der Serenade gegeben habe. Ich selbst ziehe mich zurück, denn ich darf hier nicht gesehen werden.

ZWEITER AUFTRITT

EINE SÄNGERIN, ZWEI SÄNGER, MUSIKER, TÄNZER.

EINE SÄNGERIN.
Wolln auf alle Augen, holde Nacht,
Deines Mohnes süße Zauber legen,
Dass allein an diesem Orte wacht
Der Schlag der Herzen, die sich in Liebe regen.
Deiner Schatten stiller Segen
Bietet Huld mehr als der Tag,
Ob im schönsten Licht er leuchten mag.

ERSTER SÄNGER.
Schön ist's, wenn man kann
Sich der Liebe freun,
Und den Zwang nicht braucht zu scheun.
Doch bei unsren Träumereien droht der Eltern Bann.
Schön ist's, wenn man kann
Sich der Liebe freun,
Und den Zwang nicht braucht zu scheun!

ZWEITER SÄNGER.
Treuster Liebe ist der Sieg bereitet.
Gegen alles, was ihr widerstreitet.
Lieb, die sich an Treue band,
Hält dem Allerschlimmsten stand.

ALLE DREI ZUSAMMEN.
Ewig soll der Liebe Flamme
Glühen, Eltern Strenge, Zwang auch noch so groß,
Mühsal, Trennung und ein feindlich Los
Lässt der Herzen Freundschaft schöner blühen.
Ewig soll der Liebe Flamme glühen;

Vor der Liebe Götterdrang
Schwindet aller äußre Zwang.

DRITTER AUFTRITT

JULIE, ERASTE, NERINE.

JULIE. Mein Gott, Eraste, wenn man uns hier überrascht! Ich habe Angst davor, dass man uns zusammen sieht. Alles wäre verloren, weil man es mir so streng verboten hat.

ERASTE. Ich habe mich überall umgesehen und bemerkte nichts.

JULIE. Habe ein wachsames Auge, Nerine, und gib acht, dass niemand kommt.

NERINE *(zieht sich in den Hintergrund der Bühne zurück).* Verlasst euch auf mich und sagt euch frei heraus, was ihr euch zu sagen habt.

JULIE. Haben Sie über unsere Sache nachgedacht und halten Sie es für möglich, Eraste, diese widerwärtige Heirat noch abzuwenden, die mein Vater sich in den Kopf gesetzt hat?

ERASTE. Wenigstens arbeiten wir mit vereinten Kräften daran. Wir haben schon einige Mitstreiter gewonnen, die uns diesen Plan verhindern helfen werden.

NERINE *(läuft nach vorn zu Julie).* Mein Gott, da ist Ihr Vater!

JULIE. Oh, schnell fort, trennen wir uns schleunigst!

NERINE. Nein, nein, nein, bleibt. Ich habe mich geirrt.

JULIE. Mein Gott, Nerine, wie dämlich bist du eigentlich, uns solch einen Schrecken einzujagen!

ERASTE. Ja, schöne Julie, wir haben schon eine Menge Schwungräder in Stellung gebracht. Und da Sie uns Ihre Erlaubnis dazu gaben, nehmen wir auch keinen Anstand, sie in Bewegung zu setzen. Fragen Sie nicht nach jedem einzelnen Hebel, den wir ansetzen wollen. Sie sollen Ihre Freude daran haben. Wie in der Komödie wollen wir Ihnen das Vergnügen der Überraschung lassen und Ihnen nichts im Voraus verraten. Es ist genug gesagt. Wir haben verschiedene Listen bei der Hand, die nur auf die richtige Gelegenheit warten. Die scharfsinnige Nerine und der gewandte Sbrigani werden die Sache in Angriff nehmen.

NERINE. Gewiss! Ihr Vater ist wohl nicht besonders gescheit, dass er Ihnen seinen Advokaten aus Limoges[1], den Herrn von Pource-

1 Eine Stadt in Frankreich, im nordwestlichen Zentralmassiv, etwa 400 Kilometer südlich von Paris; Hauptstadt der ehemaligen Region Limousin.

augnac, aufzwängen will. Sein Lebtag hat er diesen nicht gesehen und der will Sie uns in seiner Kutsche vor der Nase weg entführen? Muss er wegen drei- oder viertausend Taler mehr, wie Ihr Onkel erzählt, einen Liebhaber abweisen, den Sie gutheißen? Ist denn ein Mädchen wie Sie für einen Limosiner geschaffen? Wenn er so sehr aufs Heiraten versessen ist, kann er sich ja eine Limosinerin nehmen und ehrliche Christinnen zufriedenlassen. Schon der bloße Name, Herr von Pourceaugnac, versetzt mich in Rage. Herr von Pourceaugnac! Ich könnte aus der Haut schießen! Und wäre es nur des Namens wegen, Herr von Pourceaugnac! Ich setzte mein Leben daran, diese Heirat zunichtezumachen. Frau von Pourceaugnac sollen Sie jedenfalls nicht werden. Pourceaugnac! Nein, Pourceaugnac ist mir etwas Unerträgliches. Wir wollen ihm Streiche über Streiche spielen und ihm solange zusetzen, bis er sich wieder zurückschert nach Limoges, der Herr von Pourceaugnac.

ERASTE. Da kommt unser pfiffiger Neapolitaner. Der wird Neuigkeiten für uns haben.

VIERTER AUFTRITT

JULIE, ERASTE, SBRIGANI, NERINE.

SBRIGANI. Herr, Ihr Mann kommt. Ich habe ihn drei Meilen von hier gesehen, wo die Kutsche übernachtet hat. In der Küche, in die er zum Frühstück herunterkam, habe ich mir meinen Mann eine volle halbe Stunde lang aufs Korn genommen, und ich kenne ihn jetzt in- und auswendig. Von seinem Äußeren will ich Ihnen gar nicht erzählen. Sie werden ja sehen, wie die Natur ihn geschaffen hat und ob das, was Drum und Dran hängt, dazu passt. Was aber seinen Verstand betrifft, kann ich Ihnen im Voraus sagen, dass er so schwerfällig ist, dass wir uns keinen besseren Mann wünschen können. Er tappt in jede Falle, sage ich Ihnen.

ERASTE. Ist das dein Ernst?

SBRIGANI. Ja doch oder ich will kein Menschenkenner mehr sein.

NERINE. Fräulein, das ist ein Virtuose, sage ich Ihnen! Ihre Sache konnte in keine besseren Hände gelangen. Für solche Angelegenheiten ist er der größte Kämpfer unseres Jahrhunderts. Ein Mensch, der wohl zwanzig Mal schon, um seinen Freunden zu dienen, den Galeeren getrotzt hat; der auf Kosten seiner Arme und Schultern die schwierigsten Unternehmungen glücklich zu Ende zu führen weiß, und der, wie Sie ihn da sehen, aus seinem Vaterland verbannt wurde wegen ich weiß nicht wie vieler ehrenwerter Handlungen, die er großmütig unternommen hatte.

SBRIGANI. Sie beschämen mich mit all diesen Komplimenten, mit denen Sie mich beehren. Ich könnte Ihnen mit weit größerem Recht über die Wundertaten Ihres Lebens Komplimente machen, besonders wie Sie so rühmlich und mit so viel Anstand den jungen fremden Kavalier, den Sie begleiteten, um zwölftausend Taler im Spiel geprellt haben; wie Sie so hübsch den falschen Ehevertrag aufsetzten, der eine ganze Familie zugrunde richtete; wie Sie mit soviel Seelengröße ein Ihnen anvertrautes Pfand abzuleugnen wussten und wie Sie so hochherzig durch Ihr Zeugnis zwei Menschen an den Galgen brachten, den sie nicht verdient hatten.

NERINE. Kleinigkeiten, die gar nicht der Rede wert sind. Ihre Komplimente machen mich schamrot.

SBRIGANI. So will ich denn lieber Ihre Bescheidenheit schonen. Genug davon! Jetzt lassen Sie uns aber ungesäumt unseren Provinzler aufsuchen, um unser Vorhaben in Gang zu setzen, während Sie Ihrerseits die anderen Mitwirkenden der Komödie in Bereitschaft versetzen.

ERASTE. Vergessen Sie nur Ihre Rolle nicht, mein Fräulein. Und um unser Spiel umso besser zu verschleiern, sollten Sie, wie gesagt, so tun, als ob Sie mit den Plänen Ihres Vaters durchaus einverstanden wären.

JULIE. Wenn‘s drauf ankommt, wird alles nach Wunsch gehen.

ERASTE. Doch, schöne Julie, wenn alle unsere Anstrengungen keinen Erfolg haben?

JULIE. Dann erkläre ich meinem Vater meine wahren Gesinnungen.

ERASTE. Und wenn er, trotz Ihrer Gesinnungen, bei seiner Absicht bleibt?

JULIE. Dann drohe ich ihm, in ein Kloster zu gehen.

ERASTE. Und wenn er Sie dennoch zu dieser Heirat zwingt?

JULIE. Was soll ich Ihnen denn hierauf antworten?

ERASTE. Was Sie mir antworten sollen?

JULIE. Ja.

ERASTE. Was man antwortet, wenn man wahrhaft liebt.

JULIE. Aber was?

ERASTE. Dass nichts imstande ist, Sie zu zwingen und dass Sie mir versprechen, auch gegen den Willen Ihres Vaters meine Frau zu werden.

JULIE. Mein Gott, Eraste, begnügen Sie sich mit dem, was ich jetzt tue und versuchen Sie nicht zu erforschen, was mein Herz in Zukunft beschließen wird. Quält mein Pflichtgefühl nicht durch Vorschläge, zum Äußersten zu greifen, dessen wir hoffentlich nicht bedürfen werden. Und wenn es dazu kommen sollte, so lassen Sie mich wenigstens durch die Macht der Verhältnisse dazu gezwungen werden.

ERASTE. Nun gut ...

SBRIGANI. Mein Gott, da kommt unser Mann ja schon. Reißen wir uns zusammen.

NERINE. Ah, wie der aussieht!

FÜNFTER AUFTRITT

HERR VON POURCEAUGNAC, SBRIGANI.

HERR VON POURCEAUGNAC *(spricht zu der Seite hin, von der er gekommen ist, zu Leuten, die ihm folgen).* Nun, was? Was ist? Was gibt es? Hole der Henker diese närrische Stadt mit ihren närrischen Bewohnern! Man kann keinen Schritt tun, ohne dass einen die Laffen anglotzen und auslachen. He, ihr Tagediebe, kümmert euch um eure eigenen Angelegenheiten und lasst die Leute gehen, ohne ihnen ins Gesicht zu lachen. Hol mich der Teufel, wenn ich nicht dem Ersten, den ich wieder lachen sehe, einen Hieb versetze.

SBRIGANI *(spricht zu denselben Leuten).* Was ist das, meine Herren? Was soll das heißen? Auf wen habt ihr's abgesehen? Verspottet man so ehrbare Fremde, die hier ankommen?

HERR VON POURCEAUGNAC. Na, da ist doch noch ein vernünftiger Mensch!

SBRIGANI. Was ist das für ein Betragen! Wollt ihr wohl das Lachen lassen?

HERR VON POURCEAUGNAC. Recht so!

SBRIGANI. Hat der Herr hier etwas Lächerliches an sich?

HERR VON POURCEAUGNAC. Ja!

SBRIGANI. Sieht er nicht aus wie jeder andere?

HERR VON POURCEAUGNAC. Bin ich krumm oder bucklig?

SBRIGANI. Seht erst, wen ihr vor euch habt!

HERR VON POURCEAUGNAC. Gut gesprochen!

SBRIGANI. Der Herr sieht sehr beachtlich aus!

HERR VON POURCEAUGNAC. Recht so!

SBRIGANI. Ist eine Standesperson!

HERR VON POURCEAUGNAC. Ja; limosinischer Edelmann!

SBRIGANI. Ein geistreicher, Mann!

HERR VON POURCEAUGNAC. Der die Rechte studiert hat!

SBRIGANI. Der euch die große Ehre erweist, dass er in eure Stadt kommt!

HERR VON POURCEAUGNAC. Ganz richtig!

SBRIGANI. So ein Herr ist keine lächerliche Person!

HERR VON POURCEAUGNAC. Nein, wahrhaftig nicht!

SBRIGANI. Und wer über ihn lacht, der bekommt es mit mir zu tun!

HERR VON POURCEAUGNAC *(zu Sbrigani).* Mein Herr, ich bin Ihnen unendlich verbunden.

SBRIGANI. Es ärgert mich, mein Herr, dass ein Mann wie Sie so empfangen wird. Ich bitte Sie im Namen der ganzen Stadt um Vergebung.

HERR VON POURCEAUGNAC. Gehorsamer Diener!

SBRIGANI. Ich habe Sie heute Morgen mit der Kutsche gesehen, mein Herr, als Sie frühstückten. Die Art, wie Sie Ihr Brot zum Munde führten, hat Ihnen auf der Stelle mein Herz gewonnen. Man merkt Ihnen sehr an, dass Sie in dieser Gegend noch nie gewesen sind und Ihnen alles hier fremd ist. Ich bin erfreut, Ihnen meine Dienste bei Ihrer Ankunft anzubieten und Ihnen behilflich zu sein, sich richtig unter diesem Volk einzuführen, das achtbaren Leute nicht immer den gehörigen Respekt erweist.

HERR VON POURCEAUGNAC. Sie sind zu gütig!

SBRIGANI. Wie schon gesagt, gleich als ich Sie sah, fühlte ich mich zu Ihnen hingezogen.

HERR VON POURCEAUGNAC. Danke verbindlichst!

SBRIGANI. Ihre Physiognomie gefiel mir!

HERR VON POURCEAUGNAC. Welche Ehre für mich!

SBRIGANI. Sie hat so etwas Biederes!

HERR VON POURCEAUGNAC. Ergebener Diener!

SBRIGANI. So etwas Liebenswürdiges!

HERR VON POURCEAUGNAC. O! O!

SBRIGANI. Anziehendes!

HERR VON POURCEAUGNAC. O! O!

SBRIGANI. Sanftes!

HERR VON POURCEAUGNAC. O! O!

SBRIGANI. Ehrfurcht Gebietendes!

HERR VON POURCEAUGNAC. O! O!

SBRIGANI. Offenes!

HERR VON POURCEAUGNAC. O! O!

SBRIGANI. Und Herzliches!

HERR VON POURCEAUGNAC. O! O!

SBRIGANI. Ich bin mit Leib und Seele der Ihrige!

HERR VON POURCEAUGNAC. Ich bin Ihnen sehr verbunden!

SBRIGANI. Ich spreche, wie ich denke.

HERR VON POURCEAUGNAC. Das glaube ich.

SBRIGANI. Wenn ich die Ehre gehabt hätte, dass Sie mich bereits kannten, dann wüssten Sie, dass ich der aufrichtigste Mensch bin.

HERR VON POURCEAUGNAC. Ich zweifele nicht daran.

SBRIGANI. Feind aller Schurkerei.

HERR VON POURCEAUGNAC. Ich bin davon überzeugt.

SBRIGANI. Unfähig, mich zu verstellen.

HERR VON POURCEAUGNAC. Das denke ich auch.

SBRIGANI. Sie betrachten meinen Anzug, der von den anderen absticht. Aber ich bin in Neapel geboren und habe die Tracht und die Aufrichtigkeit meines Landes beibehalten wollen.

HERR VON POURCEAUGNAC. Daran haben Sie sehr gut getan. Was mich betrifft, wollte ich mich nach der Mode kleiden, wie sie der Hof auf dem Lande trägt.

SBRIGANI. Mein Gott, es steht Ihnen besser als allen unseren Hofherren.

HERR VON POURCEAUGNAC. Das hat mir auch mein Schneider gesagt. Der Anzug ist schön gearbeitet und reich verziert. Er wird Aufsehen hier machen.

SBRIGANI. Sicher. Werden Sie sich nicht auch im Louvre zeigen?

HERR VON POURCEAUGNAC. Ich werde wohl meine Aufwartung machen müssen.

SBRIGANI. Der König wird entzückt sein, Sie zu sehen!

HERR VON POURCEAUGNAC. Das glaube ich.

SBRIGANI. Haben Sie schon eine Wohnung gemietet?

HERR VON POURCEAUGNAC. Noch nicht. Ich will mir noch eine suchen.

SBRIGANI. Ich helfe Ihnen dabei. Ich kenne mich hier überall aus.

SECHSTER AUFTRITT

ERASTE, HERR VON POURCEAUGNAC, SBRIGANI.

ERASTE. Ah, was sehe ich? Welche Überraschung! Herr von Pourceaugnac! Wie entzückt ich bin, Sie zu sehen! Wie, Sie kennen mich wohl nicht mehr?

HERR VON POURCEAUGNAC. Ihr Diener, mein Herr!

ERASTE. Ist es möglich, dass fünf oder sechs Jahre mich so verändert haben, dass Sie den besten Freund Ihrer Familie nicht wiedererkennt?

HERR VON POURCEAUGNAC. Verzeihen Sie. *(Leise zu Sbrigani.)* Ich weiß weiß Gott nicht, wer er ist.

ERASTE. Es gibt in Limoges keinen Pourceaugnac, den ich nicht kenne, vom größten bis zum kleinsten. Ich verkehrte, als ich dort war, nur mit Pourceaugnacs und hatte fast täglich die Ehre, Sie zu sehen.

HERR VON POURCEAUGNAC. Die Ehre ist ganz auf meiner Seite, mein Herr!

ERASTE. Besinnen Sie sich gar nicht auf mein Gesicht?

HERR VON POURCEAUGNAC. Doch, doch! *(Zu Sbrigani.)* Er ist mir ganz unbekannt.

ERASTE. Wie oft hatte ich das Glück, mit Ihnen zu trinken, wissen Sie noch?

HERR VON POURCEAUGNAC. Bitte um Entschuldigung. *(Zu Sbrigani.)* Ich weiß gar nichts davon.

ERASTE. Wie heißt doch der Gastwirt in Limoges, bei dem man so hervorragend zu Mittag speist?

HERR VON POURCEAUGNAC. Petit-Jean?

ERASTE. Ganz recht! Bei dem haben wir uns öfter einen guten Tag gemacht. Und wie nennen Sie doch den Ort in Limoges, wo man spazieren geht?

HERR VON POURCEAUGNAC. Den Kirchhof an der Arena?

ERASTE. Richtig! Dort genoss ich die schönsten Stunden in Ihrer angenehmen Gesellschaft. Erinnern Sie sich nicht mehr daran?

HERR VON POURCEAUGNAC. Entschuldigen Sie, ich erinnere mich wohl. *(Zu Sbrigani.)* Der Teufel soll mich holen, wenn ich etwas davon weiß!

Sbrigani (*leise zu Herrn von Pourceaugnac).* So etwas vergisst man ja hundert Mal!

ERASTE. Umarmen Sie mich doch und lassen Sie uns die alte Freundschaft wieder aufnehmen.

SBRIGANI *(zu Herrn von Pourceaugnac).* Der Mann scheint Sie sehr zu lieben!

ERASTE. Erzählen Sie mir doch etwas von Ihrer Verwandtschaft. Wie befindet sich denn Ihr Herr der – Sie wissen schon – der ein ganz lieber Mann ist?

HERR VON POURCEAUGNAC. Mein Bruder, der Konsul?

ERASTE. Ja, ja!

HERR VON POURCEAUGNAC. Der befindet sich sehr wohl.

ERASTE. Das freut mich ja ganz außerordentlich! Und der, der immer so aufgeräumt ist? Der Ihr Herr ...

HERR VON POURCEAUGNAC. Mein Vetter, der Assessor[2]?

ERASTE. Richtig!

HERR VON POURCEAUGNAC. Immer lustig und obenauf.

ERASTE. Das ist mir ja sehr lieb zu hören. Und Ihr Herr Onkel? Der ...

HERR VON POURCEAUGNAC. Ich habe keinen Onkel.

ERASTE. Hatten Sie nicht damals einen ...

HERR VON POURCEAUGNAC. Nein, nur eine Tante.

ERASTE. Das wollte ich auch sagen, Ihre Frau Tante. Wie geht es ihr?

HERR VON POURCEAUGNAC. Sie ist seit einem halben Jahre tot.

ERASTE. Ach! Die gute Frau! Was war das für eine gute Frau!

HERR VON POURCEAUGNAC. Ja, und mein Neffe, der Kanonikus, der wäre beinahe an den Pocken gestorben.

ERASTE. Wie schade wäre das gewesen!

HERR VON POURCEAUGNAC. Kennen Sie den auch?

ERASTE. Gewiss! Und ob ich ihn kenne! Ein großer, hübsch gewachsener Junge!

HERR VON POURCEAUGNAC. Groß gerade nicht!

ERASTE. Nein, aber gut gewachsen.

HERR VON POURCEAUGNAC. Ach, nun ja!

ERASTE. Er ist Ihr Neffe?

HERR VON POURCEAUGNAC. Ja!

ERASTE. Sohn Ihres Bruders oder Ihrer Schwester?

HERR VON POURCEAUGNAC. Ganz recht!

ERASTE. Kanonikus an der Kirche ... wie heißt sie doch?

HERR VON POURCEAUGNAC. St. Stephan[3]!

ERASTE. Der ist es. Ich kenne ihn sehr gut.

HERR VON POURCEAUGNAC *(zu Sbrigani)*. Er kennt meine ganze Verwandtschaft!

SBRIGANI. Er kennt Sie besser, als Sie glauben.

---

2 Anwärter der höheren Beamtenlaufbahn

3 Kathedrale in Limoges

HERR VON POURCEAUGNAC. Wie mir aus Ihren Aussagen hervorgeht, sind Sie recht lang in unserer Stadt gewesen?

ERASTE. Zwei volle Jahre.

HERR VON POURCEAUGNAC. Sie waren also schon dort, als mein Vetter, der Steuerrat, den Herrn Gouverneur bei seinem Kind zur Taufe eingeladen hatte?

ERASTE. Ja, freilich. Ich war ja einer der Ersten, der eingeladen wurde.

HERR VON POURCEAUGNAC. Da ging es nobel zu!

ERASTE. Sehr nobel!

HERR VON POURCEAUGNAC. Das war ein Schmaus zur Kindstaufe!

ERASTE. Und wie es einer war!

HERR VON POURCEAUGNAC. Sie sahen also auch den Streit mit an, den ich mit dem perigordinischen[4] Edelmann hatte?

ERASTE. Ja.

HERR VON POURCEAUGNAC. Wetter! Der hat schön was einstecken müssen von mir?

ERASTE. O weh!

HERR VON POURCEAUGNAC. Er gab mir eine Ohrfeige. Aber ich machte ihm seinen Standpunkt klar.

ERASTE. Ja, und wie! Aber ich hoffe doch, dass Sie Ihr Quartier bei mir aufschlagen werden?

HERR VON POURCEAUGNAC. Ich will Ihnen doch nicht ...

ERASTE. Scherz beiseite! Ich ertrage es nicht, wenn mein bester Freund woanders wohnt als bei mir.

HERR VON POURCEAUGNAC. Das würde Ihnen ...

ERASTE. Kein Wort mehr! Sie wohnen bei mir! Die Sache ist abgemacht.

SBRIGANI *(zu Herrn von Pourceaugnac)*. Da er eben so nachdrücklich darauf besteht, rate ich Ihnen, das Angebot anzunehmen.

ERASTE. Wo ist Ihr Gepäck?

HERR VON POURCEAUGNAC. Ich habe es mit meinem Diener zurückgelassen, wo ich abgestiegen bin.

ERASTE. Wir wollen es gleich von jemanden herholen lassen.

HERR VON POURCEAUGNAC. Nein. Er hat den strengsten Befehl, nichts von den Sachen herauszugeben. Da könnte ja jeder kommen.

---

4 Perigord ist die Nachbarprovinz von Limousin.

SBRIGANI. Das war sehr klug!

HERR VON POURCEAUGNAC. Hierzulande muss man sich in Acht nehmen!

ERASTE. Da sieht man wieder den klugen Mann!

SBRIGANI. Ich werde den Herrn begleiten und ihn dahin führen, wohin Sie befehlen.

ERASTE. Gut. Ich möchte nur noch einige Anweisungen geben. Wollen Sie sich dann nur in jenes Haus bemühen?

SBRIGANI. Wir werden gleich wieder bei Ihnen sein.

ERASTE *(zu Herrn von Pourceaugnac).* Ich erwarte Sie mit Ungeduld.

HERR VON POURCEAUGNAC *(zu Sbrigani).* Auf diese Bekanntschaft war ich nicht gefasst!

SBRIGANI. Er scheint ein anständiger Mann zu sein.

ERASTE *(allein).* Oha! Mein Herr von Pourceaugnac, Ihnen soll es an nichts fehlen! Alles ist in Bereitschaft. Ich brauche nur das Zeichen zu geben. Holla!

SIEBENTER AUFTRITT

ERASTE, EIN APOTHEKER.

ERASTE. Mein Herr, Sie sind gewiss der Doktor, an den ich etwas habe ausrichten lassen?

APOTHEKER. Nein, mein Herr, ich bin kein Doktor. Diese Ehre gebührt mir nicht. Ich bin nur Apotheker, ein unwürdiger Apotheker, stets zu Diensten.

ERASTE. Ist der Herr Doktor zu Hause?

APOTHEKER. Ja. Er ist gerade dabei, einige Patienten loszuwerden. Ich werde Sie ihm melden.

ERASTE. Nein, bleiben Sie. Ich warte, bis er fertig ist. Ich möchte nur einen Verwandten seiner Fürsorge anvertrauen, von dem er schon weiß. Er ist etwas verrückt. Wir möchten, dass er geheilt wird, ehe wir ihn verheiraten.

APOTHEKER. Ja, ja, ich weiß schon. Ich war dabei, als man den Doktor in dieser Angelegenheit aufsuchte. Ja, ja, Sie konnten sich an keinen geschickteren Arzt wenden. Der hat die Medizin so intus wie ich das ABC. Er weicht Ihnen um kein Jota von den Regeln der Alten ab und wenn man auch dabei krepieren müsste. Ja, der bleibt immer auf dem richtigen Weg und macht nicht die Nacht zum Tag. Er würde um nichts in der Welt einen Menschen mit anderen Methoden heilen als solchen, die die Fakultät erlaubt.

ERASTE. Recht so. Ein Kranker darf nicht ohne Genehmigung der Fakultät gesund werden wollen.

APOTHEKER. Ich rede nicht nur so, weil wir gute Freunde sind, doch ist es gar zu schön, sich von ihm behandeln zu lassen. Ich möchte lieber an seinen Mitteln sterben als durch die eines anderen gesund werden. Denn hier hat man wenigstens die Gewissheit, dass alles nach der Ordnung gegangen ist. Und wenn man bei seiner Behandlung stirbt, dann haben einem die Erben doch nichts vorzuwerfen.

ERASTE. Das ist freilich ein großer Trost für einen Verstorbenen.

APOTHEKER. Das will ich meinen! Man ist doch froh, regelkonform gestorben zu sein. Im Übrigen gehört er nicht zu den Ärzten, die viele Umstände mit den Krankheiten machen. Er arbeitet überaus rasch und macht kurzen Prozess mit seinen Patienten. Wenn es heißt, dass gestorben werden muss, dann auch gleich immer rasch vorwärts.

ERASTE. Ja, sowas schafft man sich so bald wie möglich vom Halse.

APOTHEKER. Gewiss. Was hilft es, wie die Katze um den heißen Brei herumzutanzen? Man muss gleich wissen, woran man mit der Krankheit ist.

ERASTE. Selbstverständlich.

APOTHEKER. Er erwies mir die Ehre, schon drei meiner Kinder behandelt zu haben. Sie starben alle drei noch vor dem vierten Tag. Ein anderer hätte sie Monate lang hingehalten.

ERASTE. Der kann von Glück sagen, der einen solchen Freund hat!

APOTHEKER. Das sage ich auch. Ich habe nur noch zwei Kinder, für die er sorgt, als wären es seine eigenen. Er behandelt sie nach seinem Belieben, ohne dass ich mich in etwas einmische. Des Öfteren, wenn ich aus der Stadt heimkomme, bin ich ganz verwundert, dass sie schon wieder zur Ader lassen oder abführen mussten.

ERASTE. Das nenne ich aber eine Teilnahme!

APOTHEKER. Sehen Sie, da kommt er!

ACHTER AUFTRITT

ERASTE, ERSTER ARZT, EIN APOTHEKER, EIN BAUER, EINE BÄUERIN.

BAUER *(zum Arzt).* Herr Doktor, er hält's nicht mehr aus. Er hat ganz schlimme Kopfschmerzen, sagt er.

ERSTER ARZT. Der Patient ist ein Dummkopf. Denn nach Galens Ausspruch müsste ihm bei dieser Krankheit nicht der Kopf, sondern die Milz wehtun.

BAUER. Sei es, wie es wolle, Herr Doktor. Er hat auch schon seit sechs Monaten beständig diesen Durchfall.

ERSTER ARZT. Gut! Das ist ein Zeichen, dass es sich innerlich loslöst. In einigen Tagen werde ich ihn besuchen. Sollte er jedoch zuvor sterben, dann versäumen Sie es ja nicht, es mir mitzuteilen. Denn es schickt sich nicht, dass ein Arzt eine Leiche besucht.

BÄUERIN *(zum Arzt).* Mein Vater, Herr Doktor, wird von Tag zu Tag schlimmer.

ERSTER ARZT. Das ist nicht meine Schuld. Ich gebe ihm ja Medizin. Warum wird er nicht gesund? Wie oft hat man ihn schon zur Ader gelassen?

BÄUERIN. Fünfzehn Mal in drei Wochen, Herr Doktor.

ERSTER ARZT. Fünfzehn Mal?

BÄUERIN. Ja.

ERSTER ARZT. Und er wird nicht gesund?

BÄUERIN. Nein, Herr Doktor.

ERSTER ARZT. Das beweist, dass die Krankheit nicht im Blut steckt. Wir wollen ihn jetzt ebenso oft ein Abführmittel verabreichen, um zu sehen, ob sie nicht in den Säften sitzt. Hilft auch das nicht, muss er ins Bad.

APOTHEKER. Das ist Kunst, ärztliche Kunst!

NEUNTER AUFTRITT

ERASTE, ERSTER ARZT, EIN APOTHEKER.

ERASTE *(zum Arzt).* Ich habe Ihnen vor einigen Tagen einen Auftrag ausrichten lassen in der Angelegenheit eines Verwandten, der nicht ganz richtig im Oberstübchen ist. Den will ich Ihnen in Ihre Obhut geben, um ihn anständig zu heilen und Aufsehen zu vermeiden.

ERSTER ARZT. Ja, mein Herr. Alle Vorbereitungen sind bereits getroffen. Ich verspreche Ihnen, ihm alle nur erdenkliche Sorgfalt zu widmen.

ERASTE. Da kommt er wie gerufen.

ERSTER ARZT. Es trifft sich sehr gut, dass gerade einer meiner alten Freunde hier ist, den ich gern über seinen Zustand konsultieren will.

ZEHNTER AUFTRITT

HERR VON POURCEAUGNAC, ERASTE, ERSTER ARZT, EIN APOTHEKER.

ERASTE *(zu Herrn von Pourceaugnac).* Ich habe noch ein kleines Geschäft zu erledigen, das mich zwingt, Sie zu verlassen. *(Deutet auf den Arzt.)* Aber ich übergebe Sie hier einem Mann, der Sie aufs Beste behandeln wird.

ERSTER ARZT. Meine Stellung verpflichtet mich dazu.

HERR VON POURCEAUGNAC *(beiseite).* Ah, das ist gewiss sein Haushofmeister. Er muss ein vornehmer Mann sein.

ERSTER ARZT *(zu Eraste).* Ja, ich werde den Herrn methodisch behandeln, nach allen Regeln unserer Kunst.

HERR VON POURCEAUGNAC. Mein Gott, so viele Umstände sind gar nicht nötig. Ich will hier nicht lästig werden.

ERSTER ARZT. Ein solcher Auftrag bereitet mir stets Vergnügen.

ERASTE *(zum Arzt).* Hier sind die ersten zehn Pistolen[5] auf Abschlag. Alles Weitere dann später.

HERR VON POURCEAUGNAC. Nein, bitte, ich ertrage nicht, dass Sie sich in Unkosten stürzen und für mich etwas bezahlen.

ERASTE. Mein Gott, lassen Sie mich nur machen. Es ist nicht für das, was Sie denken.

---

5 Pistolen: eine spanische Goldmünze; war damals etwa 11 Livres wert

HERR VON POURCEAUGNAC. Ich bitte Sie, mich wie ein Freund zu behandeln.

ERASTE. Das will ich ja auch. *(Leise zum Arzt.)* Es ist mir vor allem daran gelegen, dass Sie ihn nicht aus den Händen lassen. Denn manchmal versucht er zu entwischen.

ERSTER ARZT. Seien Sie unbesorgt!

ERASTE *(zu Herrn von Pourceaugnac).* Ich bitte Sie, meine Unhöflichkeit zu entschuldigen.

HERR VON POURCEAUGNAC. Das kann nicht Ihr Ernst sein. Sie sind nur zu gütig!

ELFTER AUFTRITT

HERR VON POURCEAUGNAC, ERSTER ARZT, ZWEITER ARZT, EIN APOTHEKER.

ERSTER ARZT. Es ist mir eine große Ehre, mein Herr, Ihnen meine Dienste erweisen zu dürfen.

HERR VON POURCEAUGNAC. Gehorsamer Diener!

ERSTER ARZT. Hier ist einer meiner Kollegen, ein sehr gescheiter Mann, mit dem ich über die Art Ihrer Behandlung konferieren werde.

HERR VON POURCEAUGNAC. Machen Sie sich keine Umstände, sage ich Ihnen. Ich bin ein ganz einfacher Mann.

ERSTER ARZT. He! Sessel her! *(Diener kommen und bringen Sessel.)*

HERR VON POURCEAUGNAC *(beiseite).* Für einen so jungen Mann sind das ja sehr finstere Diener!

ERSTER ARZT. Bitte Platz zu nehmen, mein Herr. *(Die beiden Ärzte lassen Herrn von Pourceaugnac zwischen sich Platz nehmen.)*

HERR VON POURCEAUGNAC *(indem er sich setzt).* Ganz gehorsamer Diener! *(Die beiden Ärzte ergreifen ihn jeder bei einer Hand, um ihm den Puls zu fühlen.)* Was soll das heißen?

ERSTER ARZT. Haben Sie guten Appetit, mein Herr?

HERR VON POURCEAUGNAC. Ja, und Durst noch mehr.

ERSTER ARZT. Umso schlimmer! Dieses große Gelüst nach Kaltem und Feuchtem deutet auf innere Hitze und Trockenheit. Schlafen Sie gut?

HERR VON POURCEAUGNAC. Ja, wenn ich abends gut gegessen habe.

ERSTER ARZT. Träumen Sie?

HERR VON POURCEAUGNAC. Manchmal.

ERSTER ARZT. Welcher Art sind Ihre Träume?

HERR VON POURCEAUGNAC. Je nachdem wie eben Träume sind. Was, zum Teufel, ist das für ein Gespräch?

ERSTER ARZT. Und wie steht es mit dem Stuhlgang?

HERR VON POURCEAUGNAC. Mein Gott, ich verstehe nichts von all Ihren Fragen. Ich will lieber einen Schluck trinken.

ERSTER ARZT. Gedulden Sie sich! Wir werden Ihren Fall jetzt gleich in Ihrer Gegenwart besprechen. Und das, um verständlicher zu sein, in Ihrer Muttersprache.

HERR VON POURCEAUGNAC. Wozu hat man wegen eines Imbisses einer lange Besprechung nötig?

ERSTER ARZT[6]. Da man keine Krankheit heilen kann, ohne sie von Grund auf zu kennen, und wiederum ihren Grund nicht erforschen kann, ohne das Individuelle und den eigentlichen Charakter von ihr durch ihre diagnostischen und prognostischen Symptome festgestellt zu haben, so werden Sie mir erlauben, mein Herr Kollege, dass ich die in Rede stehende Krankheit in Erwägung ziehe, ehe wir zur Therapeutik und zu den Mitteln schreiten, die zu ihrer vollständigen Heilung anzuwenden sind. Ich erkläre also mit Ihrer Erlaubnis, dass unser hier anwesender Patient unglücklicherweise von jener Art Verrücktheit befallen, heimgesucht und besessen ist, die wir sehr bezeichnend die hypochondrische Melancholie nennen. Es ist eine sehr bedenkliche Art von Verrücktheit, der nur ein Äskulap wie Sie gewachsen sind. Sie sind ein Meister in unserer Kunst, der quasi im Kampf grau geworden und dem schon so mancherlei durch die Hände gekommen ist. Ich nenne sie hypochondrische Melancholie, um sie von zwei anderen Arten zu unterscheiden. Denn der berühmte Galenus stellt nach seiner gewohnten Weisheit drei Spezies dieser Krankheit auf, die zur Melancholie gehören und die nicht bloß von Lateinern, sondern auch von den Griechen so gekannt wird, was sehr bemerkenswert ist für unseren Fall. Die erste entsteht aus einem eigentümlichen Fehler des Gehirns. Die zweite kommt aus dem Blut, wenn dieses sich in schwarze Galle verwandelt. Die dritte, die hypochondrische, mit der wir es hier zu tun haben, rührt von irgendeinem Fehler des Unterleibs und der niederen Eingeweide, aber ganz besonders von der Milz her, deren

---

6 Den Vorschriften entsprechend hatte der jüngere Arzt sein Gutachten zuerst abzugeben, die anderen folgten dann nach dem Promotionsalter.

Entzündung dem Gehirn unseres Patienten allerlei dicke, schwere Stoffe zuführt, deren schwarzer, bösartiger Dunst die Funktionen des Hauptorgans hemmt und diejenige Krankheit hervorbringt, von der er, nach unserer Überzeugung, offenbar befallen ist. Dass dem so ist, wird Ihnen als unbestreitbares Diagnostikum des von mir Gesagten der finstere Ernst beweisen, den Sie an ihm sehen, die von Furcht und Misstrauen begleitete Traurigkeit, das pathognomische und individuelle Symptom dieser Krankheit, wie es der göttliche Greis Hippokrates so treffend bezeichnet hat. Diese Physiognomie, diese roten, stierenden Augen, der wilde Bart, der ganze Habitus dieses klapperdürren, schwarz behaarten Körpers, das sind weitere Symptome. Dies alles deutet sehr darauf hin, dass er von dieser Krankheit schon sehr befallen und dass dieselbe von einem Fehler der Hypochondren herzuleiten ist. Diese Krankheit, die sich im Laufe der Zeit niedergelassen, eingewurzelt, eingewöhnt und sich bei ihm eingebürgert hat, kann sehr leicht entweder in Manie oder in Schwindsucht oder Apoplexie[7], ja sogar in Besessenheit und Tobsucht ausarten. Dies alles vorausgesetzt, wird es Ihnen nicht schwerfallen, sich wegen der Mittel mit mir zu verständigen, die wir bei dem Herrn anzuwenden haben, denn eine erkannte Krankheit ist, wie Sie wissen, schon halb geheilt: ignoti nulla est curatio morbi[8]. Um zuallererst dieser verstopften Vollblütigkeit und dem zu großen Andrang der Säfte abzuhelfen, schlage ich vor, dass derselbe reichlich phlebotomisiert wird. Das heißt, dass er häufig zur Ader gelassen werden muss. Zuerst muss man ihm die Basilika[9], dann die Cephalica[10], und wenn das Übel hartnäckig ist, sogar die Stirnader öffnen, um dem dicken Blut einen Ausweg zu verschaffen. Zur gleichen Zeit muss er abführen, durch zweckentsprechende und angemessene Abführmittel gereinigt werden. Das heißt, durch Chologoga[11], Melanogoga[12] usw. Da jedoch der eigentliche Ursprung des ganzen Übels entweder in stockigen, unreinen Säften oder in schlechten Stoffen liegt, die die Lebensgeister trüben, vergiften und verunreinigen, ist es zweckmäßig, dass er zunächst ein Bad mit klarem frischen Wasser und viel Molke nimmt, um durch das Wasser

7 schlagartige Durchblutungsstörung eines Organs oder einer Körperregion

8 *(Latein.)* Für eine unbekannte Krankheit gibt es keine Heilung.

9 Vene in der Ellenbeuge

10 Vene, die an der Außenseite des Oberarms liegt.

11 galletreibende Arzneimittel

12 ebenfalls ein galletreibendes Mittel

die schlechten Säfte zu reinigen und durch die Molke die dicken Stoffe dünner zu machen. Vor allem aber muss dafür gesorgt werden, ihn durch angenehme Unterhaltung, Gesang und Saitenspiel zu unterhalten, wobei ich auch Tänzer sehr empfehle, die durch die Anmut und Lebhaftigkeit ihrer Bewegungen seine schlummernden Lebensgeister aus der Trägheit erwecken werden, die das dicke Blut erzeugt, woher die Krankheit rührt. Das sind die Mittel, die ich vorschlage, denen jedoch unser Herr Kollege, und Meister nach der Erfahrung, Beurteilung, Einsicht und Geschicklichkeit, die er sich in unserer Kunst erworben hat, noch viele andere und bessere wird hinzufügen können.

ZWEITER ARZT. Bewahre mich Gott, mein sehr geehrter Herr Kollege, dass ich mir einfallen ließe, auch nur ein Jota zu dem, was Sie soeben sagten, hinzuzufügen! Sie haben über alle Anzeichen, Symptome und Ursachen der Krankheit dieses Herrn sehr richtig gesprochen. Die Diagnose, die Sie darüber machten, ist so gelehrt und schön, dass es unmöglich ist, ihn nicht für verrückt, für einen Hypochondriacus und Melancholikus zu erklären. Wenn er es noch nicht wäre, so müsste er es Ihrem ausgezeichneten Vortrag, Ihrer richtigen Diagnose zuliebe werden. Ja, mein Herr, Sie haben alles, was zu dieser Krankheit gehört, auf das Deutlichste veranschaulicht, graphice depinxisti[13]. Man kann sich nicht scharfsinniger, gelehrter und geistreicher aussprechen, als Sie es über diese Krankheit getan haben, sowohl was die Diagnose als auch die Prognose und Therapie betrifft. Mir bleibt hier nur übrig, dem Herrn Glück zu wünschen, dass er in Ihre Hände gekommen ist. Ja, er kann sich glücklich schätzen, verrückt zu sein, weil er dadurch die Wirksamkeit und Annehmlichkeit der Mittel, die Sie so einsichtsvoll vorgeschlagen haben, an sich erproben wird. Ich stimmen allem zu, manibus et pedibus descendo in tuam sententiam[14]. Nur möchte ich hinzufügen, die Aderlässe und Abführmittel in ungleicher Zahl zu machen: numero Deus impari gaudet[15]; die Molke vor dem Bad einzunehmen, ihm einen Umschlag mit Salz um die Stirn zu legen, weil das Salz das Symbol der Weisheit ist, sein Zimmer weiß anstreichen zu lassen, um die Finsternis seines Geistes zu zerstreuen, album est disgregativum visus[16]; und ihm sofort einen Einlauf zu

13 *(Latein.)* anschaulich dargestellt

14 *(Latein.)* soviel wie: Ich erhebe keinen Einspruch.

15 *(Latein.)* Zitat nach Vergil: Die Götter lieben die Dreizahl!

16 *(Latein.)* soviel wie: Weiß fördert die Ausscheidung.

geben, zugleich als Vorspiel, als Einleitung zu den einsichtsvollen Mitteln, die ihm, wenn er zu heilen ist, Erleichterung verschaffen werden. Gebe der Himmel, dass diese Ihre Mittel, Herr Kollege, nach Wunsch bei unserem Patienten anschlagen werden!

HERR VON POURCEAUGNAC. Meine Herren, ich höre Ihnen nun bereits seit einer Stunde zu. Soll das hier ein Scherz sein?

ERSTER ARZT. Nein, mein Herr, durchaus nicht.

HERR VON POURCEAUGNAC. Was bedeutet denn das alles? Was soll mir Ihr Galimathias und Ihre Albernheiten?

ERSTER ARZT. Was denn? Beleidigungen ausstoßen! Das ist ein Diagnostikum, das uns noch fehlte, um seine Krankheit festzustellen. Wir können uns auf Tobsucht gefasst machen.

HERR VON POURCEAUGNAC *(beiseite)*. Wo, zum Henker, bin ich nur hingeraten? *(Er spuckt ein paar Mal aus.)*

ERSTER ARZT. Noch ein Diagnostikum: häufiger Auswurf.

HERR VON POURCEAUGNAC. Hören Sie endlich auf. Ich will hier weg!

ERSTER ARZT. Wieder eins: Platzangst.

HERR VON POURCEAUGNAC. Was soll denn das alles heißen? Was wollen Sie von mir?

ERSTER ARZT. Sie heilen, wie man es uns aufgetragen hat.

HERR VON POURCEAUGNAC. Mich heilen?

ERSTER ARZT. Ja.

HERR VON POURCEAUGNAC. Potz Blitz, ich bin ja gar nicht krank!

ERSTER ARZT. Schlechtes Zeichen, wenn der Patient von seiner Krankheit nichts merkt.

HERR VON POURCEAUGNAC. Ich sage Ihnen, dass ich mich wohl fühle!

ERSTER ARZT. Wir wissen besser als Sie, wie Sie sich befinden. Wir sind Ärzte, die Ihre Konstitution durchschauen.

HERR VON POURCEAUGNAC. Wenn Sie Ärzte sind, so bleiben Sie mir vom Hals! Ich halte gar nichts von der Medizin.

ERSTER ARZT. Hm, hm, der Mensch ist verrückter als wir dachten.

HERR VON POURCEAUGNAC. Weder mein Vater noch meine Mutter haben jemals einen Tropfen Medizin über die Lippen gebracht und sind beide ohne ärztlichen Beistand gestorben.

ERSTER ARZT. Dann kann man sich nicht wundern, dass sie einen verrückten Sohn hervorgebracht haben. *(Zum zweiten Arzt.)* Schreiten wir gleich zu unserer Kur. Beruhigen, besänftigen, beschwichtigen wir durch eine erheiternde Musik seine gereizten Lebensgeister, die nahe daran sind, in Tobsucht auszubrechen.

ZWÖLFTER AUFTRITT

HERR VON POURCEAUGNAC *(allein).* Was, zum Teufel, ist denn hier los? Sind die Leute hierzulande alle übergeschnappt? So etwas ist mir ja noch nie vorgekommen, und ich verstehe nichts von alledem!

DREIZEHNTER AUFTRITT

HERR VON POURCEAUGNAC, ZWEI GROTESKE ÄRZTE., ACHT MATASSINE[17].

Alle drei nehmen Platz. Die Ärzte erheben sich mehrmals, um Herrn von Pourceaugnac zu begrüßen, der sich ebenso erhebt und sich von ihnen verneigt.

BEIDE ÄRZTE.

Buon di, buon di, buon di!
Non vi lasciate uccidere
Dal dolor malinconico.
Noi vi faremo ridere
Col nostro canto armonico;
Sol per guarirvi
Siamo venuti qui.
Buon di, buon di, huon di.[18]

ERSTER ARZT.

Altro non è la pazzia
Che malinconia.
Il malato non e disperato,
Se voul pigliar un poco d'allegria,

17 Matassine: tanzende Masken; die Tänzer stellten wahrscheinlich Apotheker dar, während die grotesken Ärzte sangen

18 Übertragen etwa: Guten Tag! Guten Tag! Lassen Sie's nicht zu, dass Sie die Schwermut tötet. Wir wollen Sie zum Lachen bringen mit unserem harmonischen Gesang. Um Ihrer Heilung willen sind wir hier.

Altro non e la pazzia
Che malinconia.[19]

ZWEITER ARZT.
Sù, cantate, ballate, ridete,
E se far meglio volete
Quando sentite il deliro vicino,
Pigliate del vino
E qualche volta un poco di tabac.
Allegramente, Monsù Pourceangnac![20]

(Tanz der Matassine um Herrn von Pourceaugnac.)

VIERZEHNTER AUFTRITT

HERR VON POURCEAUGNAC,
EIN APOTHEKER mit einer Einlaufspritze.

APOTHEKER. Hier ist ein Mittelchen, mein Herr, ein Mittelchen, das Sie nehmen sollen, wenn Sie so lieb wären, wären Sie so lieb.

HERR VON POURCEAUGNAC. Was?Die brauche ich doch nicht!

APOTHEKER. Es wurde Ihnen verordnet, mein Herr, ich sagte verordnet.

HERR VON POURCEAUGNAC. Lassen Sie mich zufrieden!

APOTHEKER. Nehmen Sie es, mein Herr! Nehmen Sie es! Es schadet Ihnen nicht, schadet Ihnen nicht!

HERR VON POURCEAUGNAC. Bleiben Sie mir vom Leibe!

APOTHEKER. Es ist ja nur ein kleiner Einlauf, ein Klistierchen, ganz mild, mild, mild. Nehmen Sie es, mein Herr, nehmen Sie es doch! Es soll Sie reinigen, soll Sie reinigen, Sie reinigen.

---

19 Übertragen etwa: Die Verrücktheit ist nichts andres als Trübsinn. Des Kranken Zustand ist nicht hoffnungslos, wenn er sich erheitern lassen will.

20 Übertragen etwa: Auf! Singt, tanzt und lacht. Und wenn Sie sich wohler fühlen wollen und Sie 'nen Anfall nahen fühlen, dann greifen Sie zum Wein und auch zum Schnupftabak. Frischauf, Herr von Pourceaugnac.

FÜNFZEHNTER AUFTRITT

HERR VON POURCEAUGNAC, EIN APOTHEKER, ZWEI GROTESKE ÄRZTE. MATASSINE mit Einlaufspritzen.

DIE BEIDEN ÄRZTE.

Piglialo sù
Signor Monsù,
Piglialo, piglialo, piglialo sù.
Che non ti farà male;
Piglialo sù, questo serviziale;
Piglio sù,
Signor Monsù,
Piglialo, piglialo, piglialo sù.[21]

HERR VON POURCEAUGNAC. Schert euch doch zum Teufel!

(Er setzt seinen Hut auf, um sich vor den Klistierspritzen zu schützen, wird aber von den beiden Ärzten und den Matassinen verfolgt. Er läuft hinter die Kulissen, kommt zurück und wirft sich auf seinen Stuhl, bei dem ihn der Apotheker bereits erwartet. Die beiden Ärzte und die Matassine kommen ebenfalls wieder.)

DIE BEIDEN ÄRZTE.

Piglialo sù
Signor Monsù,
Piglialo, piglialo, piglialo sù.
Che non ti farà male;
Piglialo su, questo serviziale;
Piglialo sù
Signor Monsù,
Piglialo, piglialo, piglialo sù.

(Herr von Pourceaugnac läuft mit dem Stuhl davon. Der Apotheker stemmt seine Spritze dagegen. Die Ärzte und die Matassine folgen ihm.)

---

21 Übertragen etwa: So nehmen Sie's, Herr Monsieur, nehmen, nehmen, nehmen Sie's. Es wird Ihnen nicht schaden! Nehmen Sie dieses Klistier; so nehmen Sie's, Herr Monsieur, nehmen, nehmen, nehmen Sie's.

ZWEITER AUFZUG
ERSTER AUFTRITT

ERSTER ARZT, SBRIGANI.

ERSTER ARZT. Er war nicht aufzuhalten. Als ich die Mittel in Stellung bringen wollte, machte er sich mit Gewalt los und lief davon.

SBRIGANI. Das heißt, sich selber feindlich gesinnt sein, sich so heilsamen Mitteln zu entziehen.

ERSTER ARZT. Ein Zeichen von Hirnlosigkeit und Unvernunft, sich nicht heilen lassen zu wollen.

SBRIGANI. Sie hätten ihn sicher rasch geheilt!

ERSTER ARZT. Ohne Zweifel! Und wenn er ein Dutzend Krankheiten im Leibe gehabt hätte!

SBRIGANI. Dabei sind es fünfzig wohlverdiente Pistolen, um die er Sie bringt?

ERSTER ARZT. Die sind mir nicht verloren gegangen. Ich kuriere ihn auch gegen seinen Willen. Er ist meinen Rezepten verfallen, und ich werde ihn als Deserteur der ärztlichen Wissenschaft, als Rebellen gegen meine Vorschriften festnehmen lassen, wo ich ihn auch finde.

SBRIGANI. Sie haben recht. Ihre Mittel waren so gut wie bares Geld. Er hat Sie deshalb um viel Geld bestohlen.

ERSTER ARZT. Wo könnte ich wohl Erkundigungen über ihn einziehen?

SBRIGANI. Am Besten bei dem gutmütigen Oronte, dessen Tochter er heiraten soll. Der wird sich, weil er von der Krankheit seines zukünftigen Schwiegersohns nichts weiß, sich vielleicht mit der Heirat nicht sonderlich beeilen wollen.

ERSTER ARZT. Ich werde auf der Stelle mit ihm reden.

SBRIGANI. Das ist keine schlechte Idee!

ERSTER ARZT. Er ist mir zur Kur verpfändet, und ein Patient soll nicht seinen Arzt zum Narren halten.

SBRIGANI. Sehr wahr gesprochen! Und wenn Sie meinem Rat folgen wollen, geben Sie unter keiner Bedingung seine Heirat zu, bis Sie ihn ganz gehörig ins Gebet genommen haben.

ERSTER ARZT. Lassen Sie mich nur machen!

SBRIGANI *(beim Abgehen, beiseite)*. Und ich werde meinerseits eine andere Batterie abschießen! Der Schwiegervater ist genauso ein Trottel wie der Schwiegersohn.

ZWEITER AUFTRITT

ORONTE, ERSTER ARZT.

ERSTER ARZT. Ein gewisser Herr von Pourceaugnac, mein Herr, soll Ihre Tochter heiraten?

ORONTE. So ist es. Ich erwarte ihn von Limoges. Er müsste eigentlich schon hier sein.

ERSTER ARZT. Er ist es auch schon und ist aus meinem Haus, wo man ihn untergebracht hatte, entflohen. Aber ich verbiete Ihnen im Namen der Medizin, diese Heirat zu schließen, ehe ich ihn nicht dazu gehörig vorbereitet und instand gesetzt habe, körperlich und geistig gesunde Kinder zu zeugen.

ORONTE. Ach, ach, wie soll ich das verstehen?

ERSTER ARZT. Ihr zukünftiger Schwiegersohn ist mir als Patient übergeben worden. Seine Krankheit, die man mir zur Heilung anvertraut hat, ist ein Stück, das ich zu meinem Eigentum rechne, und ich erkläre Ihnen, dass er sich nicht verheiraten darf, ehe er der Medizin nicht Genüge getan und die verordnete Kur durchgestanden hat.

ORONTE. Ist er krank?

ERSTER ARZT. Ja.

ORONTE. Was fehlt ihm denn?

ERSTER ARZT. Machen Sie sich darüber keine Sorgen!

ORONTE. Ist es vielleicht ...

ERSTER ARZT. Ärzte haben eine Schweigepflicht. Es genügt, dass ich Ihnen und Ihrer Tochter verbiete, die Hochzeit ohne meine Einwilligung mit ihm zu feiern, bei Strafe der Ungnade der Fakultät, bei Androhung aller möglichen Krankheiten.

ORONTE. Ich werde mich hüten, die Heirat in die Wege zu leiten, wenn die Dinge so stehen.

ERSTER ARZT. Man hat ihn meinen Händen anvertraut und er ist von Rechtswegen verpflichtet, mein Patient zu sein.

ORONTE. Versteht sich!

ERSTER ARZT. Mag er auch entfliehen. Ich lasse ihn festnehmen und polizeilich zwingen, sich meiner Behandlung zu unterwerfen.

ORONTE. Meinetwegen!

ERSTER ARZT. Ja, er muss entweder draufgehen oder von mir geheilt werden.

ORONTE. Ist mir recht.

ERSTER ARZT. Und wenn ich ihn nicht finde, halte ich mich an Sie und kuriere Sie statt seiner.

ORONTE. Aber, mein Herr, ich bin ja ganz gesund!

ERSTER ARZT. Tut nichts zur Sache. Einen Kranken muss ich wenigstens haben. Ich nehme ihn, wo ich ihn kriegen kann.

ORONTE. Nehmen Sie, wen Sie wollen, bleiben Sie mir aber vom Leibe. *(Allein.)* Sieh mal einer an, wie der sich sputen kann!

DRITTER AUFTRITT

ORONTE, SBRIGANI als flamländischer Kaufmann verkleidet.

SBRIGANI *(spricht im flamländischen Dialekt).* Mit Ihrer Erlaubnis, mein Herr, ich bin ein flamländischer Kaufmann, der Sie gern etwas fragen möchte.

ORONTE. Was denn, mein Herr?

SBRIGANI. Setzen Sie Ihren Hut doch auf, mein Herr.

ORONTE. Sagen Sie mir, was Sie wünschen, mein Herr.

SBRIGANI. Kein Wort, mein Herr, erst müssen Sie sich Ihren Hut aufsetzen.

ORONTE. Meinetwegen. Nun, was gibt es, Herr?

SBRIGANI. Kennen Sie in dieser Stadt nicht einen gewissen Herrn Oronte?

ORONTE. O ja, den kenne ich.

SBRIGANI. Was ist das wohl für ein Mann, mein Herr?

ORONTE. Nun, er ist ein Mann wie jeder andere auch.

SBRIGANI. Ich meine, ob er ein reicher Mann ist, der Vermögen besitzt?

ORONTE. Ja.

SBRIGANI. Also sehr reich, mein Herr?

ORONTE. Ja.

SBRIGANI. Das ist mir überaus lieb, mein Herr.

ORONTE. Aber warum?

SBRIGANI. Weil uns sehr viel daran gelegen ist, mein Herr.

ORONTE. Warum denn?

SBRIGANI. Darum, mein Herr, weil der Herr Oronte seine Tochter an einen gewissen Herrn von Pourceaugnac verheiraten will.

ORONTE. Und?

SBRIGANI. Und dieser Herr von Pourceaugnac, mein Herr, ist ein Mann, der zehn oder zwölf flamländischen Kaufleuten ungeheuer viel schuldet. Sie sind alle ebenso hierher gekommen.

ORONTE. Wie, Herr von Pourceaugnac hat Schulden bei flamländischen Kaufleuten gemacht?

SBRIGANI. Ja, mein Herr. Und seit acht Monaten haben wir schon einen Haftbefehl gegen ihn. Er hat versprochen, alle seine Gläubiger von dem Geld, das der Herr Oronte seiner Tochter mitgibt, zu bezahlen.

ORONTE. So, so! Damit will er seine Gläubiger bezahlen?

SBRIGANI. Ja, mein Herr, und wir warten mit großer Ungeduld auf seine Hochzeit.

ORONTE *(beiseite).* Der Hinweis ist nicht übel! *(Laut.)* Ich empfehle mich Ihnen!

SBRIGANI. Meinen besten Dank für Ihre Güte, mein Herr.

ORONTE. Gehorsamster Diener!

SBRIGANI. Ich bin Ihnen aufs Tiefste verpflichtet, mein Herr, für die gute Nachricht, die der Herr mir gegeben habt. *(Allein. Nachdem er den falschen Bart abgenommen und den flamländischen Rock ausgezogen hat, den er über dem Seinigen trug.)* Das war ja prächtig! Fort mit dem flamländischen Plunder und andere Schachzüge ersonnen. Wir müssen soviel Argwohn zwischen Schwiegervater und Schwiegersohn streuen, dass die Hochzeit nicht zustande kommt. Sind doch beide bestens dazu geeignet, vorgeführt zu werden, und für Spitzbuben ersten Ranges, wie wir es sind, ist es ja nur ein Kinderspiel, wenn man ein Wild so leicht fangen kann.

VIERTER AUFTRITT

HERR VON POURCEAUGNAC, SBRIGANI.

HERR VON POURCEAUGNAC *(der sich allein glaubt).* Piglialo sù, piglialo sù, signor Monsù ... Was, zum Teufel, soll das heißen? *(Bemerkt Sbrigani.)* Ah!

SBRIGANI. Was gibt's, mein Herr? Was haben Sie?

HERR VON POURCEAUGNAC. Alles was ich sehe, kommt mir vor wie Einlaufspritzen!

SBRIGANI. Wie?

HERR VON POURCEAUGNAC. Sie wissen also nicht, was mir in dem verwünschten Haus passiert ist, wo Sie mich hingeführt haben?

SBRIGANI. Nein, sicherlich nicht. Was ist denn passiert?

HERR VON POURCEAUGNAC. Ich dachte, dort eine hervorragende Unterkunft gefunden zu haben.

SBRIGANI. Und?

HERR VON POURCEAUGNAC. Ich übergebe Ihnen diesen Herrn ... Zwei Ärzte schwarz gekleidet ... Hinsetzen ... Den Puls, fühlen ... Weil ... Er ist verrückt ... Zwei dicke Pausbäckige ... Große Hüte ... Buon di, buon di ... Acht Harlekine ... Ta ra ta ta; ta ra ta ta ... Allegrarhente, Monsù Pourceaugnac ... Apotheker ... Klistier ... Nehmen Sie's, mein Herr, nehmen Sie's ... Es ist ganz mild, mild, mild ... Es soll Sie reinigen, reinigen ...Piglialo sù, signor Monsù; piglialo, piglialo, piglialo sù ... Nie wurde ich so mit Blödsinn gefüttert!

SBRIGANI. Was soll denn das alles heißen?

HERR VON POURCEAUGNAC. Das soll heißen, dass der Kerl hier mit den vielen Umarmungen ein Spitzbube ist, der mich in sein Haus gelockt hat, um mich zum Narren zu halten und mir einen Scherz zu spielen!

SBRIGANI. Ist es denn die Möglichkeit?

HERR VON POURCEAUGNAC. Jawohl! Es waren ihrer wenigstens ein Dutzend Besessene, die mir zu Leibe wollten, und ich habe mich nur mit großer Not aus ihren Klauen gerettet.

SBRIGANI. Nun sieh einer an, wie der Schein doch trügt. Ich hätte ihn für Ihren allerbesten Freund gehalten. Sehen Sie, das wollte mir nie recht in den Kopf, wie es solche Scherzkekse in der Welt geben kann.

HERR VON POURCEAUGNAC. Rieche ich nicht nach Einlauf? Schauen Sie doch mal bitte.

SBRIGANI. Ach, es kommt mir fast so vor.

HERR VON POURCEAUGNAC. Kopf und Nase sind mir ganz voll davon. Mir ist, als sähe ich ein Dutzend Einlaufspritzen auf mich gerichtet.

SBRIGANI. Das ist ja eine ganz abscheuliche Bosheit. O, es gibt doch ganz niederträchtige Menschen!

HERR VON POURCEAUGNAC. Sagen Sie mir doch, wo Herr Oronte wohnt. Ich möchte gleich zu ihm gehen.

SBRIGANI. Ah, ah! Sie sind wohl verliebt? Sie haben wohl schon gehört, dass dieser Herr Oronte eine Tochter hat?

HERR VON POURCEAUGNAC. Ja, ich will sie heiraten.

SBRIGANI. Hei ... heiraten?

HERR VON POURCEAUGNAC. Ja!

SBRIGANI. Zur Frau nehmen?

HERR VON POURCEAUGNAC. Wozu denn sonst?

SBRIGANI. Ah, das ist etwas anderes, dann bitte ich um Vergebung.

HERR VON POURCEAUGNAC. Was wollen Sie damit sagen?

SBRIGANI. Ach ... nichts.

HERR VON POURCEAUGNAC. Nein, sagen Sie's schon!

SBRIGANI. Nichts, sage ich Ihnen ... es entfuhr mir nur so.

HERR VON POURCEAUGNAC. Nein, bitte, sagen Sie mir, was dahinter steckt.

SBRIGANI. Nein, das ist nicht nötig.

HERR VON POURCEAUGNAC. Sagen Sie mir es doch!

SBRIGANI. Es wäre am Besten, wenn Sie die Sache fallen lassen!

HERR VON POURCEAUGNAC. Sind Sie mein Freund oder nicht?

SBRIGANI. Ich bin Ihr bester Freund!

HERR VON POURCEAUGNAC. Dann dürfen Sie mir nichts verheimlichen!

SBRIGANI. Nein, es wäre gegen alle Nächstenliebe.

HERR VON POURCEAUGNAC. Sehen Sie, hier ist ein kleiner Ring, den ich Sie bitte, mir zuliebe zu tragen. Er soll der Schlüssel sein, mir Ihr Herz zu öffnen.

SBRIGANI. Lassen Sie mich erst überlegen, ob ich es vor meinem Gewissen verantworten kann. *(Nachdem er sich etwas von Herrn von Pourceaugnac entfernt hat.)* Er ist ein Mann, der ihr Wohl im Auge hat, der seine Tochter so vorteilhaft wie möglich unterbringen möchte. Und man soll keinem schaden. Hm, die Geschichte ist freilich allbekannt. Aber ich soll sie jetzt einem Mann zuführen, der sie noch nicht kennt, und man soll doch über seinen Nächsten nicht herziehen. Nein, das soll man nicht. Aber auf der anderen Seite steht ein Fremder, den man überlisten will, der ganz harmlos hierher kommt, um sich mit einem Mädchen zu verheiraten, das er nicht kennt und nie gesehen hat. Ein so braver, so würdiger Herr, dem ich so zugetan bin, der mir die Ehre erweist, mich als seinen Freund anzunehmen, mir sein Vertrauen schenkt und mir diesen Ring zum Andenken gibt. *(Zu Herrn von Pourceaugnac.)* Ja, ich glaube Ihnen die Sache mitteilen zu können, ohne meinem Gewissen zu nahe zu treten. Aber ich will versuchen, es Ihnen so glimpflich wie möglich beizubringen, um die Leute zu schonen, soviel ich kann. Wenn ich Ihnen sagen würde, das Mädchen führe einen liederlichen Lebenswandel, dann wäre das ein wenig zu stark. Wir müssen also nach milderen Ausdrücken suchen. Das Wort galant sagt zu wenig. Ich will sie eine vollendete Kokette nennen, um Ihnen einen Wink zu geben, was sie wirklich ist.

HERR VON POURCEAUGNAC. Man will mich also hinters Licht führen?

SBRIGANI. Im Grunde ist es vielleicht gar nicht so schlimm, wie alle Welt glaubt. Und dann gibt es ja auch Leute, die sich über solche Dinge hinwegsetzen, in deren Meinung Ehre keine Rolle spielt ...

HERR VON POURCEAUGNAC. Gehorsamer Diener! Die Pourceaugnacs lieben nicht den Hörnerschmuck. Sie sind gewohnt, mit freier Stirn den Leuten unter die Augen zu treten.

SBRIGANI. Da ist der Vater.

HERR VON POURCEAUGNAC. Der Alte da?

SBRIGANI. Ja. Ich empfehle mich Ihnen!

FÜNFTER AUFTRITT

ORONTE, HERR VON POURCEAUGNAC.

HERR VON POURCEAUGNAC. Guten Tag, mein Herr, guten Tag.

ORONTE. Ihr Diener, mein Herr, Ihr Diener.

HERR VON POURCEAUGNAC. Sie sind doch Herr Oronte, nicht wahr?

ORONTE. Ja.

HERR VON POURCEAUGNAC. Und ich bin Herr von Pourceaugnac.

ORONTE. Ah, sehr schön!

HERR VON POURCEAUGNAC. Halten Sie die Limosiner für Dummköpfe, Herr Oronte?

ORONTE. Halten Sie die Pariser für Narren, Herr von Pourceaugnac?

HERR VON POURCEAUGNAC. Glauben Sie etwa, Herr Oronte, dass ein Mann wie ich auf eine Frau so versessen ist?

ORONTE. Glauben Sie, Herr von Pourceaugnac, dass ein Mädchen wie meine Tochter auf einen Mann so versessen ist?

SECHSTER AUFTRITT

HERR VON POURCEAUGNAC, JULIE, ORONTE.

JULIE. Man sagt mir soeben, dass Herr von Pourceaugnac angekommen ist, mein Vater. Ach, das ist er gewiss, mein Herz verrät es mir. Ach, wie schön er gewachsen ist! Wie gut er aussieht! Wie freue ich mich, einen solchen Gatten zu bekommen! Erlauben Sie, dass ich ihn umarme und ihm beweise ...

ORONTE. Oha! Nur nicht so übermütig, Tochter, nicht so übermütig!

HERR VON POURCEAUGNAC *(beiseite).* Donnerwetter! Ist die höflich! Fängt die gleich Feuer!

ORONTE. Ich möchte Sie doch fragen, Herr von Pourceaugnac, wie Sie dazu kommen ...

JULIE *(nähert sich Herrn von Pourceaugnac, sieht ihn schmachtend an und will seine Hand berühren).* Wie froh bin ich, Sie zu sehen! Ich brenne vor Begierde ...

ORONTE. Geh hinein, meine Tochter, geh sofort hinein!

HERR VON POURCEAUGNAC *(beiseite).* Ei, ei, ist die aufgeschlossen!

ORONTE. Ich möchte Sie doch fragen, sage ich, Herr von Pourceaugnac, wie Sie dazu kommen, so kühn zu sein ... *(Julie wiederholt ihr Spiel von vorher.)*

HERR VON POURCEAUGNAC *(beiseite).* Herr meines Lebens!

ORONTE *(zu Julie).* Noch hier? Was gibt es denn noch?

JULIE. Soll ich den mir von Ihnen Erwählten nicht liebkosen?

ORONTE. Nein! Geh dort ins Haus!

JULIE. Lassen Sie mich ihn doch betrachten!

ORONTE. Hinein, sag ich dir!

JULIE. Erlauben Sie, dass ich hier bleiben darf.

ORONTE. Ich will es nicht, und wenn du nicht gleich hineingehst, dann ...

JULIE. Ich gehe ja schon!

ORONTE. Meine Tochter ist ein dummes Ding, die von nichts eine Ahnung hat.

HERR VON POURCEAUGNAC *(beiseite).* Ich scheine ihr sehr zu gefallen!

ORONTE *(zu Julie, die noch immer zögert, zu gehen).* Wird's bald? Wirst du endlich gehen?

JULIE. Wann werden Sie mich mit dem Herrn verheiraten?

ORONTE. Niemals! Er passt nicht zu dir.

JULIE. Ich will ihn aber haben: Sie haben ihn mir versprochen.

ORONTE. Wenn ich ihn dir versprochen habe, dann nehme ich jetzt mein Versprechen wieder zurück.

HERR VON POURCEAUGNAC. Die möchte mich gern haben!

JULIE. Sie können tun, was Sie wollen, wir beide werden Mann und Frau, der ganzen Welt zum Trotz!

ORONTE. Ich werde es euch beiden schon zeigen! *(Beiseite.)* Nun sieh mal einer an, wie verdreht die ist!

SIEBENTER AUFTRITT

ORONTE. HERR VON POURCEAUGNAC.

HERR VON POURCEAUGNAC. Strengen Sie sich gar nicht so an, Herr Ex-Schwiegervater. Man verspürt nicht das geringste Verlangen, Ihnen Ihre Tochter zu entführen. Ihr Verhalten beleidigt mich zutiefst.

ORONTE. Und auch wir lassen uns kein X für ein U vormachen.

HERR VON POURCEAUGNAC. Bilden Sie sich ein, Leonhard von Pourceaugnac war der Mann, der die Katze im Sack kauft und nicht soviel gesunden Verstand besitzt, um erst Erkundigungen einzuziehen, ob seine Ehre bei der Heirat auch erhalten bleibt?

ORONTE. Ich weiß nicht, was das heißen soll, aber bilden Sie sich ein, ein 63-jähriger Mann wäre so hirnlos, seine Tochter einem Mann zur Frau zu geben, der an etwas leidet, Sie wissen schon an was, und der sich zu einem Arzt in Behandlung begeben muss?

HERR VON POURCEAUGNAC. Das ist ein Streich, den man mir gespielt hat, Ich bin vollkommen gesund!

ORONTE. Der Arzt hat es mir selber erzählt.

HERR VON POURCEAUGNAC. Dann hat der Arzt gelogen. Ich bin ein Edelmann und werde ihn mit dem Degen in der Hand zur Rede stellen.

ORONTE. Ich weiß schon, was ich davon zu halten habe. Sie werden mir darüber so wenig was weismachen können wie über die Schulden, die Sie auf die Mitgift meiner Tochter angehäuft haben.

HERR VON POURCEAUGNAC. Was denn für Schulden?

ORONTE. Sparen Sie sich die Verstellung! Ich kenne den flamländischen Kaufmann, der Sie gemeinsam mit anderen Gläubigern schon vor acht Monaten in den Schuldenturm sperren wollte.

HERR VON POURCEAUGNAC. Was für ein flamländischer Kaufmann? Was für Gläubiger? Was für ein Schuldenturm?

ORONTE. Sie wissen schon, was ich meine.

ACHTER AUFTRITT

HERR VON POURCEAUGNAC, ORONTE, LUCETTE.

LUCETTE *(spricht im Dialekt des Longuedoc).* Ha! Hier bischt du, und endlich finde isch disch, nachdem isch soviel hin- und hergelaufen bin. Du Bösewicht, kannscht du mir wohl noch in die Augen sehen?

HERR VON POURCEAUGNAC. Was will das Weib von mir?

LUCETTE. Was isch will, du Schurke? Du tust, als wenn du misch nisch kennst und wirscht nisch mal rot, du unverschämter Kerl, wirscht nisch mal rot, misch zu sehen? *(Zu Oronte.)* Isch weiß nisch, mein Herr, ob Sie derjenige sind, dessen Tochter er heiraten will. Isch erkläre Ihnen nur, dass isch seine Frau bin und dass er schon vor sieben Jahren nach Pezenas kam und listig durch seine glatten Worte, auf die er sisch so gut versteht, mir mein Herz stahl und misch dazu brachte, ihm meine Hand zu reischen.

ORONTE. O! O!

HERR VON POURCEAUGNAC. Was, zum Teufel, ist das für eine Geschichte?

LUCETTE. Drei Jahre danach verließ misch der Treulose unter dem Vorwand, dass ihn einige Geschäfte in seine Heimat riefen. Und seitdem, habe isch nie wieder etwas von ihm gehört. Isch hatte ihn schon fast vergessen, als isch plötzlich erfuhr, er käme in diese Stadt, um sisch mit einem anderen jungen Mädschen zu verheiraten, die ihre Eltern mit ihm versprochen hatten, ohne von seiner erschten Ehe etwas zu wissen. Ich ließ alles stehen und liegen und eilte so schnell wie möglich hierher, um diese verbrecherische Heirat zu verhindern und diesen verruchten Bösewicht vor aller Welt Augen zu entlarven.

HERR VON POURCEAUGNAC. Ist das aber ein freches Weibsbild!

LUCETTE. Nischtswürdiger, schämst du disch nisch, misch noch obendrein zu beschimpfen, anstatt Gewissensbisse zu haben?

HERR VON POURCEAUGNAC. Ich soll Ihr Mann sein?

LUCETTE. Halunke, willscht du's etwa leugnen? Nur zu gut weischt du, dass du's bischt. Wollte der Himmel, du wärscht es nicht und hättescht misch in meiner Ruhe und Unschuld gelassen, in der isch lebte, ehe deine Verlockungen und Verführungskünste misch darum gebracht haben, so brauchte isch jetzt nisch eine so traurige Rolle spielen, wie ich spiele, und nisch mit anzusehen, wie ein treuloser Ehemann all meine Liebe mit Füßen tritt und misch durch seine Untreue zur Verzweiflung bringt!

ORONTE. Ich bin zu Tränen gerührt. *(Zu Herrn von Pourceaugnac.)* Verschwinden Sie! Sie sind ein schlechter Mensch!

HERR VON POURCEAUGNAC. Hol mich der Teufel, wenn ich nur von alledem etwas verstünde!

NEUNTER AUFTRITT

HERR VON POURCEAUGNAC, NERINE, LUCETTE, ORONTE.

NERINE *(im Dialekt der Picardie).* Uff, ich kunn nicht mehr. Ich bin gunz uußer Atem! Warte, Schurke, wie häst du mich sitzen lussen! Du sullst mir nicht entkummen! Gerechtigkeit, Gerechtigkeit! Ich erhäbe Einspruch gegen diese Heirat! *(Zu Oronte.)* Mein Herr, dieser Galgenvugel is mein Munn, den ich hängen lussen will!

HERR VON POURCEAUGNAC. Noch eine?

ORONTE *(beiseite).* Ach, dieser Mensch hat ja alle Teufel im Leibe!

LUCETTE. Was meinen Sie mit Ihrem Einspruch und Hängenlassen? Ist das etwa Ihr Mann?

NERINE. Ja, und ich bin säne Frau.

LUCETTE. Dasch ischt eine Lüge! Isch bin seine Frau, und wenn er gehängt werden soll, werde isch ihn hängen lassen.

NERINE. Wus reden Sie da nur?

LUCETTE. Isch bin, seine Frau, sage isch Ihnen.

NERINE. Säne Frau?

LUCETTE. Ja.

NERINE. Und ich sag es Ihnen nuch einmul, dass ich es bin.

LUCETTE. Und isch behaupte, dass isch es bin.

NERINE. Es sind vier Juhre her, dass ich mit ihm verheiratet wurde.

LUCETTE. Und isch bin seit sieben Jahren seine Frau.

NERINE. Ich hube Bürgen für meine Uussagen.

LUCETTE. Mein ganzer Ort weisch es.

NERINE. Unsre Studt ist Zeuge.

LUCETTE. Ganz Pezenas hat uns trauen sehen.

NERINE. Gunz St. Quentin hut unserer Hochzeit beigewuhnt.

LUCETTE. Nischts in der Welt ischt so wahr.

NERINE. Es ist su gewiss wie die Sunne um Himmel stehen tut!

LUCETTE *(zu Herrn von Pourceaugnac).* Wagscht du es zu leugnen, Bösewicht?

NERINE. Wirst du mich Lügen strufen, Spitzbube?

HERR VON POURCEAUGNAC. Eins ist so wahr wie das andere!

LUCETTE. O, über die Unverschämtheit! Wie, Elender, denkscht du gar nischt mehr an die kleine Franziska und den kleinen Johann, die Früschte unserer Ehe?

NERINE. Nun schuut duch mul die Unverschämtheit! Was, denkst du gar nicht mehr un dus arme Kind, unsere kleine Mugdalene, die du mir uls Pfand deiner Treue zurückgelassen hust?

HERR VON POURCEAUGNAC. Sind das ein paar Vetteln!

LUCETTE. Komm, Fränzschen, komm, Hänschen, kommt, kommt. Seid Zeugen gegen diesen absolut verstockten Vater!

NERINE. Kumm, Lenchen, mein Kind, kumm schnell her und beschäme den frechen Vuter.

ZEHNTER AUFTRITT

HERR VON POURCEAUGNAC, ORONTE, LUCETTE, NERINE UND MEHRERE KINDER.

DIE KINDER. Ah, Papa! Papa! Papa!

HERR VON POURCEAUGNAC. Hol der Teufel die Hurenbälger.

LUCETTE. Was, Verräter! Schämst du disch nischt bis auf den Grund deiner Seele, so deine Kinder zu empfangen und dein Ohr der väterlichen Liebe zu verschließen? Warte, du sollst mir nischt entwischen, Blender! Ich will misch an deine Fersen heften und nischt eher ruhen, bis isch gerächt bin und disch am Galgen sehe! Ja, Schurke, isch lasse disch hängen!

NERINE. Errötest du nicht, sulche Worte auszustußen und su gefühllos für die Liebkosungen dieses unschuldigen Würmchens zu sein? Warte, dich sull nichts uus meinen Klauen retten. Ich werde dir schun zeigen, dass ich dein Weib bin. Baumeln sullst du mir!

DIE KINDER. Papa! Papa! Papa!

HERR VON POURCEAUGNAC. Zu Hilfe! Zu Hilfe! Wohin soll ich mich retten? Ich kann nicht mehr!

ORONTE. Es ist Ihr gutes Recht, ihn bestrafen zu lassen. Er verdient es, gehängt zu werden!

ELFTER AUFTRITT

SBRIGANI *(allein).* Ich habe ein Auge auf alles, und die Sache macht sich ja. Man wird unseren Provinzler so mürbe machen, dass er sich bei Gott bald aus dem Staube machen wird!

ZWÖLFTER AUFTRITT

HERR VON POURCEAUGNAC, SBRIGANI.

HERR VON POURCEAUGNAC. Ach, wie bin ich zugerichtet! Was ist das für eine verwünschte Stadt! Von allen Seiten gehen sie mich an!

SBRIGANI. Was gibt es, mein Herr? Ist schon wieder etwas passiert?

HERR VON POURCEAUGNAC. Ja! Hierzulande regnet es Weiber und Klistiere!

SBRIGANI. Wieso?

HERR VON POURCEAUGNAC. Zwei Vetteln von Plappermäulern kommen und klagen mich an, ich hätte sie alle beide geheiratet und drohen mir mit dem Gericht!

SBRIGANI. Das ist ja eine schlimme Geschichte. Die Justiz versteht hierzulande in solchen Fällen keinen Spaß.

HERR VON POURCEAUGNAC. Kann sein. Aber mir bleibt, wenn auf Information, Zitation, Dekret, erschlichenes Urteil, versäumter Termin und Quarantäne erfolgten, noch der Ausweg, durch den Konflikt der Jurisdiktion Frist zu gewinnen und den Rechtsgrund der im Prozess erwiesenen Nichtigkeit geltend zu machen.

SBRIGANI. So drückt man sich in der Fachsprache aus! Man merkt, mein Herr, dass Sie einer vom Handwerk sind.

HERR VON POURCEAUGNAC. Ich einer vom Handwerk? Ganz und gar nicht. Ich bin Edelmann.

SBRIGANI. Um so zu sprechen wie Sie, muss man doch aber in der Praxis bewandert sein.

HERR VON POURCEAUGNAC. Gar nicht! Das lehrt ja schon der gesunde Menschenverstand, dass meine Verteidigungsreden erst angehört werden müssen und dass ich auf eine einfache Anklage hin ohne nochmaliges Verhör und Konfrontation mit den Zeugen nicht verurteilt werden kann.

SBRIGANI. Immer gelehrter, immer spitzfindiger!

HERR VON POURCEAUGNAC. Die Ausdrücke entschlüpfen mir ohne meinen Willen.

SBRIGANI. Mir scheint, der gesunde Menschenverstand eines Edelmanns kann wohl so weit gehen, zu begreifen, was recht ist und was zur Prozessordnung gehört, aber nicht in den Ausdrücken der Advokatenkniffe so bewandert sein.

HERR VON POURCEAUGNAC. Das sind einzelne Worte, die ich durch das Lesen von Romanen behalten habe.

SBRIGANI. Ach, so!

HERR VON POURCEAUGNAC. Um Ihnen zu beweisen, wie wenig ich von den Advokatenkniffen verstehe, ersuche ich Sie, mich zu einem Rechtsgelehrten zu führen, um ihn in meiner Angelegenheit um Rat zu fragen.

SBRIGANI. Sehr gern! Ich werde Sie zu zwei sehr geschickten Leuten führen. Ich muss Sie jedoch vorher darauf aufmerksam machen, dass Sie sich nicht über ihre Art zu reden wundern dürfen. Sie haben sich durch das Plädieren eine gewisse deklamatorische Sprechweise angewöhnt, dass man meinen könnte, sie sängen. Sie werden alles, was sie Ihnen sagen werden, für ein Musikstück halten.

HERR VON POURCEAUGNAC. Was frage ich danach, wie sie reden. Wenn, sie mir nur sagen, was ich wissen will.

DREIZEHNTER AUFTRITT

HERR VON POURCEAUGNAC. ‚SBRIGANI, ZWEI ADVOKATEN, ZWEI PROKURATOREN, ZWEI GERICHTSDIENER.

ERSTER ADVOKAT *(zieht die Worte, in singendem Ton).*

Polygamie, das ist ein Fall
Zum Galgen zu verdammen[22].

ZWEITER ADVOKAT *(singt sehr schnell und stotternd).*

Die Tat fürwahr
Ist allzu klar,
Und all und jedes Recht,
Was Ihr darüber sprecht,
Umschließt das ganze Recht.
Wollet konsultieren die Juristen,
Schriftgelehrten, Kasuisten,
Justinian, Papinian,
Den Ulpian, Tribonian,

22 Polygamie wurde damals tatsächlich mit dem Tod durch Erhängen bestraft.

Paul, Casti, Julian, Barthöle,
Den Jason, Kujas, Alziat,
Und was sonst einen Namen hat.
Es stimmen die Gelehrten all
In diesem einen Punkt zusammen:
Polygamie, das ist ein Fall,
Zum Galgen zu verdammen.

Ballettentrée. Tanz zwischen zwei Prokuratoren und zwei Gerichtsdienern, während der zweite Advokat Folgendes singt.

ZWEITER ADVOKAT.
Die Völker der Kultur beflissen,
Die richtig zu urteilen wissen,
Von Frankreich, England, frei und stark,
Aus Holland, Schweden, Dänemark,
Aus Polen, Flamland, Spanien,
Aus Deutschland und Italien,
Das gleiche Recht führt sie zusammen,
Und dieses ist kein leerer Schall:
Polygamie, das ist ein Fall,
Zum Galgen zu verdammen.

(Herr von Pourceaugnac wird ungeduldig und jagt sie hinaus.)

DRITTER AUFZUG
ERSTER AUFTRITT

ERASTE, SBRIGANI.

SBRIGANI. Wie gesagt, es geht alles nach Wunsch, und da er viel zu träge und sein Verstand der beschränkteste von der Welt ist, habe ich ihm eine solche Furcht vor der hiesigen Justiz und vor den Anstalten, die man schon zu seiner Hinrichtung trifft, eingejagt, dass er sich davonmachen will. Um den Wachen zu entgehen, die, wie ich ihm erzählte, an allen Stadttoren aufgestellt wären, um ihn zu verhaften, will er sich als Frauenzimmer verkleiden.

ERASTE. Ich möchte ihn allzu gern in einem solchen Aufzug sehen!

SBRIGANI. Versuchen Sie nun Ihrerseits die Komödie glücklich zu Ende zu führen. Und während ich meine Szenen hier mit ihm spiele, entfernen Sie sich ... *(Er flüstert ihm etwas ins Ohr.)* Verstehen Sie?

ERASTE. Ja.

SBRIGANI. Und wenn ich ihn so weit gebracht habe ... *(Er flüstert ihm wieder etwas ins Ohr.)*

ERASTE. Sehr gut!

SBRIGANI. Und den Vater benachrichtigt habe ... *(Er flüstert ihm erneut etwas ins Ohr.)*

ERASTE. Prächtig!

SBRIGANI. Hier kommt unser Fräulein. Machen Sie, dass Sie fortkommen, damit man uns nicht zusammen sieht.

ZWEITER AUFTRITT

HERR VON POURCEAUGNAC als Frau verkleidet, SBRIGANI.

SBRIGANI. Mein Wort darauf, ich halte es für unmöglich, dass Sie jemand erkennt. Sie sehen ganz aus wie eine Dame von Stande.

HERR VON POURCEAUGNAC. Ich wundere mich nur, dass hierzulande die gerichtlichen Formalitäten so gar keine Beachtung finden.

SBRIGANI. Ja, wie ich Ihnen schon sagte, sie lassen hier einen Menschen hängen und dann machen sie ihm den Prozess.

HERR VON POURCEAUGNAC. Wahrlich, eine sehr ungerechte Gerechtigkeit!

SBRIGANI. Ganz verteufelt streng und besonders bei derartigen Verbrechen machen sie gar keine Umstände.

HERR VON POURCEAUGNAC. Wenn man aber doch unschuldig ist?

SBRIGANI. Einerlei, danach wird nicht gefragt. Und dazu kommt, dass sie einen eingefleischten Hass auf Ihre Landsleute haben. Einen Limosiner hängen zu sehen, ist für sie ein wahrer Gaudi.

HERR VON POURCEAUGNAC. Was haben ihnen denn die Limosiner getan?

SBRIGANI. Sie sind Viehzeug, eifersüchtig auf Bildung und Verdienst anderer Städte. Ich fürchte mich deshalb um Sie mit tausend Ängsten! Ich würde mein lebelang nicht mehr froh, wenn Sie an den Galgen kämen.

HERR VON POURCEAUGNAC. Es ist weniger die Angst vor dem Tod, die mich zur Flucht treibt, als vielmehr die entehrende Todesart. Es wäre eine nie zu tilgende Schmach für den Adel, wenn ein Edelmann gehängt würde.[23]

SBRIGANI. Sie haben recht! Man könnte Ihnen danach noch den Titel des Ecuyer[24] streitig machen. Nun aber seien Sie darauf bedacht, wenn ich Sie führe, recht frauenhaft zu gehen und soviel wie möglich Sprache und Manieren einer vornehmen Dame anzunehmen.

HERR VON POURCEAUGNAC. Lassen Sie mich nur machen. Ich bin ja in der vornehmen Welt zu Hause und habe oft genug Frauen von Stand beobachtet. Es ist nur schlecht, dass ich einen Bart habe.

SBRIGANI. Ach was, Bart. Es gibt bärtige Frauenzimmer genug. Aber lassen Sie doch mal sehen, wie Sie sich benehmen werden. (*Nachdem Herr von Pourceaugnac eine vornehme Dame nachgemacht hat.*) Gut!

HERR VON POURCEAUGNAC. Holla! Vorfahren! Wo ist denn nur meine Kutsche? Mein Gott! Ist das ein Elend, solches Lumpenpack von Bedienten zu haben! Soll ich denn hier den ganzen Tag auf dem Pflaster stehen und warten? Wird meine Kutsche nicht endlich vorfahren?

SBRIGANI. Sehr gut!

HERR VON POURCEAUGNAC. He, Kutscher, Diener. Warte, kleiner Schlingel, ich werde dich nachher auspeitschen lassen! Diener, Diener! Wo steckt denn der Schlingel? Ruft mir denn niemand meinen Diener? Ist denn mein Diener von der Welt verschwunden?

SBRIGANI. Das machen Sie ja ganz vortrefflich! Nur eines kann ich nicht gutheißen. Ihre Haube ist etwas zu klein. Ich werde eine besorgen, die Ihr Gesicht mehr versteckt, für den Fall, dass uns jemand begegnet.

HERR VON POURCEAUGNAC. Was wird währenddessen aus mir?

SBRIGANI. Erwarten Sie mich hier. Ich bin jeden Augenblick zurück. Geht nur bis dahin auf und ab. *(Herr von Pourceaugnac geht auf der Bühne hin und her und fährt fort, die Frau von Stand nachzumachen.)*

---

23 Edelleute genossen sonst das Vorrecht, mit dem Schwert hingerichtet zu werden. Der Tod eines adeligen Familienmitglieds konnte daher ein verdächtiges Schlaglicht auf die Familie werfen.

24 Ecuyer: ein Titel auf der untersten Rangstufe des französischen Adels

DRITTER AUFTRITT

HERR VON POURCEAUGNAC, ZWEI SCHWEIZER.

ERSTER SCHWEIZER *(im Schweizer Dialekt, ohne Herrn von Pourceaugnac zu sehen).* Schnell, schnell, Kamerad, lass uns zum Richtplatz gehen, den Herrn von Pourceaugnac hinrichten zu sehen, der zum Strang verurteilt ist.

ZWEITER SCHWEIZER *(ohne Herrn von Pourceaugnac zu sehen).* Wir wollen ein Fenster mieten, um es besser sehen zu können.

ERSTER SCHWEIZER. Sie sagen ja, man hätte schon einen neuen Galgen gebaut, um den Pourceaugnac dran zu hängen.

ZWEITER SCHWEIZER. Das wird ein Vergnügen werden, den Limosiner baumeln zu sehen.

ERSTER SCHWEIZER. Ja, er wird mit den Füßen nach oben vor aller Welt aufgeknüpft.

ZWEITER SCHWEIZER. Er muss aber auch ein Mordskerl sein. Er soll sich drei Mal verheiratet haben.

ERSTER SCHWEIZER. Der Teufel hat drei Weiber am Halse! Eine ist mehr als genug.

ZWEITER SCHWEIZER *(bemerkt Herrn von Pourceaugnac).* Ah, guten Tag, Mamsell!

ERSTER SCHWEIZER. Was machen Sie denn hier so allein?

HERR VON POURCEAUGNAC. Ich warte auf meine Leute, meine Herren.

ZWEITER SCHWEIZER. Ist bei Gott ein hübsches Kind!

HERR VON POURCEAUGNAC. Sachte, sachte, meine Herren.

ERSTER SCHWEIZER. Kommen Sie mit uns zum Richtplatz, Mamsell. Wir wollen einen hängen sehen.

HERR VON POURCEAUGNAC. Ich danke Ihnen schön.

ZWEITER SCHWEIZER. Ein Limosiner Edelmann soll an einen hohen Galgen gehängt werden.

HERR VON POURCEAUGNAC. Ich bin nicht neugierig.

ERSTER SCHWEIZER. Welch voller Busen!

HERR VON POURCEAUGNAC. Schon gut!

ERSTER SCHWEIZER. Würde mich gern mal zu Ihnen legen!

HERR VON POURCEAUGNAC. Ah, das ist zu arg! Solche Dinge sagt man nicht zu einer Frau meines Standes!

ZWEITER SCHWEIZER. Verschwinde! Ich will bei ihr schlafen für eine Pistole.

ERSTER SCHWEIZER. Das lasse ich nicht zu!

ZWEITER SCHWEIZER. Ich will es aber! *(Die beiden Schweizer zerren Herrn von Pourceaugnac hin und her.)*

ERSTER SCHWEIZER. Ich tu es nicht.

ZWEITER SCHWEIZER. Das ist gelogen!

ERSTER SCHWEIZER. Verschwinde, du lügst!

HERR VON POURCEAUGNAC. Zu Hilfe! Zu Hilfe!

VIERTER AUFTRITT

HERR VON POURCEAUGNAC, EIN POLIZEIKOMMISSAR, ZWEI GERICHTSDIENER, ZWEI SCHWEIZER.

POLIZEIKOMMISSAR. Was gibt es hier? Welche Gewalttätigkeit! Was haben Sie mit der Dame vor? Marsch, fort, oder ich sperre euch beide ein!

ERSTER SCHWEIZER. Etsch! Etsch! Nun hast du sie doch nicht!

ZWEITER SCHWEIZER. Etsch! Etsch! Und du hast sie auch nicht!

FÜNFTER AUFTRITT

HERR VON POURCEAUGNAC, EIN POLIZEIKOMMISSAR, ZWEI GERICHTSDIENER.

HERR VON POURCEAUGNAC. Ich bin Ihnen sehr verbunden, mein Herr, dass Sie mich vor diesen Unverschämten beschützen.

POLIZEIKOMMISSAR. Was sehe ich? Das ist ja ganz das Gesicht, das man mir beschrieben hat.

HERR VON POURCEAUGNAC. Ich bin es nicht, Sie können mir es glauben!

POLIZEIKOMMISSAR. Ach, ach, was soll das heißen?

HERR VON POURCEAUGNAC. Ich weiß es nicht!

POLIZEIKOMMISSAR. Aber warum sagten Sie das?

HERR VON POURCEAUGNAC. Es fuhr mir so heraus!

POLIZEIKOMMISSAR. Das ist verdächtig, sehr verdächtig. Ich verhafte Sie.

HERR VON POURCEAUGNAC. Ach, mein Herr, ich bitte ...

POLIZEIKOMMISSAR. Hier hilft kein Bitten! Ihr Gesicht passt zu der Beschreibung und Ihre Reden haben Sie verraten. Sie müssen der Herr von Pourceaugnac sein, den wir suchen, der sich so verkleidet hat. Sie kommen auf der Stelle ins Gefängnis!

HERR VON POURCEAUGNAC. Ach!

SECHSTER AUFTRITT

HERR VON POURCEAUGNAC, SBRIGANI, EIN POLIZEIKOMMISSAR, ZWEI GERICHTSDIENER.

SBRIGANI. Himmel, was geht hier vor?

HERR VON POURCEAUGNAC. Ich bin aufgeflogen!

POLIZEIKOMMISSAR. Ja, das sind Sie, und das freut mich sehr!

SBRIGANI *(zum Polizeikommissar).* Ach, mein Herr, wir sind ja alte Freunde. Lassen Sie mir zuliebe einmal Gnade vor Recht ergehen und geben Sie ihn frei.

POLIZEIKOMMISSAR. Nein, das kann ich nicht!

SBRIGANI. Sie sind aber doch ein Mann, der mit sich reden lässt. Lässt sich die Sache nicht mit einigen Pistolen regeln?

POLIZEIKOMMISSAR *(zu den Gerichtsdienern).* Geht einmal beiseite!

SIEBENTER AUFTRITT

HERR VON POURCEAUGNAC, SBRIGANI, DER POLIZEIKOMMISSAR.

SBRIGANI *(zu Herrn von Pourceaugnac).* Sie müssen ihm Geld geben, dann lässt er Sie frei. Machen Sie schon!

HERR VON POURCEAUGNAC *(gibt Sbrigani Geld).* Ach, die verfluchte Stadt!

SBRIGANI. Hier, mein Herr!

POLIZEIKOMMISSAR. Wie viel ist es?

SBRIGANI. Eins, zwei, drei, vier, fünf, sechs, sieben, acht, neun, zehn.

POLIZEIKOMMISSAR. Nein, ich habe zu strenge Befehle.

SBRIGANI *(zum Polizeikommissar, der sich entfernen will).* So warten Sie doch! *(Zu Herrn von Pourceaugnac.)* Geben Sie ihm geschwind noch einmal so viel!

HERR VON POURCEAUGNAC. Aber ...

SBRIGANI. Geschwind, sage ich, besinnen Sie sich nicht lange. Es ist immer noch besser als baumeln!

HERR VON POURCEAUGNAC. Ach! *(Gibt Sbrigani wieder Geld.)*

SBRIGANI *(zum Polizeikommissar).* Hier nehmen Sie, mein Herr!

POLIZEIKOMMISSAR *(zu Sbrigani).* Dann werde ich wohl mit ihm flüchten müssen, denn hier ist keine Sicherheit mehr für ihn. Überlassen Sie ihn nur meiner Führung und bleiben Sie ruhig hier.

SBRIGANI. Bereiten Sie mir die Freude und sorgen Sie recht gut für ihn!

POLIZEIKOMMISSAR. Ich verspreche Ihnen, ihn nicht eher zu verlassen, als bis er in Geborgenheit ist.

HERR VON POURCEAUGNAC *(zu Sbrigani).* Leben Sie wohl! Sie sind der einzige redliche Mensch, den ich in dieser Stadt gefunden habe!

SBRIGANI. Verlieren Sie keine Zeit! Ich liebe Sie so, dass ich Sie schon weit fort wünschte. *(Allein.)* Der Himmel geleite dich, du Vollidiot! Aber da kommt ja ...

ACHTER AUFTRITT

ORONTE, SBRIGANI.

SBRIGANI *(tut, als ob er Oronte nicht sieht).* Ach, was ist das für eine Wendung! Welche Schreckensbotschaft für einen Vater! Armer Oronte, wie beklage ich dich! Was wirst du sagen? Wie wirst du diesen furchtbaren Schmerz ertragen?

ORONTE. Was ist denn geschehen? Was für ein Unglück verkündest du mir?

SBRIGANI. Ach, Herr, dieser schändliche Limosiner, dieser Herr von Pourceaugnac hat Ihre Tochter entführt.

ORONTE. Meine Tochter entführt?

SBRIGANI. Ja. Sie ist so wahnsinnig in ihn vernarrt, dass sie Sie verließ, um ihm zu folgen. Man sagt, er hätte einen Talisman, um alle Frauenzimmer in sich verliebt zu machen.

ORONTE. Schnell zum Gericht! Alle Gerichtsdiener ihnen nach!

NEUNTER AUFTRITT

ORONTE, ERASTE, JULIE, SBRIGANI.

ERASTE *(zu Julie).* Kommen Sie nur, kommen Sie. Sie mögen wollen oder nicht, ich führe Sie zurück zu Ihrem Vater. Hier, mein Herr, ist Ihre Tochter wieder! Ich entriss sie mit Gewalt den Händen des Mannes, mit dem sie fliehen wollte. Nicht aus Liebe zu ihr, nur aus Rücksicht zu Ihnen. Denn nach dieser Handlung kann ich sie nur verachten, ich bin von meiner Liebe, die ich für sie hatte, völlig geheilt.

ORONTE. Ha, du ehrlose Tochter!

ERASTE *(zu Julie).* Wie! Nach so vielen Beweisen treuster Ergebenheit mich so zu behandeln? Ich tadele Sie nicht, dass Sie sich dem Willen Ihres Herrn Vaters unterwarfen. Er ist ein so verständiger Mann, der für alles, was er tut, seine guten Gründe hat. Ich beklage mich nicht über ihn, dass er mich wegen eines anderen abgewiesen hatte. Wenn er mir sein Wort nicht gab, wird er seine Gründe dazu gehabt haben. Man hat ihm eingeredet, jener andere sei um vier- oder fünftausend Taler reicher als ich. Und vier- oder fünftausend Taler sind eine ansehnliche Summe, um derentwillen man sein Wort schon brechen kann. Aber in einem Augenblick alle Liebe zu vergessen, die ich Ihnen weihte, Herz und Hand einem Fremden zu schenken, ihm schamlos, ohne Einwilligung Ihres Vaters zu folgen, nach den Verbrechen, die man ihm zuzählt! Das muss alle Welt verdammen und mein Herz kann Ihnen nicht bittere Vorwürfe genug darüber machen.

JULIE. Nun ja, ich fasste Liebe für ihn und wollte ihm folgen, weil mein Vater ihn mir zum Gatten bestimmt hatte. Sie mögen sagen, was Sie wollen, ich halte ihn für einen ehrlichen Mann, und alle die Verbrechen, die man ihm zur Last legt, sind abscheuliche Verleumdungen!

ORONTE. Schweig! Du weißt nicht, was du sprichst. Ich weiß besser als du, was daran wahr ist.

JULIE. Er ist gewiss das Opfer einer Intrige, und wer weiß *(deutet auf Eraste)*, ob nicht der hier der Anstifter derselben ist, um ihn Ihnen zu verleiden.

ERASTE. Ich? Ich sollte dazu fähig sein?

JULIE. Ja, Sie!

ORONTE. Schweig, sag ich dir! Du bist eine Närrin!

ERASTE. Nein, nein, bilden Sie sich nicht ein, ich hätte etwa Lust gehabt, diese Heirat zu hintertreiben, oder wäre Ihnen aus Liebe nachgelaufen. Ich habe Ihnen bereits gesagt, dass ich dies nur aus Rücksicht zu Ihrem Herrn Vater tat. Wie hätte ich es wohl übers Herz bringen können, einem Ehrenmann wie ihn dem schimpflichen Gerede auszusetzen, das eine solche Handlung wie die Ihrige hervorrufen musste?

ORONTE. Ich bin Ihnen außerordentlich verbunden, Herr Eraste.

ERASTE. Leben Sie wohl, mein Herr! Einst war es mein heißester Wunsch, in Ihre Familie zu kommen. Ich tat, was in meiner Macht stand, um diese Ehre zu erlangen. Aber das Schicksal wollte es nicht. Sie hielten mich dieses Glückes nicht für würdig. Das soll mich jedoch nicht davon abhalten, Ihnen stets die Ehrerbietung und Hochachtung zu beweisen, die Ihr Charakter mir einflößt.

Und da ich nicht Ihr Schwiegersohn werden kann, will ich wenigstens mein lebelang Ihr ergebener Diener bleiben.

ORONTE. Bleiben Sie, Herr Eraste! Ihre Handlungsweise ist rührend. Ich gebe Ihnen meine Tochter zur Frau.

JULIE. Ich will keinen anderen Mann als Herrn von Pourceaugnac.

ORONTE. Und ich will, dass du auf der Stelle Herrn Eraste nimmst. Die Hand her!

JULIE. Nein, das fällt mir nicht ein!

ORONTE. Soll ich dir was hinter die Ohren geben?

ERASTE. Nein, nein, tut ihr keine Gewalt an, ich bitte Sie, lieber Herr!

ORONTE. Ich will ihr zeigen, wer der Herr ist!

ERASTE. Sehen Sie nicht, dass sie in diesen Menschen verliebt ist? Was soll ich mit einer Frau, deren Herz einem anderen gehört?

ORONTE. Er hat Zauberkünste bei ihr angewandt. Sie sollen sehen, sie wird bald ganz anders denken. Deine Hand her, schnell!

JULIE. Nein, ich will ...

ORONTE. Wird's bald? Die Hand her, sag ich dir! Na? So!

ERASTE *(zu Julie).* Glauben Sie nicht, dass ich Ihnen aus Liebe meine Hand gebe, ich tue es nur, weil ich in Ihren Herrn Vater verliebt bin. Er ist es, den ich heirate.

ORONTE. Ich bin Ihnen sehr verbunden und lege zu der Mitgift noch zehntausend Taler dazu. Nun schnell den Notar her, um den Ehevertrag aufzusetzen.

ERASTE. Bis er da ist, wollen wir uns an den Masken erfreuen, die das Gerücht von der Hochzeit des Herrn von Pourceaugnac von allen Seiten hergelockt hat.

ZEHNTER AUFTRITT

TANZENDE UND SINGENDE MASKEN.

EIN ZIGEUNER.

Sorgen, Kummer, Traurigkeit,
Fliehet, flieht aus diesen Räumen!
Kommt und lacht und seid erfreut,
Wiegt euch süß in Liebesträumen.
Sorgt nur, euch der Lust zu weihn,
Wollet immer fröhlich sein!

CHOR DER MASKEN.

Sorgt nur, euch der Lust zu weihn,
Wollet immer fröhlich sein!

EINE ZIGEUNERIN.
Euer Eifer ist so groß,
Möcht's in allem gleich mir tun,
Doch die Sorg um euer Los
Lässt euch nicht in Frieden ruhn.
Wollt ihr immer glücklich sein,
Müsst ihr euch der Liebe weihn!

ZIGEUNER.
Wie Natur von uns begehrt,
So lasst uns nach Liebe streben,
Nichts ist unser Dasein wert,
Kann es Liebe nicht erheben.
Lieber aus dem Leben gehen
Als von Liebe nichts mehr sehn.

ZIGEUNER.
Reichtum ...

ZIGEUNERIN.
Ruhm ...

ZIGEUNER.
Nach Kronen ringen ...

ZIGEUNER.
Was der Sinn begehrt so sehr, ...

ZIGEUNERIN.
Nichts kann, ohne dass die Liebe uns
Begeistert, je gelingen!

ZIGEUNER.
Ohne Liebe hat das Leben keine Freude
Für uns mehr!

BEIDE.
Wollt ihr immer glücklich sein,
Müsst ihr euch der Liebe weihn!

CHOR.
Auf, lasst uns im Chore singen,
Preist beim Tanz der Liebe Macht;
Scherzend uns die Zeit verbringen;
Wer will auch nach Weisheit ringen,
Wenn die Liebe glücklich macht?

MOLIÈRE

Der Liebhaber als Arzt

(Die Liebe als Arzt)

L'Amour médecin

(1665)

Eine Komödie in drei Akten

PERSONEN

SGANARELLE, *Vater der Lucinde*
LUCINDE, *Tochter des Sganarelle*
CLITANDRE, *Liebhaber der Lucinde*
AMINTE, *Nachbarin des Sganarelle*
LUCREZIA, *Nichte des Sganarelle*
LISETTE, *Dienerin der Lucinde*
HERR GUILLAUME, *Tapezierer*
HERR JOSSE, *Goldschmied*

HERR TOMÈS,
HERR DESTONANDRÉS,
HERR MACROTON,
HERR BAHIS,
HERR FILERIN, *Ärzte*

EIN NOTAR.
CHAMPAGNE, *Diener des Sganarelle*

Die Szene spielt in Paris im Haus des Sganarelle.

ERSTER AUFZUG

ERSTER AUFTRITT

SGANARELLE, AMINTE, LUCREZIA, HERR GUILLAUME, HERR JOSSE.

SGANARELLE. Ach, wie komisch ist doch das Leben! Ich zitiere jenen großen Philosophen der Antike und sage: Leben heißt sterben, und ein Unglück kommt selten allein. Ich hatte nur eine einzige Frau und die ist gestorben.

HERR GUILLAUME. Wie viele hätten Sie denn gern?

SGANARELLE. Tot ist sie, sage ich, Herr Guillaume. Ihr Verlust geht mir sehr nahe. Ich kann nicht ohne Tränen an sie denken. Ich war zwar nicht besonders zufrieden mit ihrem Benehmen. Wir hatten sehr oft Streit miteinander, müssen Sie wissen, doch der Tod gleicht alles aus. Sie ist tot und ich heule Rotz und Wasser. Ach würde sie noch leben, dann könnten wir uns zanken. Von allen Kindern, die mir der Himmel schenkte, blieb mir nur eine Tochter, die mir nun einige Sorgen bereitet. Ständig sehe ich sie in finsterer Schwermut, in schrecklicher Traurigkeit, aus der man sie nicht herausreißen kann und deren Ursache ich nicht zu ergründen weiß. Wenn mir nicht bald ein guter Rat zu Hilfe kommt, verliere ich noch den Verstand deswegen. *(Zu Lucrezia.)* Du bist meine Nichte. *(Zu Aminte.)* Sie sind meine Nachbarin. *(Zu Herrn Guillaume und Josse.)* Sie sind meine Freunde und Bekannten. Ich bitte euch alle, gebt mir einen Rat, was ich bei ihr tun soll.

HERR JOSSE. Was mich betrifft, ich bin der Meinung, dass nichts ein junges Mädchen mehr erfreut als Flitter und Schmuck. Und wenn ich an Ihrer Stelle wäre, würde ich ihr noch heute ein schönes Schmuckstück mit Diamanten, Rubinen oder Smaragden kaufen.

HERR GUILLAUME. Und wenn ich an Ihrer Stelle wäre, würde ich ihr eine hübsche Tapete mit einer lachenden grünen Landschaft oder mit Figuren darauf kaufen, mit der ich ihr Zimmer tapezieren würde, damit sich Augen und Sinne daran erfreuen.

AMINTE. Ich würde gar nicht so viele Umstände machen. Ich würde sie je eher je besser mit dem jungen Mann verheiraten, der, wie ich hörte, vor einiger Zeit bei Ihnen um sie angehalten hat.

Lucrezia. Und ich bin der Meinung, dass Ihre Tochter sehr wenig für die Ehe geschaffen ist. Sie ist zu zart gebaut und nicht gesund genug. Es hieße sie geradezu ins Jenseits zu befördern, wenn man sie, so wie sie ist, dem aussetzen würde, Kinder zu bekommen. Das Weltliche ist ganz und gar nicht ihre Sache. Ich rate Ihnen daher, sie in ein Kloster zu geben. Dort wird sie die Zerstreuungen finden, die ihr besser zusagen.

SGANARELLE. Eure Ratschläge sind ohne Zweifel ganz vortrefflich, obwohl ich sie für etwas eigennützig halte. Jeder von euch war dabei sehr auf seinen eigenen Vorteil bedacht. Sie, Herr Josse, sind Goldschmied. Ihr Rat verrät den Mann, der seine eigene Ware gern anbringen möchte. Sie, Herr Guillaume, sind Tapetenhändler. Sie sehen mir aus, als ob Sie einige Stücke zu viel liegen hätten. Sie, gute Nachbarin, lieben den jungen Mann, der, wie man hört, Neigung für meine Tochter haben soll. Sie würden nicht böse darüber sein, wenn sie sich mit einem anderen verheiratete. Sie aber, liebe Nichte, wissen recht gut, dass ich aus guten Gründen meine Tochter nicht dem Erstbesten an den Hals werfen werde. Aber Ihr Rat, sie ins Kloster zu schicken, ist der Rat einer Frau, die den frommen Wunsch hegt, meine Universalerbin zu werden. Sie werden es daher gewiss nicht übel nehmen, meine Herren und Damen, wenn ich eure guten Ratschläge, so vortrefflich sie auch sind, dieses Mal nicht befolge. *(Allein.)* Das sind mir heutzutage schöne Ratgeber!

ZWEITER AUFTRITT

SGANARELLE, LUCINDE.

SGANARELLE. Ah, da ist ja meine Tochter. Sie will wohl an die frische Luft. Sie sieht mich nicht. Sie seufzt. Sie blickt zum Himmel. *(Zu Lucinde.)* Gott schütze dich! Guten Tag, mein Liebling. Nun, wie geht's? Ach was! Immer noch traurig, immer noch schwermütig. Willst du mir denn nicht verraten, was dir fehlt? Komm, schließe dein Herzchen vor mir auf. Komm, Kindchen, sag deinem süßen Väterchen alles, was du auf dem Herzen hast. Nur Mut! Nur Mut! Soll ich dich küssen? Komm. *(Beiseite.)* Sie macht mich noch irre mit dieser Laune! *(Zu Lucinde.)* Aber sage mir, soll ich denn vor Kummer um dich sterben. Soll ich denn nie erfahren, was dich so sehr bedrückt? Sage mir den Grund davon, und ich verspreche dir, dass ich alles für dich tun werde, um dich zufriedenzustellen. Ja ich schwöre es dir, mehr kann man nicht sagen. Bist du vielleicht eifersüchtig auf irgendeine Freundin, die herausgeputzter geht als du? Soll ich dir Stoff für ein neues Kleid beschaffen? Nein. Ist dir dein Zimmer nicht hübsch genug? Möchtest du ein Schränkchen haben aus der St. Lorenzomesse? Auch nicht. Hast du Lust, noch irgendetwas zu lernen, und soll ich dir einen Lehrer geben, um dich im Klavierspielen zu unterrichten? Auch nicht. Liebst du vielleicht einen, den du gern heiraten möchtest, he? *(Lucinde nickt.)*

DRITTER AUFTRITT

SGANARELLE, LUCINDE, LISETTE.

LISETTE. Nun, Herr Sganarelle, Sie haben gerade mit Ihrer Tochter gesprochen. Kennen Sie denn nun den Grund für ihre Traurigkeit?

SGANARELLE. Nein, der kleine Scherzkeks bringt mich noch zur Verzweiflung!

LISETTE. Dann überlassen Sie es doch mir, ihr ein wenig auf den Zahn zu fühlen.

SGANARELLE. Das ist nicht nötig. Wenn es ihr gefällt, in dieser Laune zu verharren, dann soll man sie nicht daran hindern.

LISETTE. Lassen Sie mich einmal machen, sag ich. Vielleicht zeigt sie sich offener bei mir als bei Ihnen. Wie, mein gutes Fräulein, wollen Sie uns denn gar nicht sagen, was Ihnen fehlt, wollen Sie uns alle weiter so beunruhigen? Das geht doch nicht, Fräulein. Wenn Sie Bedenken haben, sich Ihrem Vater gegenüber offen auszusprechen, dann schütten Sie wenigsten mir Ihr Herz aus. Sagen Sie mir, ob

Sie etwas von ihm wünschen? Er sagte ja so oft, dass er kein Opfer scheuen würde, um Sie glücklich zu machen. Schränkt er vielleicht Ihre Freiheit ein? Erfreuen Sie etwa Spazierfahrten und Geschenke nicht? Nun, hat Ihnen vielleicht jemand etwas angetan? Sagen Sie doch, sind Sie heimlich einem zugetan, den Ihr Vater Sie heiraten lassen soll? Aha! Da haben wir's! Aber, was zum Teufel, warum all diese Umstände? Herr Sganarelle, das Geheimnis ist gelüftet, sie ...

SGANARELLE. Geh, undankbares Kind, ich will nichts mehr von dir wissen, ich überlasse dich deinem Eigensinn.

LUCINDE. Bester Vater, wenn ich Ihnen sagen soll ...

SGANARELLE. Ich habe dich gar nicht mehr lieb.

LISETTE. Herr Sganarelle, ihre Traurigkeit ...

SGANARELLE Dieser Trotzkopf bringt mich noch unter die Erde.

LUCINDE. Lieber Vater, ich will Ihnen ja ...

SGANARELLE. Du belohnst die Sorge um deine gute Erziehung schlecht.

LISETTE. Aber, Herr Sganarelle ...

SGANARELLE. Nein, ich bin ganz entsetzlich aufgebracht wegen ihr!

LUCINDE. Aber, lieber Vater ...

SGANARELLE. Es ist aus mit meiner Freundlichkeit zu dir!

LISETTE. Aber ...

SGANARELLE. Sie ist ein hinterhältiges Mädchen!

LUCINDE. Aber ...

SGANARELLE. Eine Undankbare!

LISETTE. Aber ...

SGANARELLE. Die mir nicht sagen will, was ihr fehlt.

LISETTE. Ein Mann fehlt ihr!

SGANARELLE *(tut, als hätte er es nicht gehört).* Ich gebe sie auf!

LISETTE. Ein Mann!

SGANARELLE. Ich verachte sie!

LISETTE. Ein Mann!

SGANARELLE. Ich verleugne sie!

LISETTE. Ein Mann!

SGANARELLE. Nein, ich will nichts mehr von ihr wissen!

LISETTE. Ein Mann!

SGANARELLE Nichts mehr von ihr wissen!

LISETTE. Ein Mann!

SGANARELLE. Ich will nichts mehr von ihr wissen!

LISETTE. Ein Mann, ein Mann, ein Mann!

VIERTER AUFTRITT

LUCINDE, LISETTE.

LISETTE. Es ist ein wahres Wort: Tauben Ohren ist gut predigen.

LUCINDE. Nun, Lisette, hatte ich nicht recht, meinen Kummer zu verschweigen? Ich sollte nur sagen, was ich wünschte, um alles von meinem Vater zu bekommen. Da siehst du's nun, was er mir gibt!

LISETTE. Ach mein Gott, welch ein garstiger Typ! Ich gestehe, es würde mir ein großes Vergnügen bereiten, ihm irgendeinen Streich zu spielen. Aber woher kommt es, Fräulein, dass Sie auch mir bisher Ihr Leid verschwiegen haben?

LUCINDE. Ach, wozu hätte ich dich damit bekümmern sollen? Wäre es nicht ebenso gut gewesen, mein lebelang zu schweigen? Kannte ich nicht die Gesinnungen meines Vaters? Wusste ich nicht alles im Voraus, was wir eben erlebt haben? Musste die abschlägige Antwort, die er dem jungen Mann gab, der durch einen Freund um meine Hand anhielt, nicht jeden Schimmer von Hoffnung in meiner Brust ersticken?

LISETTE. Wie, jener Unbekannte ist es, der durch einen anderen um Sie warb, für den Sie ...

LUCINDE. Vielleicht ist es nicht schicklich für ein junges Mädchen, sich so offen auszusprechen, aber ich muss dir gestehen, dass, wenn man mir freie Wahl ließe, ich keinen anderen als ihn wählen würde. Wir haben noch kein Wort miteinander gewechselt. Sein Mund hat mir nie von Liebe gesprochen. Aber überall, wo wir uns auch begegneten, drückten seine Blicke und sein ganzes Benehmen die innigste Zuneigung aus. Und nach dem Antrag, den er mir machen ließ, schien er mir ein so rechtschaffener Mann, dass mein Herz nicht unempfindlich blieb für seine Glut. Du siehst aber, mit welcher Härte mein Vater dieser Zuneigung entgegentritt.

LISETTE. Ach, lassen Sie mich nur machen. Obwohl ich Grund hätte, mich über Ihr Schweigen mir gegenüber zu beklagen, will ich es doch Ihrer Liebe nicht entgelten lassen und ihr dienen, wenn Sie nämlich entschlossen genug sind ...

LUCINDE. Ach, Lisette, was könnte ich wohl gegen die Gewalt meines Vaters unternehmen? Und wenn er unerbittlich ist und meine Wünsche missachtet?

LISETTE. Ach was, man muss sich nicht wie ein dummes Gänschen behandeln lassen. Wenn nur die Ehre unbefleckt bleibt, dann darf man sich schon der Tyrannei eines Vaters ein wenig entziehen. Was will er eigentlich? Sind Sie nicht alt genug zum Heiraten? Glaubt er, Sie wären aus Stein? Wie schon gesagt, ich will Ihrer Liebe dienen. Ihre Interessen sind von jetzt ab die Meinigen, und Sie werden sehen, ob ich Streiche zu spielen weiß. Doch da kommt Ihr Vater. Gehen wir hinein. Überlassen Sie mir nur alles Weitere.

FÜNFTER AUFTRITT

SGANARELLE *(allein).* Es ist manchmal gut, zu tun, als verstünde man nicht, was man nur zu gut versteht. Ich habe bestimmt sehr weise gehandelt, der Erklärung eines Wunsches vorzubeugen, den ich zu erfüllen nicht willens bin. Gab es wohl je etwas so Tyrannisches wie die Sitte, die Väter zwingen zu wollen? Ist es nicht dumm und lächerlich, mit wer weiß wie viel Mühe, Geld zusammenzuscharren, eine Tochter mit Sorgfalt zu erziehen, um sie dem erstbesten Mann, der uns gar nichts angeht, mitsamt dem Geld zu überlassen? Nein, nein, Sitte hin, Sitte her, ich behalte mein Geld und meine Tochter.

SECHSTER AUFTRITT

SGANARELLE, LISETTE.

LISETTE *(kommt hastig gelaufen und tut, als ob sie Sganarelle nicht sieht.)* Ach, welch Unglück, welch Unglück! Armer Herr Sganarelle, wo finde ich dich?

SGANARELLE *(für sich).* Was sagt sie da?

LISETTE *(rennt weiter umher).* Armer, unglücklicher Vater! Was wirst du tun, wenn du das erfährst?

SGANARELLE *(für sich).* Was kann es sein?

LISETTE. O armes Fräulein!

SGANARELLE *(für sich).* Ich bin verloren!

LISETTE. Ach!

SGANARELLE. Lisette!

LISETTE. Welch Unglück!

SGANARELLE. Lisette!

LISETTE. Welches Ereignis!

SGANARELLE. Lisette!

LISETTE. Welches Schicksal!

SGANARELLE. Lisette!

LISETTE. Ach, Herr Sganarelle!

SGANARELLE. Was ist denn?

LISETTE. Ihr Tochter ...

SGANARELLE. Huhuhu! Huhuhu!

LISETTE. Weinen Sie doch nicht so, Herr, ich muss sonst lachen.

SGANARELLE. Dann rede, geschwind!

LISETTE. Ihre Tochter, in Verzweiflung über Ihre Worte und Ihren grimmigen Zorn, lief in wilder Hast in ihr Zimmer, öffnete das Fenster, das zum Fluss hinaus geht ...

SGANARELLE. Nun?

LISETTE. Blickte zum Himmel und rief: Nein, ich kann nicht leben mit dem Zorn meines Vaters. Und da er mich als seine Tochter verstößt, will ich sterben.

SGANARELLE. Und sie stürzte sich hinaus?

LISETTE. Nein, Herr Sganarelle. Sie schloss leise das Fenster, warf sich auf ihr Bett und weinte bitterlich. Plötzlich aber wurde sie leichenblass, verdrehte die Augen, ihr Puls stockte und sie fiel besinnungslos in meine Arme.

SGANARELLE. Ach, meine Tochter! Ist sie tot?

LISETTE. Nein, Herr Sganarelle. Mit einiger Mühe gelang es mir, sie wieder zu sich zu bringen. Doch sie bekommt alle Augenblicke einen neuen Anfall und ich glaube nicht, dass sie den Abend überstehen wird.

SGANARELLE. Champagne! Champagne! Champagne!

SIEBENTER AUFTRITT

SGANARELLE, CHAMPAGNE, LISETTE.

SGANARELLE. Schnell, schafft Ärzte herbei, viele Ärzte! Man kann in einem solchen Fall nicht genug haben. O meine Tochter! Meine armes Töchterlein!

ERSTES ZWISCHENSPIEL

Champagne, der Diener Sganarelles, kopft tanzend an die Türen von vier Ärzten. Die Ärzte tanzen und treten feierlich in Sganarelles Haus.

ZWEITER AUFZUG
ERSTER AUFTRITT

SGANARELLE, LISETTE.

LISETTE. Was wollen Sie denn mit vier Ärzten anfangen? Ist einer nicht genug, um einen Menschen ins Jenseits zu befördern?

SGANARELLE. Schweig! Vier Ratgeber sind mehr wert als einer.

LISETTE. Kann Ihre Tochter nicht auch sterben ohne die Hilfe dieser Herren?

SGANARELLE. Sind etwa die Ärzte schuld, wenn wir sterben?

LISETTE. Selbstverständlich. Ich kannte einen Mann, der mit den besten Argumenten bewies, dass man niemals sagen dürfe, die oder die Person sei an einem Fieber oder an einer Lungenentzündung gestorben, sondern sie sei an vier Ärzten und zwei Apothekern verreckt.

SGANARELLE. Still! Beschuldige diese Herren nicht.

LISETTE. Mein Gott, Herr, unsere Katze hat sich kürzlich wieder erholt von einem Sprung vom Dach auf die Straße. Sie fraß drei Tage nicht und konnte keine Pfote rühren. Zum Glück gibt es unter den Katzen keine Ärzte, sonst wäre sie gewiss von ihnen mit Aderlässen und Abführmitteln zu Tode geheilt worden.

SGANARELLE. Schweig, sag ich dir! Seh mir einer diese Unverschämtheit! Da kommen sie.

LISETTE. Geben Sie acht, Sie werden sehr erbaut sein. Sie werden Ihnen auf Lateinisch beibringen, dass Ihre Tochter krank ist.

ZWEITER AUFTRITT

DIE HERREN TOMÈS, DESFONANDRÉS, MACROTON, BAHIS SOWIE SGANARELLE UND LISETTE.

SGANARELLE. Nun, meine Herren?

HERR TOMÈS. Bei der Untersuchung der Kranken haben wir festgestellt, dass viel Unreines in ihr steckt.

SGANARELLE. Wie, meine Tochter ist unrein?

HERR TOMÈS. Wenn ich sage, es steckt viel Unreines in ihr, dann meine ich, eine Menge verdorbener Säfte.

SGANARELLE. Ah, ich verstehe Sie.

HERR TOMÈS. Aber wir wollen uns zunächst konsultieren.

SGANARELLE. Rasch, Stühle her!

LISETTE *(zu Tomès).* Ah, Herr Doktor, Sie sind auch hier?

SGANARELLE *(zu Lisette).* Woher kennst du den Herrn?

LISETTE. Ich sah ihn kürzlich bei der guten Freundin Ihrer Frau Nichte.

HERR TOMÈS. Wie fühlt sich ihr Kutscher?

LISETTE. Sehr gut. Er ist tot.

SGANARELLE. Tot?

LISETTE. Ja.

HERR TOMÈS. Unmöglich!

LISETTE. Ich weiß nicht, ob es unmöglich ist, ich weiß nur, dass es eine Tatsache ist.

HERR TOMÈS. Er kann nicht tot sein, sage ich Ihnen.

LISETTE. Und ich sage Ihnen, er ist tot und begraben.

HERR TOMÈS. Sie irrt sich.

LISETTE. Ich habe ihn gesehen!

HERR TOMÈS. Das ist nicht möglich. Hippokrates sagt, dass derartige Krankheiten erst am vierzehnten oder einundzwanzigsten Tag enden, und es sind erst sechs Tage, dass er krank wurde.

LISETTE. Hippokrates mag sagen, was er will, der Kutscher ist tot.

SGANARELLE. Ruhig, Schwätzerin! Scher dich! Meine Herren, ich ersuche Sie, recht ernsthaft zu konsultieren. Es ist zwar sonst nicht Sitte, vorher zu bezahlen, doch tue ich es, damit ich es nicht vergesse. So will ich die Sache gleich abmachen, hier ... *(Er gibt ihnen Geld, das jeder mit besonderen Gesten einsteckt.)*

DRITTER AUFTRITT

DIE HERREN TOMÈS, DESFONANDRÈS, MACROTON UND BAHIS.

Sie setzen sich und husten.

HERR DESFONANDRÈS. Paris ist doch viel zu weitläufig, man hat ganz gehörige Wege zu gehen, damit die Praxis ein wenig geht.

HERR TOMÈS. Ich kann mit Recht behaupten, mein Maultier ist prächtig dazu geeignet. Es ist unglaublich, welche Wege ich täglich mit ihm zurücklege.

HERR DESFONANDRÈS. Ich besitze ein ganz vortreffliches Pferd. Das Tier ist unermüdlich.

HERR TOMÈS. Wissen Sie, welche Strecken mein Maultier heute schon zurückgelegt hat? Ich war zuerst am Arsenal, vom Arsenal ans Ende des Faubourg St. Germain, vom Faubourg St. Germain mitten in den Marais, vom Marais an die Forte St. Honoré; von der Forte St. Honoré in den Faubourg St. Jaques, vom Faubourg St. Jaques an die Forte de Richelieu, von der Forte de Richelieu hierher, und von hier muss ich noch zur Place Royale.

HERR DESFONANDRÉ. Das alles hat mein Pferd heute auch schon geleistet. Und außerdem besuchte ich noch einen Kranken in Ruel.

HERR TOMÈS. A propos, für wen nehmen Sie denn Partei in dem Streit unserer Kollegen Theophrastus und Artemius? Unsere ganze Fakultät ist durch die Angelegenheit entzweit.

HERR DESFONANDRÈS. Ich stimme für Artemius.

HERR TOMÈS. Ich auch. Es ist kein Zweifel, dass sein Rat den Patienten unter die Erde gebracht hat, und der des Theophrastus sicherlich der bessere war, doch er durfte nicht gegen die Regeln verstoßen und eine andere Meinung äußern als sein älterer Kollege. Ist es nicht so?

HERR DESIONANDRÉS. Ohne Zweifel. Die Regeln müssen immer beachtet werden, was auch immer geschehen mag.

HERR TOMÈS. Auch ich halte ganz verteufelt viel darauf, ausgenommen unter Freunden. Einmal kamen drei von uns mit einem auswärtigen Arzt zur Konsultation zusammen, wo ich auf der Stelle Einspruch erhob und von keiner Ansicht hören wollte, wenn die Sache nicht in aller Regel vor sich ginge. Die Familie bot alles auf, denn die Krankheit drängte. Ich aber ließ nicht ab, und die Kranke starb noch während dieses Streites.

HERR DESFONANDRÈS. Das heißt den Leuten Lebensart beibringen und ihnen zeigen, dass sie Gelbschnäbel sind.

HERR TOMÈS. Ein Toter mehr oder weniger, darauf kommt es nicht an. Aber eine versäumte Formsache gereicht der ganzen ärztlichen Fakultät zur Unehre.

VIERTER AUFTRITT

SGANARELLE, DIE HERREN TOMÈS, DESFONANDRÉS, MARCOTON UND BAHIS.

SGANARELLE. Meine Herren, die Angstzustände meiner Tochter nehmen zu. Ich bitte Sie, mir schnell zu sagen, was Sie beschlossen haben.

HERR TOMÈS *(zu Desfonandrès).* Herr Kollege, Herr Destonandrés. Nein, bitte, sprechen Sie.

HERR TOMÈS. Sie scherzen wohl.

HERR DESFONANDRÈS. Ich will nicht zuerst sprechen.

HERR TOMÈS. Herr Kollege, Herr Desfonandrès. Herr Kollege ...

SGANARELLE. Ach, meine Herren, lassen Sie doch die Komplimente, und bedenken Sie, dass die Sache dringend ist.

(Sie reden alle vier zugleich.)

HERR TOMÈS. Die Krankheit Ihrer Tochter ...

HERR DESFONANDRÈS. Die Ansicht sämtlicher Herren hier ...

HERR MACROTON. Nach reiflicher Überlegung ...

HERR BAHIS. Genau genommen ...

SGANARELLE. Sprechen Sie doch einer nach dem anderen, wenn ich bitten darf, ihr Herren.

HERR TOMÈS. Geehrter Herr, nachdem wir den Krankheitszustand Ihrer Tochter besprochen haben, geht meine Ansicht dahin, dass derselbe durch eine zu große Erhitzung des Blutes entstanden ist. Ich rate ihr daher so schnell wie möglich zu einem Aderlass.

HERR DESFONANDRÈS. Ich leite den Ursprung ihrer Krankheit aus einer durch Überfülle veranlassten Stockung der Säfte her, und so rate ich, ihr ein Brechmittel zu geben.

HERR TOMÈS. Wo denken Sie hin? Ein Brechmittel würde sie töten.

HERR DESFONANDRÈS. Nein, ein Aderlass würde sie töten.

HERR TOMÈS. Sie wollen nur immer den Klugen spielen!

HERR DESFONANDRÈS. Ja, der bin ich auch. Weiß Gott, mit Ihnen nehme ich es in allen Fächern der Wissenschaft auf!

HERR TOMÈS. Denken Sie an den Mann, den Sie kürzlich krepieren ließen!

HERR DESFONANDRÈS. Denken Sie an die gnädige Frau, die Sie vorgestern in die andere Welt schickten!

HERR TOMÈS *(zu Sganarelle).* Sie wissen nun meine Meinung.

HERR DESFONANDRÈS *(zu Sganarelle).* Sie wissen nun meine Ansicht.

HERR TOMÈS. Wenn Ihre Tochter nicht gleich einen Aderlass bekommt, ist sie verloren. *(Ab.)*

HERR DESFONANDRÈS. Wenn ihr zur Ader gelassen wird, lebt sie keine Viertelstunde mehr. *(Ab.)*

FÜNFTER AUFTRITT

SGANARELLE, DIE HERREN MACROTON UND BAHIS.

SGANARELLE. Wem von beiden soll man glauben? Welchen Entschluss soll man bei so entgegengesetzten Ansichten fassen? Ich beschwöre Sie, Ihr Herren, helfen Sie mir aus dieser Ungewissheit und sagen Sie mir unparteiisch, was ich tun soll, um meiner Tochter Genesung zu verschaffen.

HERR MACROTON. Herr Sga-na-relle, man kann in solchen Fällen nicht vor-sich-tig genug ... sein, und ... wie ... man ... sagt ... die Dinge ... übers ... Knie brechen ... wäre hier ... sehr übel ... angebracht. Hippokrates behaup-tet, dass ... solche Über-eilung ... die ... aller-schlimm-sten Folgen nach sich ... ziehen ... kann.

HERR BAHIS. Es ist wahr, man kann bei so etwas nicht genug auf der Hut sein. Es ist kein Kinderspiel, ein Versehen lässt sich in solchen Fällen nicht so leicht wieder gutmachen. Experimentum periculosum![26] Darum muss man, ehe man handelt, alles erst reiflich und nach allen Seiten hin überlegen, das Temperament der Leute in Betracht ziehen, die Ursachen der Krankheit ergründen und dann die richtigen Heilmittel zur Anwendung bringen.

SGANARELLE *(beiseite).* Der eine geht einen Schneckengang und der andere rennt wie mit der Extrapost.

HERR MACROTON. Also ... mein gu-ter Herr, um ... zur ... Sache ... zu kommen, ich ... finde ... dass ... Ih-re Toch-ter... ein ... chronisches ... Lei-den hat; ich gebe sie verloren, wenn ihr ... nicht schnel-le Hil-fe zuteil wird, um-so ... mehr, als die Symptome ihrer Krank-heit; ... auf gewisse ... ru-ßen-de zer-set-zen-de Stoffe hin-deuten, die die Mem-bra-ne des Ge-hirnes ir-ri-tie-ren. Nun ... ent-stehen ... aber ... die-se ... Stof-fe, die wir im Grie-chi-schen Atmos nen-nen, durch ... ge-wisse schlech-te un-rei-ne Säf-te, die sich im Un-terleib be-fin-den.

---

26 *(Latein.)* Experimente sind gefährlich!

HERR BAHIS. Und da nun diese Säfte vor langer Zeit entstanden und sich dort erhitzt haben, nahmen sie diese Bösartigkeit an, die ins Gehirn steigt.

HERR MARCOTON. Und ... zwar ... derartig, ... dass ... um ... besagte ... Stof-fe ... auf-zu-lösen ... ab-zu-ziehen und zu ... ex-pulsieren, das ... aller-wirksamste, ... kräftig-ste Abführ-mit-tel wird ... ver-ord-net wer-den müssen. Aber vor-läu-fig wä-re es ... nicht zu ... ver-werfen, eini-ge klei-ne a-no-di-ne Mittel-chen ... in An-wendung ... zu bringen; will sa-gen, klei-ne er-wei-chen-de Ein-läu-fe; auch etwas ... Ju-lep und er-frischen-de ... Si-rups ... sind ... unter ... ihr Ger-sten-was-ser ... zu mischen.

HERR BAHIS. Danach kommen Abführmittel und Aderlässe, das wir so oft wiederholen werden, wie wir es für notwendig erachten.

HERR MACROTON. Wenn Ihre ... Toch-ter aber ... trotz ... alle-dem ... den-noch ster-ben soll-te, so haben ... Sie... we-nig-stens den ... Trost, ... dass sie ... nach ... den Re-geln ge-storben ist.

HERR BAHIS. Besser nach den Regeln zu sterben, als gegen alle Regeln gesund zu werden.

HERR MACROTON. Wir ... sa-gen ... Ihnen ganz aufrich-tig ... unsere ... Mei-nung.

HERR BAHIS. Wir hätten nicht anders als unser leiblicher Bruder sprechen können.

SGANARELLE *(zu Herrn Macroton, dem er, die Worte ziehend, nachspricht).* Ich ... sa-ge ... Ihnen ... meinen ... ver-bind-lichsten ... Dank. *(Zu Herrn Bahis plappernd.)* Und Ihnen bin ich unendlich verbunden für die große Mühe, die Sie sich gemacht haben.

SECHSTER AUFTRITT

SGANARELLE *(allein).* Jetzt bin ich genauso klug wie zuvor. Wetter! Da kommt mir ein Gedanke. Ich werde Orvietan holen und sie das nehmen lassen. Orvietan hat schon vielen Leuten geholfen. Heda!

SIEBENTE SZENE

SGANARELLE, SCHALATAN.

SGANARELLE. Mein Herr, ich bitte Sie, geben Sie mir eine Flasche von Ihrem Orvietan. Ich will Sie auch gleich bezahlen.

DER SCHARLATAN *(singt).*

Dieser edlen Orvietan
Kostet Sie ne Stange Geld;
Denn es ist ganz ungelogen
Das beste Mittel von der Welt!
Dieses Wunderelexier kuriert
Die Krätze, Aussatz, Grind und Fieber,
Pest, Gicht, Pocken, Masern, auch
Wunde Glieder, Luft im Bauch.
O Wunderkraft,
Wunderkraft,
Wunderkraft
Steckt in diesem Saft.

SGANARELLE. Mein Herr, ich bin überzeugt davon, dass alles Geld der Welt dieses Mittel nicht aufwiegen kann. Doch will ich Ihnen dreißig Sous dafür geben. Hier, nehmen Sie's, wenn Sie so freundlich sind.

SCHARLATAN *(singt).*

Mein Herr, ich will nicht prahlen;
Nicht mit Millionen könnten Sie's bezahlen.
Drum legt drauf noch etwas Geld,
Denn es ist das beste Mittel von der Welt!
Dieses Wunderelexier kuriert
Die Krätze, Aussatz, Grind und Fieber,
Pest, Gicht, Pocken, Masern, auch
Wunde Glieder, Luft im Bauch.
O Wunderkraft,
Wunderkraft,
Wunderkraft
Steckt in diesem Saft.

ZWEITES ZWISCHENSPIEL

Es tanzen Triveline und Scaramuzze, die Gehilfen des Scharlatans.

DRITTER AUFZUG
ERSTER AUFTRITT

DIE HERREN FILERIN, TOMÈS, DESFONANDRÈS.

HERR FILERIN. Schämen Sie sich, ihr Herren! In Ihrem Alter so wenig Klugheit zu zeigen und sich zu zanken wie Schuljungen! Sehen Sie denn nicht ein, welchen Nachteil uns derartige Streitereien in der öffentlichen Meinung bringen? Ist es nicht genug, dass die Gelehrten die Widersprüche sehen, in die sich unsere alten Autoren und Lehrer verwickelten? Müssen wir auch noch durch unsere Streitereien dem Volk die Augen über die Unzulänglichkeit unserer Kunst öffnen? Was mich betrifft, so ist mir die ungeschickte Politik einiger unserer Kollegen geradezu unverständlich, denn man muss gestehen, dass all diese Streitereien uns in letzter Zeit in der öffentlichen Meinung sehr geschadet haben. Und wenn wir nicht sehr auf unserer Hut sind, werden wir uns selbst zugrunde richten. Ich sage dies nicht etwa aus Eigennutz, denn ich habe gottlob meine Schäfchen im Trocknen. Meinetwegen mag es regnen, hageln und stürmen. Die Toten sind tot und die Lebenden brauche ich nicht mehr. Doch alle diese Streitereien sind der Arzneikunde nichts nutze. Da uns der Himmel die Gunst erweist, dass man nun schon seit Jahrhunderten vernarrt in uns ist, müssen wir den Leuten durch unsere Intrigen nicht die Augen öffnen, wir müssen uns vielmehr in aller Stille ihre Dummheit zunutze machen. Wir sind ja, wie Sie wissen, nicht die Einzigen, die aus der Schwachheit der Menschen Vorteil ziehen. Das Studium der meisten läuft darauf hinaus, denn jeder bemüht sich, die Menschen bei ihrer schwachen Seite zu packen, um irgendeinen Vorteil daraus zu ziehen. Die Schmeichler zum Beispiel versuchen die Ruhmbegierde der Menschen auszunutzen, indem sie ihnen so viel Weihrauch streuen, wie sie wünschen. Das ist eine Kunst, in der man bekanntlich ansehnliche Erfolge feiern kann. Die Alchemisten versprechen den nach Reichtum Verlangenden goldene Berge und die Wahrsager benutzen durch betrügerische Prophezeiungen die Eitelkeit und den Ehrgeiz leichtgläubiger Köpfe. Allein die größte Schwäche der Menschen ist ihre Liebe zum Leben, und es ist an uns, sie durch unseren pomphaften Galimathias[27] zu benutzen und aus der Verehrung, die ihnen ihre Furcht vor dem Tod für unser Handwerk einflößt, unseren Vorteil zu ziehen.

27 Schwachsinn

Versuchen wir uns also auf der Stufe der Achtung zu erhalten, auf die uns die Schwäche der Menschen erhob, seien wir darin einig, den glücklichen Ausgang einer Krankheit uns, den unglücklichen Ausgang aber der Natur zuzuschreiben. Ich sage also, vernichten wir nicht dummerweise das glückliche Vorurteil eines Irrtums, der so vielen Leuten Brot verschafft und uns durch das Geld derer, die wir unter die Erde bringen, zu so schönen Erbschaften verhilft.

HERR TOMÈS. Sie haben in allem Recht, was Sie sagen. Man hat jedoch erhitztes Blut und kann sich nicht immer beherrschen.

HERR FILERIN. Nun, so setzen Sie allen Groll hintenan und lassen Sie uns Frieden schließen, meine Herren.

HERR DESFONANDRÈS. Ich bin dabei. Er soll mein Brechmittel bei der Kranken, um die es sich hier handelt, gutheißen, dann will ich ihm bei dem erstbesten Kranken alles durchgehen lassen, was er will.

HERR FILERIN. Gut gesprochen. Das heißt der Vernunft Gehör geben.

HERR DESFONANDRÈS. Es ist also abgemacht?

HERR FILERIN. Abgemacht. Leben Sie wohl. Seien Sie das nächste Mal etwas klüger.

ZWEITER AUFTRITT

DIE HERREN TOMÈS UND DESFONANDRÈS, LISETTE.

LISETTE. Was, meine Herren, Sie stehen hier und denken nicht daran, die Schmach zu rächen, die man soeben der Arzneikunde angetan hat?

HERR TOMÈS. Wie, was ist?

LISETTE. Ein Unverschämter hat es gewagt, Ihnen ins Handwerk zu pfuschen. Er hat soeben ohne ein Rezept von Ihnen einem Mann seinen Degen durch den Leib gerannt.

HERR TOMÈS. Warten Sie, Spötterin, Sie werden uns schon noch einmal in die Hände fallen.

LISETTE. Wenn ich Sie je zu Hilfe rufe, dann erlaube ich Ihnen, mich unter die Erde zu bringen.

DRITTER AUFTRITT

CLITANDRE, als Arzt verkleidet, LISETTE.

CLITANDRE. Nun, Lisette, was sagst du zu meinem Aufzug? Glaubst du denn, dass ich in diesem Gewand unserem Männchen wohl an der Nase herumführen kann? Findest du mich gut so?

LISETTE. Ganz vorzüglich! Ich erwartete Sie schon mit großer Ungeduld. Der Himmel hat mir nun einmal ein weiches Herz gegeben. Ich kann ein verliebtes Pärchen nicht füreinander seufzen sehen, ohne das innigste Mitleid und das heißeste Verlangen zu empfinden, seine Not zu lindern. Koste es, was es wolle, ich bin entschlossen, Lucinde aus ihrem Leid zu befreien und sie in Ihre Arme zu führen. Sie haben mir gleich gefallen. Ich verstehe mich auf die Leute, sie konnte ihre Wahl nicht besser treffen. Die Liebe ist erfinderisch und wir haben zusammen eine Art Kriegslist ersonnen, die uns vielleicht zum Ziel führen wird. Alle Maßregeln sind schon getroffen. Unser Mann, mit dem wir es zu tun haben, ist eben keiner von den pfiffigsten, und sollte uns dieses Abenteuer misslingen, dann stehen uns hundert andere Wege offen, unser Ziel zu erreichen. Erwarten Sie mich nur hier, ich komme gleich zurück, um Sie zu holen. *(Clitandre zieht sich in den Hintergrund der Bühne zurück.)*

VIERTER AUFTRITT

SGANARELLE, LISETTE.

LISETTE. Glück auf, Glück auf, Herr!

SGANARELLE. Was gibt es?

LISETTE. Freuen Sie sich!

SGANARELLE. Worüber?

LISETTE. Freuen Sie sich, sage ich Ihnen!

SGANARELLE. Wenn ich mich freuen soll, musst du mir schon sagen, worüber.

LISETTE. Nein, Sie sollen sich erst freuen, Sie sollen singen und tanzen!

SGANARELLE. Aber worüber?

LISETTE. Ich sage Ihnen, Sie müssen.

SGANARELLE. Nun, meinetwegen. *(Er singt und tanzt.)* La la la, la la la, la la la. Nun aber raus mit der Sprache!

LISETTE. Herr, Ihre Tochter wird wieder gesund.

SGANARELLE. Meine Tochter wird gesund?

LISETTE. Ja. Ich bringe Ihnen einen Arzt, einen sehr gescheiten Arzt, der Wunderheilungen macht und alle anderen Ärzte in die Tasche steckt.

SGANARELLE. Wo ist er?

LISETTE. Ich werde ihn gleich hereinkommen lassen.

SGANARELLE. Ich will doch einmal sehen, ob dieser mehr ausrichten wird als die anderen.

FÜNFTER AUFTRITT

CLITANDRE, als Arzt verkleidet, SGANARELLE, LISETTE.

LISETTE *(führt Clitandre hinein).* Hier ist er.

SGANARELLE. Der Arzt hat aber einen sehr jungen Bart.

LISETTE. Die Gelehrsamkeit steckt nicht im Bart und die Geschicklichkeit nicht im Kinn.

SGANARELLE. Man sagt mir, Sie hätten vorzügliche Abführmittel.

CLITANDRE. Meine Mittel sind sehr verschieden von denen der anderen. Diese verordnen Brechmittel, Aderlässe. Einläufe und so weiter, ich aber kuriere durch Worte, Klänge, Buchstaben, durch Talismane und geweihte Ringe.

LISETTE. Nun, was habe ich Ihnen gesagt?

SGANARELLE. Das ist ein großer Mann!

LISETTE. Da Ihre Tochter angekleidet im Stuhl sitzt, mein Herr, will ich sie herbringen lassen.

SGANARELLE. Ja, tue das.

CLITANDRE *(fühlt Sganarelle den Puls).* Ihre Tochter ist sehr krank.

SGANARELLE. Und das fühlen Sie bei mir?

CLITANDRE. Ja, durch die Sympathie, die zwischen Vater und Tochter herrscht.

SECHSTER AUFTRITT

SGANARELLE, LUCINDE, CLITANDRE, LISETTE.

LISETTE *(zu Clitandre).* Hier, setzen Sie sich zu ihr. *(Zu Sganarelle.)* Kommen Sie, lassen wir sie beide allein.

SGANARELLE. Warum? Ich will hier bleiben.

LISETTE. Sie scherzen wohl? Man muss sich entfernen. Ein Arzt hat hundert Dinge zu fragen, die ein Mann nicht hören darf. *(Sganarelle und Lisette ziehen sich zurück.)*

CLITANDRE *(leise zu Lucinde)*. Ach, ich bin so entzückt, mein Fräulein, dass ich kaum weiß, wie ich meine Rede beginnen soll! Als ich nur durch Blicke zu Ihnen sprechen durfte, da war es mir, als hätte ich Ihnen wer weiß was zu sagen, und jetzt, da es mir erlaubt ist, mit Ihnen zu reden, wie ich es so gewünscht habe, bin ich stumm, denn die Freude raubt mir alle Sprache.

LUCINDE. Ich kann von mir dasselbe sagen. Auch meine Freude ist so lebhaft, dass sie mich kaum zu Worte kommen lässt.

CLITANDRE. Ach, mein Fräulein, wie glücklich wäre ich, wenn Sie dieselben Empfindungen hegen würden wie ich, wenn ich Ihr Inneres nach dem Meinigen beurteilen dürfte! Doch lassen Sie mich wenigstens glauben, dass ich Ihnen den Einfall dieser Kriegslist verdanke, die mich Ihre Nähe genießen lässt.

LUCINDE. Wenn Sie mir auch nicht für den Einfall zu danken haben, dann seien Sie mir doch verpflichtet, dass ich mit viel Freude auf den Vorschlag einging.

SGANARELLE *(zu Lisette)*. Mir scheint, er kommt ihr sehr nahe.

LISETTE. Weil er ihre Gesichtszüge genau betrachten muss.

CLITANDRE *(zu Lucinde)*. Werden Sie mir auch die huldvolle Gesinnung bewahren, die Sie mir zeigen, Fräulein?

LUCINDE. Werden Sie aber auch fest bei Ihnen Entschluss bleiben?

CLITANDRE. Bis in den Tod! Ich habe kein größeres Verlangen, als Ihnen anzugehören, und ich werde Sie sehr bald davon überzeugen.

SGANARELLE *(zu Clitandre)*. Nun, wie finden Sie unsere Patientin? Sie scheint mir etwas munterer zu sein.

CLITANDRE. Das kommt daher, weil ich schon eines meiner Mittel habe auf sie wirken lassen. Da der Geist eine große Gewalt über den Körper hat und die Krankheiten oft von ihm ausgehen, versuche ich immer erst die Seele zu heilen, ehe ich mich mit dem Körper befasse. Ich habe daher ihre Blicke, ihre Gesichtszüge und die Linien ihrer Hände beobachtet und durch die Gabe, die mir der Himmel verliehen hat, erkannt, dass ihre Seele krank ist und dass ihr ganzes Übel aus einer ungezügelten Fantasie kommt, durch den unbändigen Wunsch zu heiraten. Was mich betrifft, finde ich nichts kitschiger, nichts lächerlicher, als diese Lust auf Heirat.

SGANARELLE *(beiseite)*. Das ist wirklich ein gescheiter Mann!

CLITANDRE. Ich habe stets eine unüberwindliche Abneigung dagegen gehabt.

SGANARELLE *(beiseite)*. Das ist ein großer Arzt!

CLITANDRE. Man muss jedoch den Illusionen der Kranken schmeicheln. Eine gewisse Geistesstörung habe ich bereits bei ihr wahrgenommen, die nicht ohne Gefahr ist. Damit man ihr also schnell helfen kann, ging ich scheinbar auf ihre Ideen ein und sagte ihr, ich sei gekommen, um bei Ihnen um ihre Hand anzuhalten. Plötzlich veränderten sich ihre Gesichtszüge, ihre Augen wurden feuriger, ihr Teint belebte sich, und wenn Sie sie nur einige Tage in diesem Irrtum belassen würden, könnten wir sie schon heilen.

SGANARELLE. Jawohl, herzlich gern.

CLITANDRE. Danach finden wir schon Mittel, sie gänzlich von ihrer Fantasie zu befreien.

SGANARELLE. Das ist ja ganz prächtig! Nun, Töchterchen, der Herr hier hat Lust, dich zu heiraten, und ich habe ihm gesagt, dass ich damit einverstanden bin.

LUCINDE. Ach, ist es möglich?

SGANARELLE. Jawohl ...

LUCINDE. Doch meinen Sie das auch im Ernst?

SGANARELLE. Ja, ja!

LUCINDE *(zu Clitandre)*. Wie, Sie sind geneigt, mein Mann zu werden?

CLITANDRE. Ja, mein Fräulein.

LUCINDE. Und mein Vater willigt ein?

SGANARELLE. Ja, meine Tochter ...

LUCINDE. Ach, wie glücklich bin ich, wenn dies nur wahr werden würde!

CLITANDRE. Zweifeln Sie nicht daran. Ich liebe Sie nicht erst seit heute, es ist schon lange mein sehnlichster Wunsch, Sie zu heiraten. Ich kam nur deshalb hierher. Und wenn ich offen zu Ihnen sprechen darf, dieser Anzug ist nur eine Maske, ich geben hier nur den Arzt, um mich Ihnen zu nähern und schneller das Ziel meiner Wünsche erreichen zu können.

LUCINDE. Dieser Beweis Ihrer Zuneigung ehrt mich zutiefst.

SGANARELLE *(beiseite)*. Oh die Närrin, oh die Närrin!

LUCINDE. Und Sie wollen mir wirklich diesen Herren zum Gatten geben, lieber Vater?

SGANARELLE. Nun freilich. Komm, gib mir deine Hand. Geben Sie mir auch die Ihrige einmal, um so zu tun.

CLITANDRE. Aber mein Herr ...

SGANARELLE *(der sich vor Lachen kaum halten kann)*. Es ist ja nur, um ... um sie zufriedenzustellen. Kommt, schlagt ein. So ist es recht.

CLITANDRE. Nehmen Sie als Pfand der Treue hier diesen Ring von mir. *(Leise zu Sganarelle.)* Es ist ein geweihter Ring, der Geistesstörungen heilt.

LUCINDE. So lassen Sie uns den Ehevertrag aufsetzen, damit nichts fehlt.

CLITANDRE. Ich bin dazu bereit, mein Fräulein. *(Leise zu Sganarelle.)* Ich werde den Mann kommen lassen, der meine Rezepte schreibt, und ihr einreden, es sei der Notar.

SGANARELLE. Sehr gut.

CLITANDRE. Holla! Lassen Sie den Notar heraufkommen, den ich mitgebracht habe.

LUCINDE. Wie! Sie haben einen Notar mitgebracht?

CLITANDRE. Zu Diensten, mein Fräulein.

LUCINDE. O, ich bin entzückt!

SGANARELLE. Oh die Närrin, oh die Närrin!

SIEBENTER AUFTRITT

DER NOTAR, CLITANDRE, SGANARELLE, LUCINDE, LISETTE.

Clitandre spricht leise mit dem Notar.

SGANARELLE *(zum Notar)*. Mein Herr, es soll für diese beiden Leute ein Ehevertrag aufgesetzt werden. *(Zu Lucinde.)* Siehst du, nun wird der Vertrag gemacht. *(Zum Notar.)* Ich gebe ihr als Mitgift zwanzigtausend Taler. Schreiben Sie es auf.

LUCINDE. Wie danke ich Ihnen, lieber Vater!

DER NOTAR. So, ich bin fertig. Sie dürfen nun unterzeichnen.

SGANARELLE. Ach, der Vertrag ist ja schnell fertig.

CLITANDRE *(zu Sganarelle)*. Doch wenigstens, mein Herr ...

SGANARELLE. Ach, lassen Sie es doch gut sein, wir wissen ja ... *(Zum Notar.)* Geben Sie ihr die Feder zum Unterzeichnen. *(Zu Lucinde.)* Nun, mach, unterzeichne, unterzeichne! Schnell, schnell, dann bin ich an der Reihe.

LUCINDE. Nein, nein, ich will den Vertrag in den Händen halten.

SGANARELLE *(nachdem er unterzeichnet hat)*. Nun, da hast du ihn. Bist du jetzt zufrieden?

LUCINDE. Mehr als man sich vorstellen kann!

SGANARELLE. Das ist schön, das ist schön!

CLITANDRE. Ich habe aber nicht nur für einen Notar gesorgt, ich habe auch Musikanten und Tänzer kommen lassen, damit wir gleich die Hochzeit feiern können. Lassen Sie sie hereinkommen. Es sind Leute, die ich überall mit hinnehme. Ich brache sie täglich, um durch ihre Harmonien und Tänze die Unruhe des Geistes zu beschwichtigen.

ACHTER AUFTRITT

SGANARELLE, LUCINDE, CLITANDRE, LISETTE, MUSIKANTEN UND TÄNZER.

Die Musikanten und Tänzer stellen das Lustspiel, die Musik und den Tanz, das Spiel, das Lachen und die Freude dar.

LUSTSPIEL, MUSIK UND TANZ (*singen*).
Wir sind jene, denen man verdankt,
Dass man nicht leidet und erkrankt.
Kommen zur Rettung, sperrt auf die Ohren,
Denn wir heilen mehr als alle Doktoren.

DAS LUSTSPIEL.
Wollt ihr all den Krankheitsplagen
Ohne Arzt und Kur entgehn,
Dann entsagt mit Herz dem Galen,
Lasst auch Hippokrates stehn.
Kommt zu uns! Wir heilen euch
Mit Spiel und Lachen und der Freude.

LUSTSPIEL, MUSIK UND TANZ.
Wir sind jene, denen man verdankt,
Dass man nicht leidet und erkrankt.
Kommen zur Rettung, sperrt auf die Ohren,
Denn wir heilen mehr als alle Doktoren.

Während das Spiel, das Lachen und die Freude tanzen, führt Clitandre Lucinde fort.

NEUNTER AUFTRITT

SGANARELLE, LISETTE, MUSIKANTEN, TÄNZER.

SGANARELLE. Das nenne ich mal eine Kur! Aber wo ist denn meine Tochter und der Arzt?

LISETTE. Die wollen die Ehe nun auch ganz vollstrecken.

SGANARELLE. Die Ehe! Wieso?

LISETTE. Herr Gott nochmal, mein Herr, der Fuchs ist in die Falle gegangen. Der Streich, den Sie zu machen glaubten, ist und bleibt Wahrheit.

SGANARELLE. Zum Teufel auch! *(Er will Clitandre und Lucinde nacheilen, die Tänzer halten ihn aber zurück.)* Lasst mich fort! Lasst mich fort, sag ich euch! *(Die Tänzer halten ihn weiter zurück.)* Wird's bald? *(Die Tänzer wollen ihn zum Tanzen zwingen.)* Verdammtes Gesindel!

MOLIÈRE

Der Arzt wider Willen

Le Médecin malgré lui
(1666)

Eine Komödie in drei Akten

M. U. SEARS. SC. LONDON.

PERSONEN

GÉRONTE, *ein reicher Bürger*
LUCINDE, *seine Tochter*
LÉANDRE, *ihr Geliebter*
SGANARELLE
MARTINE, *Sganarelles Frau*
HERR ROBERT, *sein Nachbar*
VALÈRE, *Verwalter des Géronte*
LUCAS
JACQUELINE, *Frau des Lucas und Amme bei Géronte*
THIBAUT, *Bauer*
PERRIN, *dessen Sohn*

ERSTER AUFZUG

Ein Wald.

ERSTE SZENE

SGANARELLE, MARTINE.
Sie streiten miteinander.

SGANARELLE. Nein, ich sage dir, ich bin der Herr im Haus. Und du hast nicht dazwischen zu quatschen.

MARTINE. Und ich sage dir, dass du nach meiner Pfeife tanzen sollst. Ich habe dich nicht geheiratet, damit ich deine Dummheiten ertragen muss.

SGANARELLE. Ach, was ist das doch für eine Last, ein solches Weib zu haben! Aristoteles hat recht, wenn er sagt: Ein Weib ist schlimmer als der Teufel!

MARTINE. Da sehe mir einer den grundgescheiten Mann an! Was juckt mich dein dämlicher Aristoteles!

SGANARELLE. Ja, ja, ein grundgescheiter Mann! Das bin ich. Finde mir doch einmal einen Holzhacker, der wie ich über alles mitschwatzen kann, der sechs Jahre lang bei einem berühmten Arzt gedient hat und der schon als Knabe die Lateinfibel auswendig wusste!

MARTINE. Ach, hol dich der Henker, du dummer Halunke!

SGANARELLE. Soll dich doch der Henker holen, du Hexe!

MARTINE. Verflucht sei die Stunde, in der ich dir ja sagte!

SGANARELLE. Verflucht sei der Trottel von Notar, der mich mein Verderben unterschreiben ließ!

MARTINE. Ausgerechnet du beklagst dich? Jeden Augenblick sollst du Gott auf den Knien danken, dass du mich zur Frau bekommen hast? Verdienst du etwa eine Frau wie mich?

SGANARELLE. Ja wahrhaftig, du hast mir allzu viel Ehre angetan, das hab ich bereits in unserer Hochzeitsnacht bemerkt. Zum Henker auch! Bring mich nur ja nicht auf dieses Thema, ich könnte sonst Geschichten erzählen ...

MARTINE. Oha! Was könnte das denn sein?

SGANARELLE. Schon gut, lassen wir das Kapitel! Genug, dass wir wissen, was wir wissen. Es war ein großes Glück, dass du mich bekommen hast!

MARTINE. Was faselst du da von großem Glück, dass ich bekommen haben soll? Ein Kerl, der mich ins Armenhaus bringt, einen Vielfraß, einen Taugenichts, der alles verfrisst, was ich habe!

SGANARELLE. Das stimmt nicht, die Hälfte vertrinke ich.

MARTINE. Der mir Stück für Stück alles verkauft, was ich im Haus habe!

SGANARELLE. So lässt sich wirtschaftlicher leben.

MARTINE. Der mir sogar das Bett unterm Hintern weg verkauft hat!

SGANARELLE. Damit du früher aufstehen kannst.

MARTINE. Der mir nichts mehr im Haus gelassen hat!

SGANARELLE. So lässt es sich leichter umziehen.

MARTINE. Und der vom Morgen bis zum Abend nichts anderes tut, als spielen und saufen!

SGANARELLE. Na hör mal! Ich muss mir doch die Zeit vertreiben.

MARTINE. Und was soll ich indessen mit meinen Kindern anfangen?

SGANARELLE. Alles, was dir gefällt.

MARTINE. Vier kleine Kinder hängen mir am Hals.

SGANARELLE. Dann stell sie auf den Boden.

MARTINE. Die alle Augenblicke nach Brot schreien.

SGANARELLE. Dann gib ihnen die Rute. Wenn ich gut gegessen und getrunken habe, dann sollen auch alle anderen in meinem Hause satt werden.

MARTINE. Glaubst du etwas, dass dies ewig so weitergehen kann, du Säufer du?

SGANARELLE. Nur ruhig Blut, mein liebes Weib.

MARTINE. Soll ich mir deine Frechheit und deine dummen Streiche etwa bis in alle Ewigkeit gefallen lassen?

SGANARELLE. Lass uns nicht zu aufbrausend werden, mein liebes Weib.

MARTINE. gibt es denn ein Mittel, dich an deiner Pflichten zu erinnern?

SGANARELLE. Du weißt doch, mein liebes Weib, dass ich von Natur aus jähzorig bin und dass ich, wenn's drauf ankommt, meine Faust einzusetzen weiß.

MARTINE. Zum Henker mit deinen Drohungen!

SGANARELLE. Mein liebes kleines Weiblein, Täubchen, dir scheint die Haut wieder einmal zu jucken!

MARTINE. Du wirst schon sehen, dass ich mich nicht vor dir fürchte!

SGANARELLE. Meine bessere Hälfte, willst du etwa ein Andenken von mir bekommen?

MARTINE. Glaubst du, dein Gerede macht mir Angst?

SGANARELLE. Liebster Gegenstand meiner Zärtlichkeiten, ich werde dich bei den Ohren packen!

MARTINE. Du Saufbold, du!

SGANARELLE. Du bekommst Keile!

MARTINE. Du Schnapsloch!

SGANARELLE. Ich schlag dich grün und blau!

MARTINE. Du Erzhalunke!

SGANARELLE. Ich werd dich flach klopfen!

MARTINE. Du Schuft! Du Großfresse! Betrüger! Niederträchtiger Spitzbube! Du Galgenstrick! Du Lump! Du Taugenichts! Du Halunke! Du Dieb! Du Räuber!

SGANARELLE. Du willst es also nicht anders? *(Er nimmt einen Stock und schlägt sie.)*

MARTINE. Au! Au! Au! Au!

SGANARELLE. Das ist das einzige Mittel, dir das Maul zu stopfen.

ZWEITE SZENE

HERR ROBERT, SGANARELLE, MARTINE.

HERR ROBERT. Halt! halt! halt! Pfui! Was soll das? Welche Schande! Verfluchter Kerl! So seine Frau zu schlagen?

MARTINE *(stemmt die Hände in die Hüften, drängt Herrn Robert zurück und gibt ihm eine Ohrfeige).* Und wenn ich mich von ihm schlagen lassen will?

HERR ROBERT. Ach, dann habe ich nichts dagegen.

MARTINE. Was haben Sie sich überhaupt hineinzumischen?

HERR ROBERT. Ganz unrecht ist das.

MARTINE. Geht Sie das was an?

HERR ROBERT. Nicht im Geringsten.

MARTINE. Da sieh sich einer dieses Früchtchen an, will die Männer davon abhalten, ihre Frauen zu schlagen!

HERR ROBERT. Ich nehme alles zurück.

MARTINE. Ist das etwa Ihre Sache?

HERR ROBERT. Ganz und gar nicht.

MARTINE. Müssen Sie Ihre Nase hineinstecken?

HERR ROBERT. Nein!

MARTINE. Kümmern Sie sich um Ihren eigenen Kram!

HERR ROBERT. Ich sage ja kein Wort mehr!

MARTINE. Ich will ja geschlagen werden!

HERR ROBERT. Auch gut.

MARTINE. Ihnen tut es doch nicht weh!

HERR ROBERT. Ganz richtig.

MARTINE. Sie sind ein Dummkopf, wenn Sie sich in Sachen einmischen, die Sie nichts angehen.

HERR ROBERT *(zu Sganarelle, der ihn ebenfalls vor sich hertreibt und ihn zuletzt mit seinem Stock schlägt und wegjagt).* Mein Herr, ich bitte Sie von ganzem Herzen um Entschuldigung. Fahren Sie nur fort, schlagen Sie, prügeln Sie Ihre Frau, wie es sich gehört. Ich helfe Ihnen dabei, wenn es recht ist.

SGANARELLE. Das will ich aber nicht.

HERR ROBERT. Ja doch, das ist etwas anderes.

SGANARELLE. Wenn ich Lust danach habe, schlage ich sie, und wenn ich keine habe, schlage ich sie nicht.

HERR ROBERT. Auch recht!

SGANARELLE. Es ist meine Frau und nicht Ihre!

HERR ROBERT. Ganz ohne Zweifel!

SGANARELLE. Sie haben mir nicht zu befehlen!

HERR ROBERT. Gott bewahre!

SGANARELLE. Gehen Sie zum Teufel mit Ihrer Hilfe!

HERR ROBERT. Allzu gern.

SGANARELLE. Das ist doch eine Unverfrorenheit, sich in fremde Angelegenheiten einzumischen! Wie hat schon Cicero gesagt: Zwischen Baum und Finger sollst du keine Rinde mehr stecken. *(Nachdem Herr Robert auf und davon ist, geht er zu Martine zurück und nimmt ihre Hand.)* Na, komm schon! Lass uns wieder Frieden schließen. Schlag ein!

MARTINE. Ach jetzt? Nachdem du mich so verdroschen hast!

SGANARELLE. Nicht der Rede wert. Schlag ein!

MARTINE. Ich will nicht.

SGANARELLE. Nun?

MARTINE. Nein.

SGANARELLE. Mein liebstes Herzilein!

MARTINE. Niemals!

SGANARELLE. Komm schon!

MARTINE. Das mach ich nicht.

SGANARELLE. Komm, komm, komm!

MARTINE. Nein, nein, nein, ich bin böse.

SGANARELLE. Pfui! Wegen so einem Pippifax! Komm schon, komm!

MARTINE. Lass mich in Ruhe!

SGANARELLE. Schlag ein, sage ich dir!

MARTINE. Du hast mich zu arg misshandelt.

SGANARELLE. Nun, siehst du, ich bitte dich um Verzeihung! Gib mir deine Hand!

MARTINE. Ich verzeihe dir! *(Leise beiseite.)* Das wirst du mir büßen!

SGANARELLE. Nun lass es gut sein, nimm es dir nicht so etwas zu Herzen. Das sind doch Kleinigkeiten, die zur Beziehung dazu gehören und von Zeit zu Zeit nötig sind. Und unter Eheleuten frischen so ein paar Stockhiebe die Zärtlichkeiten wieder auf. Ich gehe jetzt in den Wald und verspreche dir auch für heute mehr als einhundert Bündel Reisig.

DRITTE SZENE

MARTINE. Geh nur! Wenn ich mich auch freundlich gestellt habe, das vergesse ich dir nicht! Ich werde schon Mittel finden, dir die Schläge heimzuzahlen. Ich weiß sehr wohl, dass eine Frau es immer in der Hand hat, sich an ihrem Mann zu rächen: Aber das wäre eine zu feine Strafe für meinen Schurke von Mann. Es muss eine Rache sein, dass ihm vor Schmerzen ewig der Buckel brennt, und das wäre mir noch nicht genug für eine solche Beleidigung.

VIERTE SZENE

VALÈRE, LUCAS, MARTINE.

LUCAS *(sieht Martine nicht).* Zum Teufel auch! Da haben wir aber eine hübsche Sache an der Backe, und ich habe noch keine Ahnung, keine Ahnung nicht, wie wir das zustande bringen sollen!

VALÈRE *(sieht Martine ebenfalls nicht).* Was hilft es, mein lieber Lucas? Wir haben unserem Herrn zu gehorchen. Und außerdem liegt uns beiden ja auch daran, dass seine Tochter wieder gesund wird. Denn ihre Hochzeit, die jetzt wegen ihrer Krankheit verschoben wurde, wird uns ganz gewiss ordentlich was einbringen. Herr Horace ist freigebig und kann so gut wie jeder andere Ansprüche auf sie erheben. Auch wenn sie einige Zuneigung für einen gewissen Léandre gezeigt hat, doch weißt du ja sicher, dass ihr Vater ihn niemals als Schwiegersohn annehmen würde.

MARTINE *(glaubt sich allein).* Wie komm ich zu meiner Rache? Warum fällt mir nichts ein?

LUCAS. Warum musste er sich as auch noch in den Kopf setzen, unser Herr, wenn doch die Herren Ärzte schon alle mit ihrem Latein am Ende sind?

VALÈRE. Wer lange sucht, findet mitunter unvermutet, was er zunächst nicht finden konnte. Und dies oft an ganz unscheinbaren Orten ...

MARTINE *(glaubt sich immer noch allein).* Koste es, was es wolle, ich räche mich an ihm. Seine Stockschläge gehen mir so zu Herzen, ich kann sie nicht verschmerzen, und ... *(Sie stößt mit Valère und Lucas zusammen.)* Oh, meine Herren, ich bitte um Entschuldigung. Ich sah Sie nicht, ich war gerade ganz in Gedanken versunken.

VALÈRE. So hat jeder seine Sorgen in der Welt, gute Frau. Auch wir suchen etwas, das wir nur allzu gern finden möchten.

MARTINE. Kann ich Ihnen vielleicht behilflich sein?

Valère. Gut möglich. Wir suchen einen geschickten Mann, einen klugen Arzt, der der Tochter unseres Herrn helfen kann. Sie hat plötzlich durch eine Krankheit die Sprache verloren. Die Ärzte haben schon alle ihre Methoden an ihr erschöpft, doch manchmal kommt man an Leute, die wahre Wundertaten vollbringen mit ganz bestimmten Heilmitteln, und die schaffen dann, wozu die anderen nicht fähig waren. Einen solchen Mann suchen wir.

MARTINE *(leise beiseite).* Hihi, der Himmel gibt mir da gerade einen herrlichen Einfall ein, wie ich mich an meinem Halunken rächen kann! *(Laut.)* Sie hätten es nicht besser treffen können. Hier gibt es einen solchen Mann, der wunderbarste Mann der Welt, der die hoffnungslosesten Fälle kuriert.

VALÈRE. Was! Um Himmelswillen! Sagen Sie uns, wo wir ihn finden?

MARTINE. Sie finden ihn jetzt gerade dort auf der kleinen Lichtung dort drüben. Er vertreibt sich da die Zeit mit Holzhacken.

LUCAS. Ein Arzt, der Holz hackt!

VALÈRE. Der sich damit beschäftigt, Kräuter zu sammeln, wollten Sie wohl sagen?

MARTINE. Nein, nein! Er ist ein sonderbarer Mann, der seine Freude daran hat, ein wunderlicher, eigensinniger, launischer und streitsüchtiger Mann. Sie würden ihn wahrscheinlich nie für das halten, was er ist. Er ist ziemlich eigenartig gekleidet, tut manchmal so, als wäre er der dümmste Mensch von der Welt, hält seine Wissenschaft versteckt und hat stets eine helle Angst davor, die unvergleichlichen Wundergaben anzuwenden, die ihm der Himmel gegeben hat.

VALÈRE. Es ist sonderbar, alle großen Geister müssen wohl ihre Macken haben. Ein Fünkchen Wahnsinn, so scheint es, gehört zu ihrer Wissenschaft dazu.

MARTINE. Bei diesem hier ist der Wahnsinn größer, als man das glauben kann. Er ist so groß, dass man ihn prügeln muss, damit er sich zu seinen Fähigkeiten bekennt. Und eines sage ich Ihnen im Voraus, wenn er es sich einmal in den Kopf gesetzt hat, wird er sich nie dazu bekennen, dass er ein Arzt ist. Sie müssen beide einen Stock zur Hand nehmen und ihn so lange prügeln, bis er Ihnen schließlich beichtet, was er zunächst leugnen wollte. Bei uns jedenfalls machen wir das so, wenn wir ihn konsultieren wollen!

VALÈRE. Das ist ja eine sonderbare Macke!

MARTINE. Gewiss! Hinterher aber werden Sie sehen, dass er Wunder vollbringt.

Valère. Wie heißt er?

MARTINE. Sganarelle. Sie werden ihn gleich erkennen: Er hat einen breiten schwarzen Bart, trägt eine Halskrause und eine grün und gelb gestreifte Weste!

LUCAS. Grün und gelb! Das ist wohl ein Papgei?

VALÈRE. Ist er aber auch wirklich so geschickt, wie Sie sagen?

MARTINE. Was! Dieser Mann vollbringt wahre Wunder. Vor einem halben Jahr wurde eine Frau schon von allen anderen Ärzten aufgegeben. Man hielt sie bereits sechs Stunden für tot und bereitete schon das Begräbnis vor, da zitierte man den besagten Mann mit roher Gewalt herbei. Er sah sie sich an und gab ihr was auch immer für ein kleines Tröpfchen ein und im selben Augenblick stand sie vom Bett auf und spazierte in der Stube herum, als ob nichts gewesen wäre.

LUCAS. Uff!

VALÈRE. Das muss ein Tropfen von dieser Goldtinktur gewesen sein, von der man überall hört.

MARTINE. Gut möglich. Es sind noch keine drei Wochen her, da fiel ein 12-jähriger Junge vom Kirchturm auf das Steinpflaster und brach sich Kopf, Arme und Beine. Kaum war der Mann da, rieb er ihm den ganzen Körper mit einer bestimmten selbst gemachten Salbe ein. Und schon sprang der Junge auf die Füße und ging Murmelspielen.

LUCAS. Uff!

VALÈRE. Der Mann muss ein Allheilmittel besitzen!

MARTINE. Daran zweifelt hier niemand!

LUCAS. Donnerwetter! Das ist ja genau der Mann, den wir suchen. Wir wollen ihn auf der Stelle aufsuchen.

VALÈRE. Wir danken für Ihre Güte!

MARTINE. Aber vergessen Sie ja nicht, was ich Ihnen geraten habe!

LUCAS. Ach, seien Sie unbesorgt! Wenn es nur auf eine Tracht Prügeln ankommt, dann haben wir ihn schon in der Tasche.

VALÈRE *(zu Lucas)*. Wir sind wirklich Glückspilze, dass uns diese Frau über den Weg gelaufen ist. Ich für meinen Teil bin jetzt in überaus optimistisch.

FÜNFTE SZENE

SGANARELLE, VALÈRE, LUCAS.

SGANARELLE *(singt hinter der Szene).* La, la, le, lu ...!

VALÈRE. Da ist einer beim Holzhacken und trällert dazu.

SGANARELLE *(sieht sie nicht; er hält eine Flasche in der Hand).* La, la, le, lu! Mein Gott, ich denke, ich habe lange genug gearbeitet und kann mir zur Belohnung einen Schluck genehmigen. Man muss doch wieder zu Kräften kommen! *(Er trinkt.)* Donnerwetter, das Holz hier ist aber auch salzig.

(Er singt.)

Oh liebes Fläschchen,
La, la, le, lu!
Wie säuselt im Ohr mir
Dein zartes Glu-glu!
Nur eines, das fehlt dir,
Sonst wärst du perfekt,
Dass dein zartes Glu-glu
Nicht mehr glut
Wenn kein Tropfen mehr
In dir steckt.

Ach, zum Teufel auch, da muss man kein Trübsal blasen.

VALÈRE *(leise zu Lucas).* Das ist er leibhaftig.

LUCAS *(leise zu Valère).* Du hast wahrscheinlich recht. Und wir sind gerade mit der Nase auf ihn gestoßen.

VALÈRE. Gehen wir näher hin.

SGANARELLE *(küsst seine Flasche).* Ha, kleine Spitzbübin, wie lieb ich dich habe, mein Schätzchen! *(Er singt, bis er Valère und Lucas bemerkt, und summt dann leise weiter.)*

Nur eines, das fehlt dir,
Sonst wärst du perfekt ...

Was zum Teufel! Wen suchen die beiden hier?

VALÈRE *(zu Lucas).* Ohne Zweifel, das ist er.

LUCAS. Er sieht genauso schrecklich aus, wie er uns beschrieben wurde.

(Sganarelle stellt die Flasche auf die Erde. Weil sich Valère bei der Begrüßung bückt, stellt er sie auf die andere Seite. Dann tut Lucas dasselbe. Sganarelle aber nimmt seine Flasche wieder auf und drückt sie sich fest an seine Brust.)

SGANARELLE *(beiseite).* Sie sehen mich an und beraten sich. Was wollen die von mir?

VALÈRE. Mein Herr, sind Sie nicht Sganarelle?

SGANARELLE. Na und?

VALÈRE. Ich frage, ob Sie nicht Sganarelle heißen?

SGANARELLE *(wendet sich zu Valère und dann zu Lucas).* Ja und nein, je nachdem, was Sie von mir wollen.

VALÈRE. Wir wollen nichts, nur Ihnen unsere ganze Höflichkeit erweisen.

SGANARELLE. In diesem Fall bin ich Sganarelle.

VALÈRE. Mein Herr, wir sind hocherfreut, Ihre Bekanntschaft zu machen. Man hat Sie uns empfohlen und wir bitten Sie inständig um Ihre Hilfe. Wir haben sie bitter nötig.

SGANARELLE. Wenn es mit meinem kleinen Gewerbe zu tun hat, stehe ich Ihnen gern zur Verfügung.

VALÈRE. Sie sind zu gütig, mein Herr! Aber, bedecken Sie sich doch, die Sonne könnte Ihnen lästig werden.

LUCAS. Bedecken Sie sich, mein Herr.

SGANARELLE *(beiseite).* Was für höfliche Leute das sind. *(Er setzt seine Mütze auf.)*

VALÈRE. Wundern Sie sich nicht, mein Herr, dass wir zu Ihnen gekommen sind. Tüchtige Leute werden immer gesucht und wir wissen, wie wunderbar Sie Ihr Handwerk verstehen.

SGANARELLE. Ganz richtig, meine Herren. Beim Holzhacken gibt es niemanden auf der ganzen Welt, der sich mit mir messen könnte.

VALÈRE. Ach, mein Herr!

SGANARELLE. Da spare ich mir keine Mühe und mache sie auf eine Art, die nichts zu wünschen übrig lässt.

VALÈRE. Davon ist ja nicht die Rede, mein Herr!

SGANARELLE. Ich verkaufe hundert Reisigbündel für fünf Francs zehn Sous.

VALÈRE. Bitte, sprechen wir nicht davon.

SGANARELLE. Ich geben Ihnen mein Wort, günstiger bekommen Sie sie nicht.

VALÈRE. Wir wissen schon Bescheid, mein Herr.

SGANARELLE. Wenn Sie bereits Bescheid wissen, dann sollten Sie auch wissen, dass ich sie immer so verkaufe.

VALÈRE. Mein Herr, Sie scherzen wohl mit uns!

SGANARELLE. Nein, ich scherze nicht. Ich werde Ihnen keinen einzigen Sou nachlassen.

VALÈRE. Lassen Sie uns doch das Thema wechseln, mein Herr!

SGANARELLE. Anderswo gibt es sie billiger. Aber es gibt Reisig und Reisig. Doch den, wie ich ihn mache …

VALÈRE. Ach, mein Herr, lassen wir es gut sein!

SGANARELLE. Ich schwöre Ihnen, Sie bekommen Sie nicht für einen Heller weniger.

VALÈRE. Ach, pfui!

SGANARELLE. Nein, unter uns! Sie müssen so viel geben. Ich bin ganz aufrichtig, denn ich bin nicht der Mann, der die Leute über den Tisch zieht.

VALÈRE. Wie kann ein Mann wie Sie, mein bester Herr, sich nur mit so schlechten Ausreden abgeben und sich herablassen, so zu reden! Wie kann ein so großer gelehrter, ein berühmter Arzt wie Sie sich vor den Leuten verstecken und seine schönen Talente verbergen!

SGANARELLE *(beiseite)*. Der Kerl ist verrückt!

VALÈRE. Wir bitten Sie inständig, mein Herr, verstellen Sie sich nicht länger!

SGANARELLE. Wieso?

LUCAS. Der ganze Schnickschnack hilft Ihnen ja doch nicht! Wir wissen schon, was wir wissen.

SGANARELLE. Was denn? Was reden Sie da? Für wen halten Sie mich?

VALÈRE. Für das, was Sie sind, für einen großen Arzt.

SGANARELLE. Ich und ein großer Arzt! Ganz bestimmt nicht. Und ich bin auch nie einer gewesen!

VALÈRE *(beiseite)*. Da haben wir seine Macke! *(Laut.)* Mein Herr, leugnen Sie doch nicht länger und zwingen Sie uns nicht, zum Äußersten greifen zu müssen.

SGANARELLE. Zu was denn?

VALÈRE. Zu etwas, was wir nur sehr ungern täten!

SGANARELLE. Ach, zum Henker! Macht, was ihr wollt. Ich bin kein Arzt und weiß nicht, was Sie von mir wollen.

VALÈRE *(leise)*. Ich sehe schon, wir müssen Tacheles reden. *(Laut.)* Mein Herr, ich bitte noch einmal, gestehen Sie uns, was Sie sind.

LUCAS. Mein Gott, zum Henker, druckst nicht länger herum und sagt frei heraus, dass Sie ein Doktor sind.

SGANARELLE *(beiseite)*. Ich werde noch irre!

VALÈRE. Warum leugnen Sie, was wir wissen?

LUCAS. Wozu der Klamauk? Es hilft Ihnen ja doch nicht?

SGANARELLE. Meine Herren, ein für alle Mal, ich sage Ihnen, dass ich kein Arzt bin.

VALÈRE. Sie sind kein Arzt?

SGANARELLE. Nein.

LUCAS. Sie wollen kein Arzt sein?

SGANARELLE. Nein, sage ich Ihnen.

VALÈRE. Wenn Sie es denn nicht anders wünschen, müssen wir wohl zur Tat schreiten.

(Sie nehmen beiden einen Stock zur Hand und prügeln ihn.)

SGANARELLE. Au, Au, Au! Meine Herren, ich will alles sein, was Sie wollen.

VALÈRE. Mein Herr, warum zwingen Sie uns zu dieser Gewalt?

LUCAS. Warum zwingen Sie uns auch, Sie durchzuwamsen?

VALÈRE. Ich versichere Ihnen, es tut mir aufrichtig leid.

LUCAS. Ja, meine Güte, ich bedauere es ja auch.

SGANARELLE. Nun sagen Sie mir aber zum Teufel, meine Herren, was das alles bedeuten soll? Wollen Sie sich über mich lustig machen oder sind Sie beide so verrückt, sich einzubilden, dass ich ein Arzt wäre?

VALÈRE. Wie, Sie wollen sich noch nicht ergeben? Sie wollen immer noch leugnen, dass Sie ein Arzt sind?

SGANARELLE. Ach, hol mich der Teufel, wenn ich einer bin!

LUCAS. Sie wollen kein Arzt sein?

SGANARELLE. Nein! Ich will verflucht sein! *(Sie schlagen ihn erneut.)* Au! Au! Nun gut, meine Herren! Ja, weil Sie es so wollen. Ich bin ein Arzt, ich bin ein Arzt! Ich bin auch noch ein Apotheker, wenn Sie es wünschen. Ich will lieber zu allem ja sagen, ehe ich mich totschlagen lasse.

VALÈRE. Ah, so ist es brav, mein Herr! Ich bin sehr glücklich, Sie so verständig zu sehen.

LUCAS. Mir lacht das Herz, wenn ich Sie so reden höre.

VALÈRE. Ich bitte tausend Mal um Vergebung.

LUCAS. Vergeben Sie mir die Freiheit, die ich mir herausgenommen habe.

SGANARELLE *(beiseite)*. Oh! Irre ich mich etwa selber? Vielleicht bin ich ein Arzt geworden, ohne dass ich es gemerkt habe?

VALÈRE. Mein Herr, Sie werden es nicht bereuen, dass Sie sich zu erkennen gaben. Ich verspreche Ihnen, Sie werden eine gute Belohnung erhalten.

SGANARELLE. Aber, meine Herren, sagen Sie mir in allem Ernst, irren Sie sich gar selber? Ist es denn ganz gewiss, dass ich ein Arzt bin?

LUCAS. Ja, so wahr ich lebe!

SGANARELLE. Im Ernst?

VALÈRE. Ganz ohne Zweifel!

SGANARELLE. Ach, hol mich der Teufel, hätte ich das nur früher gewusst!

VALÈRE. Was sagen Sie! Sie sind der berühmteste Arzt der Welt!

SGANARELLE. Sieh einer an!

LUCAS. Ein Arzt, der schon ich weiß nicht wie viele Krankheiten geheilt hat!

SGANARELLE. Alle Achtung!

VALÈRE. Der eine Frau, die man schon sechs Stunden für tot gehalten hat und schon begraben werden sollte, mit einem irgendeinem Trank wieder lebendig gemacht hat, sodass sie aufstand und durchs Zimmer spazierte.

SGANARELLE. Alle Achtung!

LUCAS. Der einen zwölfjährigen Jungen, der vom Turm stürzte und sich Hals, Arme und Beine brach, mit ich weiß nicht für einer Salbe heilte, sodass er gleich auf die Füße sprang und fortlief, um mit Murmeln zu spielen.

SGANARELLE. Den Teufel auch!

VALÈRE. Mit einem Wort, mein Herr, Sie werden mit uns zufrieden sein. Wenn Sie uns dahin begleiten, wohin wir Sie führen wollen, können Sie verlangen, was Sie nur wünschen.

SGANARELLE. Ich soll erhalten, was ich mir wünsche?

VALÈRE. Ja.

SGANARELLE. Nun, dann bin ich Arzt, ganz ohne Widerrede. Ich hatte es nur vergessen. Jetzt entsinne ich mich. Um was handelt es sich denn eigentlich? Wohin soll ich mich begeben?

VALÈRE. Wir werden Sie führen. Sie sollen ein Fräulein heilen, das die Sprache verloren hat.

SGANARELLE. Meine Güte, ich habe sie nicht gefunden.

VALÈRE *(leise zu Lucas)*. Er liebt es zu scherzen. *(Laut.)* Lass uns gehen, mein Herr.

SGANARELLE. Ohne Arztrock?

VALÈRE. Den beschaffen wir noch.

SGANARELLE *(reicht Valère seine Flasche)*. Nehmen Sie die, das sind meine Wundertropfen drin. *(Er spuckt vor Lucas aus und sagt:)* Und Sie, treten an diese Stelle. Auf Anweisung des Arztes!

LUCAS. Donnerwetter! Dieser Doktor gefällt mir. Der wird Erfolg haben, denn der hat Witz.

ZWEITER AUFZUG

Ein Zimmer im Haus von Geronte.

ERSTE SZENE

GERONTE, VALÈRE, LUCAS, JACQUELINE.

VALÈRE. Ja, ja, Herr Géronte, Sie können mit uns zufrieden sein, wir haben Ihnen den größten Arzt der Welt mitgebracht.

LUCAS. Verflixt und zugenäht! Gegen den ist kein Kraut gewachsen: Alle anderen sind nicht wert, ihm die Füße zu waschen.

VALÈRE. Der Mann hat wahre Wunder vollbracht.

LUCAS. Hat Leute vom Totenbett wieder auferstehen lassen.

Valère. Er hat so seine Macken, wie ich Ihnen bereits sagte. Mitunter hat er Augenblicke, da ist er wie in Trance und dann glaubt man's kaum, was er in Wahrheit ist.

LUCAS. Ja, ja, er macht gern Späße, und manchmal denkt man, mit Verlaub, dass er nicht ganz richtig ist im Oberstübchen.

VALÈRE. Aber sonst ist er grundgescheit und bringt oft die erhabensten Gedanken hervor.

LUCAS. Wenn er erst einmal in Fahrt ist, spricht er wie gedruckt.

VALÈRE. Ja, ja, sein Ruf ist schon bis hierher gedrungen, alle Leute wollen ihn sehen.

GÉRONTE. Ich brenne vor Ungeduld! Lasst ihn nur gleich hereinkommen.

VALÈRE. Ich hole ihn herein.

JACQUELINE. Herrje! Der wird wohl genauso versagen wie alle anderen. Das wird nicht anders werden, immer die gleiche Leier, und ich sag's rundheraus, die beste Medizin für Ihre Tochter wäre ein hübscher anständiger Mann, den sie lieb hat.

GÉRONTE. Ach, gute Amme, misch dich doch nicht in fremder Angelegenheiten ein.

LUCAS. Halt's Maul, Weib! Steck deine Nase nicht in Dinge, die dich nichts angehen!

JACQUELINE. Ach, Herr, ich bleibe dabei und sage, alle diese Doktoren sind nichts anderes als Windbeutel. Ihre Tochter braucht ganz was anderes als Rhabarber und Senfblätter. Ein Mann ist das richtige Pflaster, das alle Jungfernkrankheiten heilt.

GÉRONTE. Wer soll sie denn jetzt wollen in dieser Verfassung? Als ich sie verheiraten wollte, war sie da nicht selbst dagegen?

JACQUELINE. Das verstehe ich nur allzu gut! Sie wollten ihr ja einen Mann zuschanzen, den sie nicht ausstehen kann. Warum nehmen Sie nicht den guten Herrn Léandre, der ihr so am Herzen liegt? Und ich wette, bei dem wäre sie schon gehorsam gewesen, der nähme sie, wie sie ist, wenn Sie sie ihm geben würden.

GÉRONTE. Léandre ist kein Mann für sie, er ist nicht so reich wie der andere.

JACQUELINE. Er hat aber einen Onkel, der so reich ist, und den er beerben wird.

GÉRONTE. Potzblitz! Ein Vermögen, das noch aussteht, das ist mir nichts als Bimbam. Besser haben als noch kriegen, sonst läuft man Gefahr, sich zu verrechnen, wenn man auf ein Vermögen spekuliert, das ein anderer für uns aufbewahrt. Der Tod hat nicht immer offene Ohren für die Wünsche und Gebete der Herren Erben. Man nagt alle Zeit am Hungertuch, wenn man erst darauf warten muss, bis einer ablebt, damit man selber leben kann.

JACQUELINE. Herrje! Ich habe aber gehört, dass beim Heiraten wie auch sonst bei allen Dingen Glück über alles Geld und Gut geht. Eltern haben leider immer die schlechte Angewohnheit, stets zu fragen: »Was besitzt er? Und was besitzt sie?« Hat nicht neulich Gevatter Pierre seine Tochter Simonette mit dem schwabbligen Thomas verheiratet, nur weil dem sein Weinberg ein Viertel mal größer war als der vom jungen Robin, auf den sie ganz versessen war. Jetzt ist das arme Geschöpf so gelb geworden wie eine Quitte und hat in der ganzen Zeit nicht ein Quäntchen zugenommen. Da haben Sie ein Beispiel, Herr Géronte. Man lebt nur einmal auf der Welt. Wenn's nach mir ginge, ich würde meiner Tochter lieber einem Mann geben, den sie liebt, als einen, der alles Geld der Welt besäße.

GÉRONTE. Verflucht auch, Amme, was du für ein freches Mundwerk hast! Schweig, sag ich dir. Wenn du dich so aufregst, wird dir deine Muttermilch noch sauer.

LUCAS *(schlägt bei jedem Satz auf die Schulter Gérontes).* Verdammte Schwätzerin, schweig still! Du hast ein loses Maul. Was hat unser Herr dein Gefasel nötig. Er weiß schon, was er zu tun hat. Stille du dein Kind und spiele nicht die Neunmalkluge. Herr Géronte ist der Vater seiner Tochter und hat genug Grütze im Kopf, um zu wissen, was gut für sie ist.

GÉRONTE. Sachte, sachte doch!

LUCAS *(schlägt Géronte weiter auf die Schulter).* Mein Herr, ich will sie nur ein bisschen zahmer machen und ihr beibringen, dass sie Ihnen Respekt zu zollen hat.

GÉRONTE. Recht so! Aber die Hiebe kannst du dir sparen!

ZWEITE SZENE

VALÈRE, SGANARELLE, GÉRONTE, LUCAS, JACQUELINE.

VALÈRE. Hier ist er, bester Herr! Das ist unser Doktor.

GÉRONTE *(zu Sganarelle).* Mein Herr, ich bin erfreut, Sie hier zu sehen, denn wir haben Ihre Hilfe bitter nötig.

SGANARELLE *(im Doktorrock mit einem sehr spitzen Hut).* Hippokrates sagt: Wir sollen uns beide bedecken.

GÉRONTE. Das sagt Hippokrates?

SGANARELLE. Ja.

GÉRONTE. In welchem Kapitel, wenn ich fragen darf?

SGANARELLE. Im Kapitel ... von den Hüten.

GÉRONTE. Wenn Hippokrates es sagt, dann muss es ja stimmen.

SGANARELLE. Ich haben wundersame Dinge von Ihnen gehört, Herr Doktor!

GÉRONTE. Entschuldigen Sie, mit wem sprechen Sie!

SGANARELLE. Mit Ihnen!

GÉRONTE. Ich bin kein Arzt.

SGANARELLE. Sie sind kein Arzt?

GÉRONTE. Im Ernst.

SGANARELLE. Im Ernst?

GÉRONTE. In vollem Ernst. *(Sganarelle nimmt einen Stock und schlägt Géronte.)* Au! Au! Au!

SGANARELLE. Jetzt sind Sie ein Arzt! Ich bin es nicht anders geworden.

GÉRONTE *(zu Valère).* Was für einen Teufelsbraten habt ihr mir da ins Haus geschleppt?

VALÈRE. Ich sagte es Ihnen ja gleich, dass er ein echter Spaßvogel ist.

GÉRONTE. Ja doch, aber ich werde ihn für sein Späßchen vor die Tür setzen.

LUCAS. Lassen Sie es gut sein, gnädiger Herr, es war ja nur ein Witz.

GÉRONTE. Aber solche Späße gefallen mir nicht!

SGANARELLE. Mein Herr, ich bitte um Vergebung, dass ich mir diese Freiheit nahm.

GÉRONTE. Ich bin Ihr gehorsamer Diener, mein Herr.

SGANARELLE. Es tut mir leid ...

GÉRONTE. Macht nichts.

SGANARELLE. Wegen der Schläge ...

GÉRONTE. Kaum der Rede wert!

SGANARELLE. Die ich die Ehre hatte, Ihnen beizubringen.

GÉRONTE. Lassen wir es gut sein. Ich habe eine Tochter, mein Herr, die von einer seltsamen Krankheit heimgesucht wurde.

SGANARELLE. Es bin überglücklich, mein Herr, dass Ihre Tochter meiner Hilfe bedarf. Ich wünschte von ganzem Herzen, dass Sie selbst und Ihr ganzes Haus meiner Hilfe bedürfe, damit ich Ihnen zeigen kann, wie gern ich Ihnen zu Diensten stehe.

GÉRONTE. Für Ihre freundschaftliche Gesinnung bin ich Ihnen zutiefst verbunden.

SGANARELLE. Seien Sie gewiss, dass ich mit aufrichtigem Herzen zu Ihnen spreche.

GÉRONTE. Sie erweisen mir zu viel der Ehre.

SGANARELLE. Wie heißt Ihre Tochter?

GÉRONTE. Lucinde.

SGANARELLE. Lucinde! Ah! Was für ein herrlicher Name zum Verarzten! Lucinde!

GERONTE. Ich will einmal nachschauen, was sie macht.

SGANARELLE. Wer ist denn das fette Weib da?

GERONTE. Das ist die Amme meines jüngsten Kindes.

SGANARELLE *(beiseite)*. Potzblitz! Ist das ein prächtiges Stück! *(Laut.)* Oh, Amme, teuerste Amme, meine Kunst legt sich Ihrer Ammenschaft zu Füßen. Wie gern wäre ich der glückliche Säugling, der Ihre Offenherzigkeit genießt. *(Er legt seine Hand auf ihre Brust.)* Alle meine Heilmittel, alle meine Wissenschaft, alle meine Fähigkeiten stehen zu Ihren Dienst, und ...

LUCAS. Mit Verlaub, Herr Doktor, lassen Sie meine Frau in Ruhe, das bitte ich mir aus.

SGANARELLE. Was, das ist Ihre Frau?

LUCAS. Ja.

SGANARELLE. Hoppla, das wusste ich nicht, und es freut mich für sie beide. *(Er tut so, als ob er Lucas umarmen will, umarmt aber die Amme.)*

LUCAS *(zieht Sganarelle beiseite und stellt sich zwischen ihn und seine Frau)*. Langsam, langsam, wenn ich bitten darf!

SGANARELLE. Sie können mir glauben, ich bin ganz verzückt, es freut mich für euch beide. Ich gratuliere ihr, dass sie einen Mann hat, wie Sie es sind, und gratuliere Ihnen zu einem so schönen, so verständigen und so wohlgebauten Weib. *(Er tut wieder so, als ob er Lucas umarmen will, der seine Arme ausbreitet. Sganarelle kriecht darunter hinweg und küsst erneut die Amme.)*

LUCAS *(zieht ihn wieder beiseite).* Halt, halt, lassen Sie es doch gut sein mit Ihren Komplimenten, wenn ich bitten darf!

SGANARELLE. Soll ich mich denn nicht mit Ihnen über eine so schöne Verbindung freuen?

LUCAS. Mit mir, soviel Sie Lust haben, doch die Glückwünsche an meine Frau, die lassen Sie besser sein.

SGANARELLE. An eurer beider Glück nehme ich gleichen Anteil. Und wenn ich Sie zum Dank meiner Freude umarme, so umarme ich zugleich auch sie. Ich will sie ihr ebenso erweisen. *(Er wiederholt dasselbe Spiel.)*

LUCAS *(zieht ihn zum dritten Mal beiseite).* Ach, zum Kuckuck auch, Herr Doktor, lassen Sie es endlich gut sein mit diesen Faxen!

DRITTE SZENE

GÉRONTE, SGANARELLE, LUCAS, JACQUELINE.

GÉRONTE. Mein Herr, meine Tochter wird jeden Augenblick erscheinen.

SGANARELLE. Ich erwarte sie mit meiner ganzen medizinischen Ausstattung, mein Herr.

GÉRONTE. Wo haben Sie sie?

SGANARELLE *(zeigt auf seine Stirn).* Hier!

GÉRONTE. Sehr gut!

SGANARELLE. Weil ich mich aber um Ihre ganze Familie sorge, muss ich auch gleich die Brust Ihrer Amme untersuchen ... *(Er geht wieder auf Jacqueline los.)*

LUCAS *(schubst ihn von ihr weg).* Weg da, weg da! Hier ist keine Untersuchung nötig!

SGANARELLE. Es ist meine Pflicht als Arzt, mich von der Ammenschaft zu überzeugen.

LUCAS. Hier hat keiner Pflichten außer ich.

SGANARELLE. Willst du dich etwa dem Arzt widersetzen? Fort mit dir!

LUCAS. Machen Sie sich nicht lächerlich!

SGANARELLE *(sieht ihn drohend an).* Dass dich das Fieber packt!

JACQUELINE *(packt Lucas am Arm und dreht ihn ebenfalls ein paar Mal herum).* Mach du nur, dass du dich packst! Ich bin stark genug, um mich selber zu wehren, wenn einer was tun will, was sich nicht schickt?

LUCAS. Ich will aber nicht, dass er dich angrabscht, das soll er nicht.

SGANARELLE. Pfui, Teufel! Wer wird denn gleich eifersüchtig sein auf seine Frau?

GÉRONTE. Da kommt meine Tochter.

VIERTE SZENE

LUCINDE, GÉRONTE, SGANARELLE, VALÈRE, LUCAS, JACQUELINE.

SGANARELLE. Ist das die Patientin?

GÉRONTE. Ja. Ich habe nur diese eine Tochter. Ich wäre untröstlich, wenn sie sterben müsste.

SGANARELLE. Das wird sie wohl bleiben lassen müssen! Sie darf nicht ohne ärztliche Anweisung ableben.

GÉRONTE. Geschwind, einen Stuhl!

SGANARELLE *(setzt sich zwischen Géronte und Lucinde).* Hm! Die Patientin ist gar nicht so übel. Ich denke, ein hübscher gesunder junger Mann würde ganz gut mit ihr fertig werden.

GÉRONTE. Sie haben sie zum Lachen gebracht, Doktor.

SGANARELLE. Umso besser! Wenn der Arzt den Patienten zum Lachen bringt, ist das ein gutes Zeichen. *(Zu Lucinde.)* Nun also, wo fehlt es denn eigentlich? Was haben Sie? Wo tut es Ihnen weh?

LUCINDE *(zeigt mit der Hand auf den Mund, den Kopf und das Kinn).* Hagg, higg, hogg, hagg.

SGANARELLE. Wie was?

LUCINDE *(mit derselben Gestik).* Hagg, higg, hogg, hagg, higg, hagg.

SGANARELLE. Was?

LUCINDE. Hagg, higg, hogg.

SGANARELLE. Hagg, higg, hogg! Ich verstehe Sie nicht. Was zum Teufel ist das für eine Sprache?

GÉRONTE. Herr Doktor, das ist eben ihre Leiden. Sie ist stumm geworden und wir haben bis heute die Ursache davon nicht herausgefunden. Deshalb mussten wir ihre Hochzeit verschieben.

SGANARELLE. Warum denn?

GÉRONTE. Ihr Bräutigam will warten, bis sie wieder gesund ist, und erst dann den Ehevertrag unterschreiben.

SGANARELLE. Und wer ist dieser Dummkopf, der nicht will, dass seine Frau stumm ist? Wäre doch bei Gott meine Frau in dieser Not, ich würde mich unterstehen, sie zu heilen.

GÉRONTE. Mit einem Wort, Herr Doktor, wir bitten Sie, scheuen Sie keine Mühe, um sie von ihrem Übel zu befreien.

SGANARELLE. Oh, machen Sie sich darüber keine Sorgen! Sagen Sie mir nur eines, leidet ihre Tochter sehr unter dieser Krankheit?

GÉRONTE. Ja, Herr Doktor.

SGANARELLE. Umso besser. Hat sie starke Schmerzen?

GÉRONTE. Sehr starke.

SGANARELLE. Das ist artig. Geht sie auch täglich Sie wissen schon wohin?

GÉRONTE. Ja.

SGANARELLE. Und reichlich?

GÉRONTE. Das weiß ich nicht.

SGANARELLE. Und die Konsistenz ist gut?

GÉRONTE. Von diesen Dingen verstehe ich nichts.

SGANARELLE *(zu Lucinde)*. Geben Sie mir Ihren Arm. *(Zu Géronte.)* Da haben wir ihren Puls. Er zeigt deutlich, dass Ihre Tochter stumm ist.

GÉRONTE. Jawohl, Herr Doktor, genau das fehlt ihr. Wie schnell Sie das herausgefunden haben.

SGANARELLE. Ja, ja!

JACQUELINE. Das nenne ich eine Krankheit erkennen!

SGANARELLE. Wir großen berühmten Ärzte treffen immer den Nagel auf den Kopf. Ein Ignorant hätte sich nicht zu helfen gewusst und hätte Ihnen gesagt: Es ist dies und es ist das. Ich weiß auf den ersten Blick, was los ist: Ihre Tochter ist stumm.

GÉRONTE. Ja, Herr Doktor. Aber können Sie mir auch sagen, welche Ursache dies hat?

SGANARELLE. Nichts ist leichter als das! Das ist, weil sie ihre Sprache verloren hat.

GÉRONTE. Gewiss. Aber die Ursache, mit Verlaub, weshalb hat sie die Sprache verloren?

SGANARELLE. Unsere besten Autoren werden Ihnen sagen, es muss ein Hindernis in ihren Sprachwerkzeugen vorliegen.

GÉRONTE. Aber was für ein Hindernis soll es denn sein?

SGANARELLE. Aristoteles sagt hierüber besonders schöne Dinge.

GÉRONTE. Das glaube ich!

SGANARELLE. Ach, war das ein großer Mann!

GÉRONTE. Gewiss!

SGANARELLE. Ein großer, großer Mann. *(Er hebt den Arm über den Kopf.)* Und so viel größer als ich. Um aber wieder auf unseren Gegenstand zurückzukommen, ich bin der Ansicht, dass dieses Hindernis der Sprachwerkzeuge durch gewisse Säfte verursacht wird, die wir Gelehrten perniziöse Säfte nennen. Perniziös, das heißt soviel wie perniziöse Säfte. Das sind nämlich Stoffe, die sich durch das Ausströmen der Einflüsse bilden, und diese werden in den Regionen der Krankheiten erzeugt, von wo sie sozusagen … Verstehen Sie Lateinisch?

GÉRONTE. Kein Wort!

SGANARELLE (*springt auf*). Sie verstehen kein Latein?

GÉRONTE. Nein.

SGANARELLE *(emphatisch).* Cabricias, arci, thuram, catalamus, singulariter nominativo, haec musa, die Muse, bonus, bona, bonum. Deus sanctus, estne oratio latinas. Etiam, Ja, Quare. Warum? Quia substantivo et adjectivum concordat et generi; numerum et casus.

GÉRONTE. Ach, hätte ich doch nur studiert!

JACQUELINE. Welch gelehrter Mann!

LUCAS. Ja, es ist so schön, dass ich keinen Brocken davon verstanden habe.

SGANARELLE. Nun also: Wenn diese Säfte, die aus der linken Seite stammen, in der die Leber sitzt, hinüber zur rechten Seite ziehen, wo das Herz schlägt, ergibt sich, dass die Lunge, die wir Lateiner Armyan nennen, und die mit dem Gehirn, Griechisch Nasmus, über die Hohlader, Hebräisch cubile, in Verbindung steht, unterwegs mit den erwähnten Säften zusammentrifft, die die Ventrikuli des Schulterblattes ausfüllen. Und weil nun die erwähnten Säfte – ich bitte Sie, geben Sie jetzt gut acht auf meine Folgerung – weil also die mehrfach erwähnten Säfte eine große Bösartigkeit haben – ich bitte sehr, hört mir genau auf meine Schlussfolgerung …

GÉRONTE. Ja doch!

SGANARELLE. Eine gewisse Bösartigkeit haben, die sich entwickelt – jetzt seien Sie so gut und hören gut zu …

GÉRONTE. Das tue ich!

SGANARELLE. Die aus der Schärfe der in der Konkativität des Zwerchfelles erzeugten Säfte verursacht wird, dann begibt es sich, dass diese Stoffe … ossabondus, nequeis, nequer, potarinum, quipsamilus. Und das ist der Grund, warum Ihre Tochter stumm geworden ist.

JACQUELINE. Oh Mann, wie schön ist das gesagt!

LUCAS. Hätte ich doch auch so ein Mundwerk!

GÉRONTE. Gewiss, man kann nicht besser folgern. Da wäre aber eines, das mich verwirrt hat: Ich meine die Lage der Leber und die des Herzens. Mir scheint es, dass Sie eine falsche Seite angegeben haben, denn das Herz ist ja doch auf der linken und die Leber auf der rechten Seite?

SGANARELLE. Ja, das war einmal so! Doch wir haben das alles abgeändert und heilen jetzt nach einer ganz neuen Methode.

GÉRONTE. Das wusste ich nicht! Bitte entschuldigen Sie meine Unkenntnis!

SGANARELLE. Keine Ursache! Es ist Ihnen ja nicht vergönnt, so gelehrt zu sein wie wir.

GÉRONTE. Allerdings. Aber, Herr Doktor, was glauben Sie ist bei dieser Krankheit nun zu tun?

SGANARELLE. Sie wollen wissen, was hier zu tun ist?

GÉRONTE. Ja!

SGANARELLE. Dies ist mein Rat: Legen Sie sie wieder zu Bett und geben ihr statt aller Arznei ein großes Stück in Wein eingelegtes Brot.

GÉRONTE. Warum das, Herr Doktor?

SGANARELLE. Weil in Wein und Brot, miteinander vermischt, eine sympathische Heilkraft steckt, die die Zunge befreit. Wissen Sie denn nicht, dass man den Papageien nichts anderes gibt und dass sie sprechen lernen, indem sie dies zu sich nehmen?

GÉRONTE. Das ist wahr. Ach, Sie sind ein großer Mann! Schnell, schafft Brot und Wein her!

SGANARELLE. Ich werde am Abend wiederkommen und mich von dem Erfolg dieser Kur überzeugen. *(Zu Jacqueline.)* Halt, warten Sie noch einen Augenblick! *(Zu Géronte.)* Mein Herr, ich muss Ihrer Amme noch ein paar Mittelchen verschreiben.

JACQUELINE. Wem? Mir? Ich bin so gesund, wie man nur sein kann.

SGANARELLE. Umso schlimmer, Amme, umso schlimmer. Eine zu gute Gesundheit ist gefährlich. Ein klitzekleiner Aderlass oder ein lindernder Einlauf könnte da nicht schaden.

GÉRONTE. Aber, lieber Herr Doktor, diese Methode ist mir neu. Warum einen Aderlass, wenn jemand nicht krank ist?

SGANARELLE. Das kann nie schaden! Die Methode ist doch vortrefflich. Man trinkt doch auch, obwohl man keinen Durst hat. Deshalb kann man sich auch mit einem Aderlass vor den kommenden Krankheiten wappnen.

JACQUELINE *(im Abgehen).* Ach, das ist mir egal. Ich habe keine Lust, aus meinem Leib eine Apotheke zu machen.

SGANARELLE. Sie sträuben sich vor der Medizin, aber wir werden Sie schon noch zur Vernunft bringen. Nun, leben Sie wohl, mein Herr.

GÉRONTE. Bleiben Sie noch einen Augenblick, Herr Doktor, wenn ich bitten darf.

SGANARELLE. Was haben Sie vor?

GÉRONTE. Ich will Ihnen Geld geben, Herr Doktor.

SGANARELLE *(während Géronte die Geldbörse öffnet, streckt er die Hand hinterm Rücken aus).* Ich nehme nichts, mein Herr.

GÉRONTE. Herr Doktor!

SGANARELLE. Absolut nichts.

GÉRONTE. Machen Sie eine Ausnahme …

SGANARELLE. Auf keinem Fall!

GÉRONTE. Wenn ich Sie aber bitte!

SGANARELLE. Sie scherzen wohl!

GÉRONTE. Dann ist es abgemacht!

SGANARELLE. Nie und nimmer!

GÉRONTE. Ach, Herr Doktor …!

SGANARELLE. Ich tue es nicht des Geld wegen!

GERONTE. Das weiß ich doch!

SGANARELLE *(nachdem er das Geld genommen hat).* Ich das echt?

GÉRONTE. Ja, Herr Doktor.

SGANARELLE. Ich bin kein Arzt, der es nur aufs Geld abgesehen hat.

GÉRONTE. Das weiß ich doch.

SGANARELLE. Das liegt mir fern!

GÉRONTE. Wer denkt denn sowas?

FÜNFTE SZENE

LÉANDRE, SGANARELLE.

SGANARELLE *(betrachtet sich das Geld, das er bekommen hat).* Das hat sich gelohnt! Und wenn ich jetzt noch ...

LÉANDRE. Herr Doktor, ich habe schon lange auf Sie gewartet und hoffe auf Ihren Unterstützung.

SGANARELLE *(fühlt ihm den Puls).* Ihr Puls geht sehr schlecht.

LÉANDRE. Ich bin nicht krank, Herr Doktor. Ich komme aus einem anderen Grund zu Ihnen.

SGANARELLE. Zum Henker, warum sagen Sie es nicht gleich, dass Sie nicht krank sind?

LÉANDRE. Nein. Um Ihnen die Sache mit zwei Worten zu erklären: Ich heiße Léandre und liebe Lucinde. Sie haben sie eben besucht. Durch den Starrsinn ihres Vaters ist mir jeder Zutritt zu ihr unmöglich gemacht worden. Daher möchte ich Sie bitten, meiner Liebe beizustehen und mir die Gelegenheit zu eine List zu verschaffen. Ich habe sie ersonnen, um ihr zwei Worte sagen zu können, von denen mein Glück und mein Leben abhängen.

SGANARELLE. Für wen halten Sie mich? Was! Sie wagen es, sich an mich zu wenden, damit ich Ihnen in Ihrer Liebe beistehen soll? Sie wollen die Würde meiner Profession zu derartigen Geschäften herabwürdigen?

LÉANDRE. Herr Doktor, ich bitte Sie, nicht so laut!

SGANARELLE *(drängt ihn zurück).* Ich will aber laut sein. Sie sind ein unverschämter Mensch.

LÉANDRE. Still doch, Herr Doktor!

SGANARELLE. Ein Naseweis!

LÉANDRE. Ich bitte inständig ...

SGANARELLE. Ich werde Ihnen schon beibringen, dass Sie sich hier an den Falschen gewendet haben und dass es eine unerhörte Frechheit ist ...

LÉANDRE *(zieht eine Geldbörse heraus).* Herr Doktor ...

SGANARELLE. Mich benutzen zu wollen ... *(Er nimmt die Börse.)* Von Ihnen ist nicht die Rede. Sie sind ein ehrenwerter Mann. Es soll mir ein Vergnügen sein, Ihnen dienen zu können. Doch gibt es ein unverschämtes Volk, das die Leute für etwas hält, was sie nicht sind, und ich gestehe Ihnen, das mich das zornig macht.

LÉANDRE. Entschuldigen Sie vielmals, Herr Doktor, dass ich mir die Freiheit nahm ...

SGANARELLE. Sie scherzen, mein Herr. Womit kann ich dienen?

LÉANDRE. Wissen Sie also, Herr Doktor, die Krankheit, die Sie heilen sollen, ist nur vorgetäuscht. Die Ärzte haben sich, wie man es kennt, ausgiebig darüber ausgelassen, der eine sagt dies, der andere das. Der eine meint, es wäre das Gehirn, ein zweiter sucht die Ursache in den Gedärmen, ein Dritter in der Milz, ein Vierter in der Leber … Die Wahrheit aber ist, es ist allein die Liebe daran Schuld. Lucinde täuscht diese Krankheit nur vor, um sich von einer verhassten Heirat zu befreien. Doch lassen Sie uns gehen, damit man uns hier nicht zusammen antrifft. Ich werde Ihnen unterwegs erklären, was ich von Ihnen wünsche.

SGANARELLE. Ich eile, mein Freund. Sie haben mich schon ganz für Ihre Herzenssache eingenommen. Und entweder büße ich meine Heilkünste ein oder die Patientin geht drauf, wenn sie nicht die Ihrige wird.

DRITTER AUFZUG

Ein Garten in der Nähe von Gérontes Haus.

ERSTE SZENE

LÉANDRE, SGANARELLE.

LÉANDRE. Mir scheint, ich könnte ganz gut als Apotheker durchgehen. Und da der Vater mich noch nie gesehen hat, ist diese fremde Kleidung und die andere Perücke eine gute Verkleidung.

SGANARELLE. Ohne Zweifel.

LÉANDRE. Ich wünschte jetzt nichts weiter, als dass ich fünf oder sechs gut klingende medizinische Fachausdrücke wüsste, damit ich den Anstrich eines gelehrten Mannes geben kann.

SGANARELLE. Ach was! Das ist alles Nebensache. Der Anzug reicht vollkommen. Ich weiß ja selber nicht mehr als Sie.

LÉANDRE. Wie?

SGANARELLE. Hol mich der Teufel, wenn ich etwas von Medizin verstehe! Sie sind ein ehrlicher Mann, und ich vertraue mich Ihnen an, weil sie es auch bei mir getan haben.

LÉANDRE. Was, Sie sind wirklich kein …?

SGANARELLE. Nein, sage ich doch. Man hat mich trotz allem Widerstand zum Arzt gemacht. Ich dachte mein Lebtag nicht daran, ein Gelehrter sein zu wollen. Meine Schulzeit war nach der Sechsten vorbei. Ich weiß nicht, wie diese Leute auf den Einfall kamen, doch weil sie es mit Gewalt von mir verlangten, dass ich ein Arzt sein soll, bin ich darauf eingegangen, auf ihre Verantwortung. Sie haben ja keine Ahnung, wie schnell sich dieser Irrtum verbreitet hat und wie versessen alle darauf sind, mich als einen großen Arzt anzusehen. Sie kommen von nah und fern, um mich zu konsultieren. Und wenn das so weitergeht, bleibe ich, solange ich lebe, bei der Medizin. Für mich ist es das beste Handwerk der Welt, denn ob man nun falsche oder richtige Kuren verschreibt, bezahlt wird immer. Niemand macht uns für unsere Fehlgriffe verantwortlich. Wir dürfen nach Herzenslust in das Fleisch schneiden, das uns unters Messer kommt. Wenn ein Schuster das Leder verdirbt, dann muss er für den Schaden aufkommen, wir aber dürfen bei einem Menschen dreist drauflos pfuschen, ohne dass es uns etwas kostet. Wir machen keine Fehler, und wenn einer krepiert, dann war es stets seine eigene Schuld. Das Beste aber bei diesem Gewerbe ist, dass die Toten die anständigsten und verschwiegensten Leute von der Welt sind. Man hört sie sich nie beklagen über den Arzt, der sie umgebracht hat.

LÉANDRE. Das ist wahr, die Toten sind in diesem Punkt sehr höflich.

SGANARELLE. Da kommen Leute, die so aussehen, als wollten sie mich konsultieren. *(Zu Léandre.)* Gehen Sie nur schon voraus und erwarten mich am Haus Ihrer Herzdame.

ZWEITE SZENE

THIBAUT, PERRIN, SGANARELLE.

THIBAUT. Herr Doktor, wir möchten Sie sprechen, ich und mein Sohn Perrin.

SGANARELLE. Was gibt es?

THIBAUT. Seine arme Mutter, sie heißt Babette, liegt schon seit einem halben Jahr krank im Bette.

SGANARELLE (*streckt die Hand aus).* Was soll ich dazu tun?

THIBAUT. Ach nun, Herr Doktor, ich dachte, Sie können mir irgendetwas verschreiben, um sie zu heilen.

SGANARELLE. Dann lasst einmal hören, was ihr fehlt.

THIBAUT. Sie ist krank an der ... Herrgott, wie hieß das noch? ... An der Hypokrisie.

SGANARELLE. An der Hypokrisie[25]?

THIBAUT. Ja, das heißt, sie ist überall ganz angeschwollen. Man sagt, dass sie zu viel Wasser im Körper hat und dass ihre Leber, ihr Bauch oder ihre Milz ... ach, was weiß ich ... dass die kein Blut mehr macht, sondern nur Wasser. Von einem Tag auf den anderen bekam sie Fieber und fühlte sich schwach und in den Leden schmerzte es sie auch. In ihrer Kehle brodelt es, als müsste sie ersticken. Dann hat sie manchmal Zuckungen und Krämpfe, dass wir schon glauben, es geht zu Ende mit ihr. Wir haben bei uns im Dorf einen Apotheker, der, ich will nicht schlecht von ihm reden, der schon wer weiß was nicht alles verabreicht hat und der mich schon zwölf ganze Taler gekostet hat für Einläufe, Abführmitteln, Riechwasser mit Hyazinthenduft und Verbandszeug. Aber, wie sagt man, das war alles nur für die Katz. Nun will er ihr wieder so einen Quacksalber geben, er nannte das Brechwein. Aber ich hatte, um ehrlich zu sein, Angst, dass sie daran krepiert. Weil, ich habe gehört, dass die Herren Doktoren ihre Patienten mit diesem Mittelchen scharenweise ins Jenseits befördern.

SGANARELLE *(hält die Hand auf)*. Zur Sache, mein Freund! Zur Sache!

THIBAUT. Die Sache ist, dass ich jetzt gern von Euch wissen möchte, was wir tun sollen?

SGANARELLE. Ich weiß nicht, was Sie von mir wollen.

PERRIN. Herr Doktor, meine Mutter ist krank. Hier sind zwei Taler für eine Arznei, die sie uns geben sollen.

SGANARELLE. Ah! Sie verstehe ich. Sie sind ein Bursche, der sich klar ausdrücken kann. Und wie Sie es sagen, will es der Brauch. Sie sagen, dass Ihre Mutter an der Hydropisie leidet, dass sie am ganzen Leibe angeschwollen ist, dass sie Fieber hat, die Beine ihr wehtun und sie manchmal Zuckungen und Krämpfe hat und in Ohnmacht fällt.

PERRIN. Ja, Herr Doktor, genau so.

SGANARELLE. Sie habe ich gleich verstanden, aber Ihr Vater weiß nicht, was er von sich gibt. Sie wollen also eine Arznei von mir haben?

PERRIN. Genau, Herr Doktor.

SGANARELLE. Ein Mittel, das sie heilt?

---

25 Heuchelei

PERRIN. Ja, ja! Das meinte ich!

SGANARELLE. Hier, nehmen Sie dieses Stück Käse. Das muss sie einnehmen.

PERRIN. Käse, Herr Doktor?

SGANARELLE. Ja, aber ein präparierter Käse, in dem Gold, Korallen und Perlen und ein Haufen anderer Kostbarkeiten drinstecken.

PERRIN. Wir sind Ihnen sehr verbunden, Herr Doktor. Sie soll es sogleich einnehmen.

SGANARELLE. Jetzt geht. Und wenn sie stirbt, dann begrabt sie anständig.

DRITTE SZENE

JACQUELINE, SGANARELLE, LUCAS im Hintergrund.

SGANARELLE. Ah, da kommt unsere schöne Amme! Amme meines Herzens, wie freue ich mich, Ihnen hier zu begegnen. Ihr Anblick ist wie der Rhabarber, die Kassia und das Sennesblatt, die meine Seele von aller Schwermut reinigen.

JACQUELINE. Meine Güte, Herr Doktor, das ist zu hoch für mich, ich verstehe kein Latein.

SGANARELLE. Werden Sie doch einmal krank, meine liebe Amme, ich bitte Sie, werden Sie mir zuliebe einmal krank. Mir wäre es eine helle Freude, Sie zu heilen.

JACQUELINE. Besten Dank, Herr Doktor, da ich will lieber nicht gesund werden.

SGANARELLE. Ich bedauere Sie sehr, meine schöne Amme, dass Sie einen so hässlichen und eifersüchtigen Mann haben!

JACQUELINE. Nun, Herr Doktor, das ist eben die Strafe für meine Sünden. Wo die Ziege angebunden ist, da muss sie auch weiden.

SGANARELLE. Was, solch ein grober Bauerntölpel! Ein Mensch, der kein Auge von Ihnen ablässt und der es nicht ausstehen kann, wenn einer mit Ihnen spricht.

JACQUELINE. Ach, das ist noch gar nichts! Das war nur so eine kleine Probe von seinen vielen schlechten Angewohnheiten.

SGANARELLE. Tatsächlich? Kann ein Mann so niederträchtig sein, eine Person wie Sie zu misshandeln? Ach, ich kenne einen, schöne Amme, und der wohnt gar nicht weit von hier entfernt, der glücklich darüber sein würde, wenn er nur Ihre Zehen, Ihrer süßen Füßchen küssen dürfte! Ach, dass ein so hübsches Weib in solche Hände geraten musste! Dass so ein Dummkopf, so ein Grobian, solch ein Vieh … Verzeiht mir, wenn ich so von Ihrem Mann spreche!

JACQUELINE. Ach, mein Herr Doktor, ich weiß ja allzu gut, dass er all diese Namen verdient hat!

SGANARELLE. Und wie er sie verdient, Amme! Und er verdiente auch, dass Sie etwas unternehmen, um ihn für seinen Argwohn zu bestrafen.

JACQUELINE. Freilich, freilich! Und wenn ich an nichts anderes denke, als an sein Unrecht, da kämen mir seltsame Dingen in den Sinn.

SGANARELLE. Das wäre nun wirklich keine Schandtat, wenn Sie sich an ihm rächen würden. Ich sage es Ihnen, der Kerl hat es verdient; und wäre ich der Glückliche, schöne Amme, dass Sie mich erwählen … *(Während Sganarelle die Arme ausstreckt und Jacqueline umarmen will, schlüpft Lucas darunter durch und stellt sich zwischen die beiden. Sganarelle und Jacqueline sehen ihn an und gehen beide in verschiedene Richtungen ab.)*

VIERTE SZENE

GÉRONTE, LUCAS.

GÉRONTE. He, Lucas, hast du unseren Doktor hier irgendwo gesehen?

LUCAS. O ja, zum Teufel, natürlich habe ich ihn gesehen, ihn und meine Frau.

GÉRONTE. Wo kann er denn stecken?

LUCAS. Das weiß ich nicht, aber ich wünschte, er wäre in der Hölle.

GÉRONTE. Lauf und sieh einmal nach, was meine Tochter macht.

FÜNFTE SZENE

SGANARELLE, LÉANDRE, GÉRONTE.

GÉRONTE. Ah, Herr Doktor, ich suchte eben nach Ihnen.

SGANARELLE. Ich war im Hof und habe den Mehrbestand der Getränke etwas reduziert. Wie geht es der Patientin?

GÉRONTE. Nach Ihrem Mittel etwas schlechter.

SGANARELLE. Umso besser! Daran sieht man, dass es wirkt.

GÉRONTE. Ja, aber ich befürchte, sie wird bei aller Wirksamkeit daran ersticken!

SGANARELLE. Machen Sie sich keine Sorgen! Ich habe Mittel, die über alle Krankheiten erhaben sind. Ich warte nur bis kurz vors Ableben.

GÉRONTE *(zeigt auf Léandre)*. Wer ist der Mann dort, den Sie mitgebracht haben?

SGANARELLE *(macht mit den Händen Gesten, um anzudeuten, dass er ein Apotheker ist)*. Es ist ...

GÉRONTE. Was?

SGANARELLE. Der ...

GÉRONTE. Wie?

SGANARELLE. Welcher ...

GÉRONTE. Aha! Ich verstehe.

SGANARELLE. Ihre Tochter wird ihn nötig haben.

SECHSTE SZENE

LUCINDE, GÉRONTE, LÉANDRE, JACQUELINE, SGANARELLE.

JACQUELINE. Da kommt Ihre Tochter, Herr Géronte. Sie möchte ein wenig spazieren gehen.

SGANARELLE. Das wird ihr gut tun. Herr Apotheker, fühlen Sie ihr doch einmal den Puls, damit wir uns später über ihre Krankheit beraten können. *(Er zieht Géronte in eine Ecke und schlägt einen Arm um seinen Hals, damit er nicht mehr nachschauen kann, wo Léandre und Lucinde sind.)* Ja, mein Herr, wir Ärzte diskutieren immer noch eine entscheidende Frage, und zwar, ob man Frauen leichter heilen kann als Männer. Ich bitte Sie um Ihre ungeteilte Aufmerksamkeit. Die einen sagen ja, die anderen sagen nein. Ich aber sage beides, und zwar insofern die Unregelmäßigkeit der schlechten Säfte, die eine natürliche Eigenschaft der Frauen sind, es bewirken, dass der tierische Teil die Oberhand über den feinfühligen behält. Daraus ergibt sich, dass ihre wechselhaften Ansichten mit der schiefen Laufbahn des Mondes zusammenhängen. Weil aber nun die Sonne, die ihre Strahlen auf die Wölbung der Erdoberfläche schießt …

LUCINDE *(zu Léandre)*. Nein, ich werde meine Gefühle nicht ändern.

GÉRONTE. Oh Himmel, meine Tochter spricht! Gott, welches himmlische Mittel! Oh Sie Wunderarzt, Sie! Wie kann ich Ihnen nur danken für diese herrliche Kur! Wie soll ich Ihnen jemals diesen Dienst belohnen?

SGANARELLE *(geht hin und her und fächelt sich mit dem Hut Luft zu).* Ich muss sagen, diese Krankheit hat mir zu schaffen gemacht.

LUCINDE. Ja, lieber Vater, ich habe die Sprache wieder bekommen! Aber nur um Ihnen zu sagen, dass ich nie einen anderen heiraten werde als Léandre. Es ist vergebliche Mühe, mir Horace aufzudrängen.

GÉRONTE. Aber ...

LUCINDE. Nichts ist imstande, meinen Entschluss zu erschüttern.

GÉRONTE. Was?

LUCINDE. Alle Ihre schönen Reden sind ganz zwecklos.

GÉRONTE. Wenn ...

LUCINDE. Was Sie auch sagen wollen, es ändert nichts.

GÉRONTE. Ich ...

LUCINDE. Ich bin fest entschlossen.

GÉRONTE. Aber ...

LUCINDE. Keine väterliche Gewalt kann mich zwingen zu einer Heirat gegen meinen Willen.

GÉRONTE. Ich habe ...

LUCINDE. Mühen Sie sich nicht.

GÉRONTE. Er ...

LUCINDE. Nie werde ich mich solcher Tyrannei unterwerfen.

GÉRONTE. Die ...

LUCINDE. Lieber gehe ich in ein Kloster, ehe ich einen Menschen heirate, den ich nicht liebe.

GÉRONTE. Aber ...

LUCINDE *(mit erhobener Stimme).* Nein, auf keinen Fall. Es bleibt dabei. Sparen Sie sich die Mühe. Ich mache es nicht. Ich bin fest entschlossen.

GÉRONTE. Himmel, was für eine Quasselstrippe! Dagegen kommt man nicht an! *(Zu Sganarelle.)* Herr Doktor, ich bitte Sie, machen Sie sie wieder stumm.

SGANARELLE. Dazu bin ich nicht in der Lage. Ich kann sie nur taub machen, wenn Sie es wünschen.

GÉRONTE. Ich danke schön! *(Zu Léandre.)* Denkst du denn ...

LUCINDE. Nein, alle Ihre Gründe können nichts ausrichten.

GÉRONTE. Du wirst Horace noch heute Abend heiraten!

LUCINDE. Lieber will ich den Tod zum Gatten.

SGANARELLE *(zu Géronte).* Oh, mein Gott, seien Sie doch still! Ich will die Sache medizinisch behandeln. Es ist eine Krankheit und ich kenne ein Mittel dagegen.

GÉRONTE. Ist es denn möglich, Herr Doktor, dass Sie auch diese Geistesstörung heilen können?

SGANARELLE. Ja, lassen Sie mich nur machen. Ich weiß Mittel für alles, und unser Apotheker wird uns gute Dienste dabei leisten. *(Zu Léandre.)* Auf ein Wort! Sie sehen, dass ihre Liebe zu diesem Léandre ganz gegen den Willen des Vaters ist und dass hier keine Zeit verloren werden darf; dass die Säfte sehr in Wallung sind und dass so schnell wie möglich ein Mittel gegen dieses Übel gefunden werden muss, weil Verzögerung es nur noch verschlimmert. Ich weiß kein anderes Mittel als eine Dosis Abführmittel, und Sie müssen es, wie es sich gehört, mit zwei Gramm Matrimonium zu Brei vermischen. Gut möglich, dass sie sich sträubt und das Mittel nicht gleich einnehmen will. Da Sie aber ein geschickter Mann sind, der sein Geschäft versteht, werden Sie sie schon dazu bringen und ihr das Mittel, so gut es geht, einflößen. Gehen Sie jetzt und führen Sie sie ein wenig durch den Garten, damit sie in Stimmung kommt. Ich will in der Zeit bei ihrem Vater bleiben. Also schnell das spezifische Mittel! Verlieren Sie keine Zeit!

SIEBENTE SZENE

GÉRONTE, SGANARELLE.

GÉRONTE. Was sind das für spezifische Mittelchen, die Sie eben erwähnten, Doktor? Sie sprachen gerade darüber.

SGANARELLE. Es sind Mittel, die man nur in den schlimmsten Fällen anwendet.

GÉRONTE. Haben Sie je einen solchen Trotz erlebt?

SGANARELLE. Die Mädchen sind manchmal ein wenig störrisch.

GÉRONTE. Sie glauben gar nicht, wie sehr sie in diesen Léandre verschossen ist.

SGANARELLE. Jugend kennt keine Tugend!

GÉRONTE. Als ich die Heftigkeit dieser Liebe bemerkte, hielt ich meine Tochter stets hinter Schloss und Riegel.

SGANARELLE. Das haben Sie gut gemacht.

GÉRONTE. So konnte ich jede Zusammenkunft mit diesem jungen Mann verhindern.

SGANARELLE. Ganz richtig!

GÉRONTE. Vielleicht wären sie auf irgendeine Dummheit gekommen.

SGANARELLE. Kein Zweifel!

GÉRONTE. Und vielleicht wäre sie mit ihm durchgebrannt.

SGANARELLE. Gut möglich!

GÉRONTE. Man sagte mir, dass er alle Hebel in Bewegung setzt, um sie zu treffen.

SGANARELLE. Na so ein Lümmel!

GÉRONTE. Aber das soll ihm nicht gelingen.

SGANARELLE. Haha!

GÉRONTE. Und ich werde ihn schon daran zu hindern wissen.

SGANARELLE. Er hat es mit keinem Dummkopf zu tun. Sie kennen Schliche, die er nicht kennt. Wer Sie überlisten will, der muss mit allen Wassern gewaschen sein.

ACHTE SZENE

LUCAS, GÉRONTE, SGANARELLE.

LUCAS. Potz Wetter, Herr Géronte, das ist eine schöne Geschichte! Ihre Tochter ist mit ihrem Léandre durchgebrannt! Der hatte sich als Apotheker verkleidet und Ihr Herr Doktor da hat die ganze Geschichte eingerührt.

GÉRONTE. Was, welch ein Attentat! Schnell! Einen Gerichtsdiener herbei! Dass er mir nicht entwischt! Warte nur, dir jage ich die Justiz auf den Hals!

LUCAS. Oh, mein Herr Doktor! Das bringt Sie an den Galgen! Rühren Sie sich nicht von der Stelle!

NEUNTE SZENE

MARTINE, SGANARELLE, LUCAS.

MARTINE *(zu Lucas.)* Ach, du lieber Gott, was habe ich für Mühe gehabt, um dieses Haus zu finden! Sagen Sie mir doch bitte, wie ist es mit dem Arzt ausgegangen, den ich Ihnen empfohlen habe?

LUCAS. Da steht er. Er soll gehängt werden.

MARTINE. Was? Mein Mann soll gehängt werden? Um Himmelswillen! Was hat er denn verbrochen?

LUCAS. Er hat die Tochter unseres Herrn entführen lassen.

MARTINE. Ach, du mein guter Mann! Ist es denn wahr, dass sie dich hängen wollen?

SGANARELLE. Wie du siehst. Oh weh!

MARTINE. Muss ich wirklich erleben, wie du vor all diesen Leuten sterben sollst?

SGANARELLE. Was soll ich anderes machen?

MARTINE. Hättest du nur wenigstens unser Holz fertig geschlagen, das wäre noch ein kleiner Trost für mich!

SGANARELLE. Geh, Weib! Du zerreißt mir das Herz!

MARTINE. Nein, ich bleibe und will dir Mut zum Sterben zusprechen. Ich gehe nicht eher, bis du am Galgen baumelst.

SGANARELLE. Ach!

ZEHNTE SZENE

GÉRONTE, MARTINE, SGANARELLE, LUCAS.

GÉRONTE *(zu Sganarelle).* Der Gerichtsdiener wird gleich hier sein und dann verwahrt man Sie in Sicherheit.

SGANARELLE *(auf den Knien).* Ach Gott! Kann man das denn nicht mit Stockschlägen regeln?

GÉRONTE. Nein, niemals! Das muss die Justiz entscheiden. Aber was sehe ich da?

ELFTE SZENE

GÉRONTE, LÉANDRE, LUCINDE, SGANARELLE, LUCAS, MARTINE.

LÉANDRE. Mein Herr, ich erscheine wieder als Léandre vor Ihnen und führe Ihre Lucinde zurück. Wir hatten die Absicht zu entfliehen und zu heiraten. Wir haben uns aber eines Besseren besonnen und wollen ehrlich zu Werke gehen. Ich will Ihnen Ihre Tochter nicht rauben und sie nur aus Ihren Händen empfangen. Dafür habe ich Ihnen mitzuteilen, mein Herr, dass ich soeben einen Brief erhielt, der die Nachricht bringt, dass mein Onkel verstorben ist und er mich als Alleinerben eingesetzt hat.

GÉRONTE. Mein Herr, ich schätze Ihre Tugend außerordentlich hoch und gebe Ihnen mit dem größten Vergnügen meine Tochter.

SGANARELLE *(beiseite).* Da wird wohl die Medizin mit einem blauen Auge davonkommen.

MARTINE. Weil du jetzt nicht mehr gehängt wirst, kannst du dich auch bei mit bedanken. Denn dass du Arzt geworden bist, zu dieser Ehre habe ich dir verholfen.

SGANARELLE. So! Dann verdanke ich dir ja auch die Tracht Prügel?

LÉANDRE *(zu Sganarelle).* Sie hatten als Arzt eine so hervorragende Wirkung, dass Sie es ihr nicht nachtragen dürfen.

SGANARELLE. Meinetwegen! Sei's drum! *(Zu Martine.)* Ich verzeihe dir die Stockschläge in Anbetracht der Würde, zu der du mich erhoben hast. Doch sei von nun an darauf gefasst, dass du einem Mann von meinem Ansehen mit größerem Respekt begegnest. Hüte dich gut vor dem Zorn des Arztes, denn der ist gefährlicher, als man glaubt.

ANHANG

DON JUAN – DRITTER AKT, 1. SZENE

Waldgegend.

DON JUAN *im Reiseanzug,* SGANARELLE *als Arzt verkleidet.*

SGANARELLE. Sie müssen weiß Gott doch eingestehen, gnädiger Herr, dass ich recht hatte und dass wir alle beide hervorragend verkleidet sind. Ihr erster Vorschlag hätte uns nichts geholfen. So sind wir sehr viel besser versteckt als durch alles, was Sie im Sinn hatten.

DON JUAN. Es stimmt, du siehst prächtig aus. Wo hast du denn die lächerlichen Sachen aufgestöbert?

SGANARELLE. Es ist der Anzug eines alten Arztes, der ihn versetzt hatte. Ich habe ihn ausgelöst. Wissen Sie aber, gnädiger Herr, dass der Doktorhut und Mantel mir bereits zu Respekt verholfen haben. Die Leute, denen wir begegnen, grüßen mich, und man fragt mich um Rat, als wäre ich ein gelehrter Mann!

DON JUAN. Tatsächlich?

SGANARELLE. Fünf oder sechs Bauern, an denen wir vorübergingen, sind gekommen und haben mich über verschiedene Krankheiten konsultiert.

DON JUAN. Und du hast ihnen geantwortet, du verstündest nichts davon?

SGANARELLE. Ich? Gott behüte! Ich musste doch die Würde meines Anzugs bewahren. Drum habe ich ihnen mein Urteil über ihre Krankheit gegeben und jedem von ihnen ein Rezept verschrieben.

DON JUAN. Und was für Mittel hast du ihnen verordnet?

SGANARELLE. Mein Gott, gnädiger Herr, ich habe sie ausgegeben, wie sie mir eben eingefallen sind. Meine Rezepte sind auf gut Glück geschrieben. Es wäre immer kurios genug, wenn die Kranken gesund würden, und man mir dafür dankte.

DON JUAN. Warum auch nicht? Wie kämst du dazu, nicht dasselbe Privileg zu erhalten wie alle anderen Ärzte? Sie haben genauso wenig wenig Anteil an der Heilung ihrer Kranken wie du, und ihre ganze Kunst ist eitel Spiegelfechterei. Sie tun nichts weiter, als den Ruhm einer glücklichen Heilung einzuheimsen. Du kannst dir ebenso wie sie das kräftige Naturell der Kranken zunutze machen und erleben, wie man deiner Arznei zuschreibt, was von der Gunst des Zufalls oder von der guten Konstitution des Patienten herrührt.

SGANARELLE. Was, gnädiger Herr, auch bei der Medizin sind Sie ein Ungläubiger?

DON JUAN. Sie ist ein Lieblingsaberglaube der meisten Menschen.

SGANARELLE. Was! Sie glauben weder an Sennesblätter, noch an Quassia oder an Brechwein?

DON JUAN. Warum sollte ich auch an das alles glauben?

SGANARELLE. Sie haben eine sehr hartgläubige Seele. Und doch sehen Sie, welches Spektakel seit einiger Zeit der Brechwein macht. Seine Wunder haben die entschiedensten Zweifler bekehrt. Und es sind noch nicht drei Wochen her, da habe ich selbst, ich der hier vor Ihnen steht, eine übernatürliche Wirkung davon erlebt.

DON JUAN. Nun?

SGANARELLE. Da war ein Mensch, der seit sechs Tagen im Sterben lag. Man wusste nicht mehr, was ihm noch verordnet werden sollte, alle Mittel halfen nichts. Da kam man darauf, ihm Brechwein zu geben.

DON JUAN. Und davon ist er gesund geworden?

SGANARELLE. Nein, er starb.

DON JUAN. Wundervolle Wirkung!

SGANARELLE. Was! Sechs ganze Tage konnte er nicht sterben, und der Brechwein brachte ihn gleich hinüber. Man kann sich nichts Wirksameres vorstellen?

DON JUAN. Du hast ganz recht.

SGANARELLE. Aber wir wollen die Medizin gut sein lassen, an die Sie doch nicht glauben, und von anderen Dingen reden; denn dieser Doktorhut gibt mir Verstand, und ich fühle mich in der Laune, mit Ihnen zu disputieren. Sie wissen ja, das Disputieren haben Sie mir erlaubt, und nur die Vorstellungen verboten ...

INHALT